U0889338

Buffett investment series

巴菲特投资系列

# 巴菲特忠告中国股民

严行方／著

南方出版社・海口

**图书在版编目（CIP）数据**

巴菲特忠告中国股民 / 严行方著. — 海口 ：南方出版社，2018.5（2021.5重印）
（巴菲特投资系列）
ISBN 978-7-5501-4496-5

Ⅰ. ①巴… Ⅱ. ①严… Ⅲ. ①巴菲特（Buffett，Warren 1930- ）-投资-经验 Ⅳ. ①F837.124.8

中国版本图书馆CIP数据核字（2018）第079490号

# 巴菲特忠告中国股民

严行方 著

**责任编辑：** 代鹤明
**出版发行：** 南方出版社
**地　　址：** 海南省海口市和平大道70号
**电　　话：**（0898）66160822
**传　　真：**（0898）66160830
**经　　销：** 全国新华书店
**印　　刷：** 三河市北燕印装有限公司
**开　　本：** 710mm×1000mm　1/16
**字　　数：** 280千字
**印　　张：** 19
**版　　次：** 2021年5月第1版第2次印刷
**书　　号：** ISBN 978-7-5501-4496-5
**定　　价：** 48.00元

新浪官方微博：http://weibo.com/digitaltimes

# 修订说明

巴菲特是全球金融投资界最富传奇性人物，也是全球唯一依靠股票投资登上首富宝座的投资家和实战家。

巴菲特的投资思想正式介绍到我国内地，是以1996年1月24日《上海证券报》刊登《证券投资巨擘——华伦·布费[1]》一文为标志。现在，22年过去了，巴菲特的投资理念在中国是不是行得通虽然还有争议，但事实上已经生根、开花、结果，并且涌现出数以万计的追随者。其中最典型的是，以段永平、杨宝忠等为代表的一大批巴菲特迷，已经通过践行价值投资和长期投资理念，收获了一茬茬金灿灿的投资成果。

在这样的宏观背景下，本丛书的修订再版就显得非常有意义。

## 本书价值

### 一、本丛书初版受到市场高度评价

本丛书第一版作为我国最早一批介绍巴菲特投资精髓的大众读物，从2008年至2010年陆续推出后，在国内介绍巴菲特的众多图书中脱颖而出，受到市场特别关注。

在这其中，有多本图书不但一再重印，并且还“荣幸”地被胡乱剪辑后出现

---

1　当时对沃伦·巴菲特的译名。

在盗版书摊上。如《巴菲特投资10堂课》《巴菲特忠告中国股民》《滚雪球：巴菲特投资传奇》等，都曾经被肢解后夹杂在其他盗版书中出现，既不完整，又因印刷差错而误导读者。一些读者强烈呼吁能修订再版，限于条件，一直拖到现在。

## 二、价值投资理念有特殊价值

巴菲特的价值投资理念，尤其是它在中国是否行得通，直到现在人们依然争论不休。但正如巴菲特2007年访问韩国，有人问他“韩国股市结构不适合进行巴菲特式价值投资，对此您有何看法？”时，他反问道，“如果不是价值投资，难道要进行无价值投资吗？”他强调，“没有其他的替代方案”。

巴菲特的反击十分有力。因为在众多眼花缭乱的所谓股票理论中，唯有价值投资和长期投资能够站得住脚。

之所以要价值投资，理由在于巴菲特所说的——“价格是你付出的，价值是你所得到的”。任何投资都讲求物有所值。去菜场上买菜，你或许还会为几毛钱零头讨价还价呢；可是面对几万、十几万、几十上百万元的股票投资，却闭着眼睛下注，其风险有多大可想而知。仅仅一厢情愿地断定市场会“有跌必有涨”“久跌必涨”，只不过是一种毫无依据的自欺欺人罢了。

之所以要长期投资，理由在于巴菲特所说的——“历史必定会站在长期投资者这一边”。在他看来，季节可以预测，而天气就谁也测不准。就好比说，夏天的气温要比春天高，这是可以确定的；可是如果要讲明天的气温一定比今天高或低，就如同掷硬币猜正反面了。同样地，股市预测就像天气预报，究竟有几分准确性不好说，不如季节预测确定性大。

## 三、“中国巴菲特”段永平盛赞本书“值得一看”

曾经创办“小霸王”和“步步高”两大品牌的段永平，是第一位与巴菲特共进午餐的华人企业家兼投资家，被誉为“中国巴菲特”，人称“段菲特”。他深得巴菲特投资精髓，并且与巴菲特同样低调。他在美国践行巴菲特投资理念，5年间炒股所赚比在国内办企业10多年还要多。

他认为，巴菲特的投资理念一贯明确，投资者读巴菲特的书数量不一定要多，“看懂一本就已经很好”。他一共向追随者推荐过两本书，其中之一就在这里。他说：“我倒是可以给价值投资初学者推荐一本书《巴菲特忠告中国股民》，作者严行方……我认为这本书的作者对巴菲特的理解非常好，解释得也很通俗易懂，确实花了功夫，值得一看。”

段永平零距离聆听过巴菲特的教诲，并且亲身践行价值投资理念这么多年，他的眼光必定有独到之处。既然他会这么说，或许就真能证明严行方的这几本书确实值得一读。

## 修订缘起

### 四、巴菲特的投资理论和实践有新发展

本套丛书第一版推出，距今已差不多10年，全面修订已具备必要性。

一方面，巴菲特的投资理论在更新，投资实践在发展，许多新的投资案例亟待补充；另一方面，这些年来中国及全球股市也出现了许多新情况，面临着许多新问题，关于巴菲特的价值投资理论在中国是否行得通的争论还在继续……所有这些，都需要有更新、更多的篇幅予以解答和证实。

### 五、巴菲特的价值投资理论值得反复咀嚼

有人曾经拿国内几位追随巴菲特的价值投资者的投资失利来说事，企图以此否定价值投资；而其实，这只能说明他们学巴菲特还没学到家。就像不能因为学生题目没做对，就说老师教错了一样。

从制度建设看，美国股市中每年上市和退市的公司数量相等，这实际上会逼着股民必须进行价值投资；否则，万一买到绩差股，将来被退市，投资就会

打水漂，而这种退市概率高达50%！可是在我国，由于没有退市制度，所以无论买到什么样的股票，都“只会被套牢”，不用担心血本无归，这就一定会增强投机气氛。不但如此，还会出现“臭豆腐效应”，ST绩差股会因祸得福成为“壳资源”，亏损时借壳炒作，重组后一飞冲天。

从个人因素看，中国的实际通货膨胀率每年高达13%～16%，所以人人都想寻求回报率高的投资方式来抵御通胀，而这种求财若渴的心理必定会助长投机气氛。体现在操作手法上便是追涨杀跌，股票被套牢要骂娘，涨幅不理想也要骂娘，因为他心里那个急呀！谁都希望今天买入的股票明天就能涨停，最好是连拉几个涨停，让他有机会落袋为安；然后呢，再希望一连来几个跌停，让他有机会去抄底，没谁稀罕去当“股东”的。

这些人虽然也标榜自己在学巴菲特，但其实他们并不是真的信奉并践行价值投资，只是眼馋巴菲特耀眼的巨额财富。就好比有渔夫从村口捕鱼回家，几乎没有人会去关心他今天是怎么捕鱼的，只会关注他今天有没有捕到大鱼一样。

## 六、价值投资理论在中国大有可为

巴菲特的价值投资理论在中国不是不适用，而是大有可为。

先看巴菲特。2018年3月末，伯克希尔公司的股价是每股299100美元，比1965年年末的19.46美元上涨15369倍，53年间的复合增长率为19.9%。也就是说，如果当时你有1万美元的伯克希尔股票，现在值1.54亿美元。

再来看中国股市。上证综合指数从1990年12月19日的100点至2018年3月末的3168.9点，28年间的复合增长率为13.0%。这一复合增长率虽然仅逊于巴菲特，可遗憾的是居然几乎没人“看得上”“这么点收获”。

研究表明，最优秀的上市企业，其长期回报率也只有15%左右，巴菲特20%左右的长期回报已达到极致；现在你要想超出他许多，这就叫“欲速则不达”。就像开车，10次事故9次快，不出问题才奇怪。

所以，要想学巴菲特，甚至超越巴菲特，首先要把重点放在少犯错误上，不亏即赢。在过去的53年里，巴菲特只有两年是亏损的，分别是2001年的6.2%和2008年的9.6%。2008年正是爆发金融危机之时，当年上证综合指数从前收盘的5261.6点跌至年末的1820.8点，跌幅高达65.4%；当年标准普尔500指数从前收盘的1468.4点跌至年末的903.3点，跌幅也有38.5%，巴菲特却只亏损了9.6%，绝对是跑赢大市了。

最新例子是，中国股民在2015年的股市暴涨暴跌中，亏损额大多超过1/3，甚至1/2；还有不少人因为融资融券被强行平仓，亦即亏损100%。这些时候，巴菲特所说的“别人贪婪时你要恐惧，别人恐惧时你要贪婪”，早已被人抛到九霄云外。

## 改动之处

### 七、在系统化、系列化上进行了规范

这一套5本图书过去都是以单行本陆续出版的，现在以丛书形式同时推出，在系统化、系列化、统一体例和篇幅上有了进一步的提高。

总体来看，5本图书都有较大幅度的修订和完善，新增案例和数据已更新到2017年年末。其中，修改篇幅最大的是《巴菲特给股民上的投资10堂课》，超过全书内容的1/3。

### 八、在可读性、表述准确性上下功夫

本丛书作者严行方是我国著名财会专家，《会计大典》《会计辞海》《中国第三产业财务会计百科全书》等权威著作主要撰稿人之一，在大中华区已出版著作130多部。他熟悉企业经营管理，担任过企业领导，对书中各项财务数据及概念的表述更专业，也更到位。

5本图书虽然都讲巴菲特，但内容各有侧重，并无重复，值得细细研读。并且，作者拥有巴菲特研究的翔实资料，所以书中看不到那种“传主事迹不够，

就用别人来凑”的东拉西扯，具有较高的性价比和纯洁性，不会有读了这一本不想再读其他4本的感觉，每本都很精彩。

## 九、继续高举价值投资和长期投资大旗

价值投资是一条布满荆棘的人迹罕见之路，国外如此，国内尤甚。

君不见，几乎所有媒体上都簇拥着所谓股评家、投资顾问、分析师、咨询师、策略师、金融师等，满嘴尽是巴菲特漠不关心的各种技术分析，几乎从来不会去采访真正的价值投资者。

因为这些媒体很清楚，投资和投机水火不容，一旦两路人马相遇，必定会争论不休。而观念的认同又岂是能通过辩论得到解决或统一的呢？如果是这样，那也就小看了洗脑的力量。所以，为了确保自身利益（收视率和广告费），这些媒体只好迎合投机土壤，遍播所谓股评和预测。

关于这一点，巴菲特1984年在美国哥伦比亚大学为庆祝他的恩师、“华尔街教父”本杰明·格雷厄姆所著《证券分析》一书发行50周年而召开的大会上演讲时，就预料到了。他说，价值投资精髓没有多少人愿意听，“在我奉行这项投资理论的35年中，我不曾目睹价值投资方式蔚然成风。人的天性中似乎存在着偏执的特色，喜欢把简单的事情弄得更复杂。最近30年来，学术界如果有任何作为的话，都完全背离了价值投资的教训，而且很可能继续如此。船只环绕地球而行，但地平之说仍会畅行无阻。在股票市场上，价格与价值之间还会存在着宽阔的距离，而奉行格雷厄姆与多德理论的人也会繁荣不绝”。

确实如此，几乎所有投机者，包括专业机构和广大散户，长期来看都不可能跑赢市场。如果你是中国股民，可以简单地算一算——上证综合指数从1990年年末至2018年3月末的28年间复合增长率为13%，按照巴菲特对投资业绩回报要比指数高出10个点（即每年增长23%）的基本要求，这28年间你的总回报率应该达到329倍——你有吗！

为什么会这样？巴菲特早在2008年伯克希尔公司股东大会上就揭晓了谜

底:“读一切可读之物。”巴菲特之所以会成为“股神”，其基础就是每天五六个小时的阅读。如果一个人从来不看书报、不学习，而是四处打听小道消息，然后据此下注，你觉得他会赢吗!

2017年5月6日，巴菲特在伯克希尔公司股东大会上回答“如何唤醒1亿中国股民，让他们从投机变成投资”时委婉地说:“中国的股市像赌场，市场博弈机会多，如果你是聪明的人，你才能够抓住机会。”而其实，巴菲特真正想说的是:“赌性强的股市，更容易暴露和放大非理性行为，从而导致投资者遭受巨大损失。”

现在，正值2018年伯克希尔公司股东大会隆重举行之际，“巴菲特投资系列”丛书的全面修订和推出，意在继续高举价值投资大旗，让更多投资者学到巴菲特的投资和成功精髓。道理很简单:唯有价值投资能够解释得通，也才符合逻辑。正如巴菲特所说，“如果不是价值投资，难道要进行无价值投资吗?”“没有其他的替代方案”!

2018年5月

# 巴菲特那一套在中国行得通吗
# ——新版序

在中国，如果说巴菲特是当今全球最受崇拜的投资大师，大概没有人会反对；可是，如果说他在中国也能取得同样的成功，则恐怕没有多少人会认同。尤其是在我国1亿多股民中，有2/3是根据各种股评和消息面来炒股的，他们追求的是“不亏本，少赚点”。让这些人真心实意地去践行巴菲特的价值投资理念，还真有些难为他们了。

之所以怀疑巴菲特的那一套在中国行不通，基于以下两个理由：一曰中国股市不成熟、不规范；二曰巴菲特的投资理念知易行难。其实，这两个理由根本站不住脚。

先说中国股市不成熟、不规范。可以说，越是不成熟、不规范的股市，巴菲特的价值投资理念就越容易奏效。因为在一个成熟、规范的股市里，上市公司的基本面与股价之间的结合度相对较高，即使你不怎么关心公司基本面，仅仅把股票当作交易品种来看待，最终损失掉的也可能只是佣金，因为这些股票本身就值这个价；相反，在一个不成熟、不规范的股市里，股价偏离公司基本面太多，如果再不注重考察其内在价值，而仅仅靠捕风捉影来投资，这样的风险就太大了。

再说巴菲特的投资理念知易行难。这固然有客观原因，但主要还是受主观因素影响。客观原因是，我国股市中缺少巴菲特价值投资所需的两个重要元素：

一是估值；二是赢利模式的可持续性。主观因素是绝大多数投资者没能真正掌握并运用巴菲特的投资精髓。

有则笑话说，新娘子学烧菜时切洋葱，切得眼泪直流，于是打电话向妈妈请教。妈妈说，放在水里切就没事了。过了一会儿，新娘子又给妈妈打电话说，现在她和洋葱全都泡在浴缸里了，接下来要怎么切呢？投资者如果也像这样来学习巴菲特的投资理念，十有八九要失败。

巴菲特的价值投资理念放之四海而皆准，在中国当然也不例外，这可以从他在全球范围内投资股票取得的成功中得到证实。

巴菲特的投资精髓是什么呢？1994年他在纽约证券分析师协会上演讲时说："我认为有三个基本的观念，如果这些观念牢牢根植在你的思维架构里，我想象不出你会无法在股市取得不错收益。这些观念没有一个是复杂的，没有一个需要数学天赋或类似才能：一是你必须把股票看作是一个企业；二是把市场的波动看作是你的朋友，而不是你的敌人，从市场的愚蠢中获利，而不是受其限制；三是把握住投资中最重要的安全边际。"

可以说，这三点就是巴菲特投资方法的核心。当他听说价值投资在中国很流行时，他对中国股民说："投资的精髓，不管是公司还是股票，要看企业本身，看这个公司将来5年、10年的发展，看你对该公司的业务了解多少，看该公司管理层是否让你喜欢并且信任。如果股票价格合适你就持有。"

巴菲特始终认为，股票投资应当选择好的公司，并且在价格合理的时候买入。所以，他从来不买那些股价涨得过快的热门股，而是潜心挖掘稳健上行的股票。在他眼里，热门股必定估值过高。

对比之下，中国投资者非常偏爱买热门股，这就不但成不了巴菲特，而且连他的皮毛也学不到。离开了价值投资，即使你一年赚8倍、10倍也成不了巴菲特，因为这样的业绩必然需要超级行情做支撑，这样的钱来得快去得也快。就像赌博，你赢再多的钱也不稀奇，因为会赢就会输。要知道，巴菲特如果遇到这种大牛市，早就敬而远之，退场了。

本书从巴菲特的价值投资理念出发，结合中国股市实际，尽可能多地引用巴菲特的原话来阐述他的核心理念和投资技巧、理论精髓。

诚然，本书并不认为巴菲特说的都对，也不保证运用他的投资理念就能在股市中战无不胜。因为谁都知道，中国股市中有许多国有企业是凭借政策利好赢利的，有许多民营企业离开了某个创始人很快就会陷入困境。这也是巴菲特最头疼和最忌讳的地方。但至少，好好理解并准确把握巴菲特的投资精髓，会有助于你用理性的眼光来看待投资。

尹行方

# 目录

CONTENTS

## 忠告 4　公司业务经营要容易理解



## 忠告 5　公司要有一条经济护城河

## 忠告 6　公司负债率一定要低



## 忠告 7　自由现金流要持续充沛

## 忠告 8　净资产收益率指标要高



## 忠告 9　股票交易价格必须合理

**忠告 10　要把股价波动看作是好事**

# 忠告 1　不准备持有 10 年的股票不买

## 路遥知马力，日久见收益

由于我相信杰克·伯恩以及该公司原本拥有的竞争优势，伯克希尔在 1976 年下半年买进大量该公司股份，之后又小幅加码，到 1980 年年底我们总共投入 4570 万美元取得该公司 33.3% 的股权。然而在往后的 15 年内，我们并没有再增加持股。不过由于该公司不断地购回自家公司股份，使得我们在该公司的持股比例逐渐增加到 50% 左右。然后到了 1995 年，我们同意以 23 亿美元买下另一半原来不属于我们的股份，这实在是天价。不过它让我们可以 100% 地拥有一家深具成长潜力的企业，且其竞争优势从 1951 年到现在一直维持不变。

——沃伦·巴菲特

### 【巴菲特现身说法】

巴菲特认为，投资者不准备持有10年的股票不要买。他用自己前后多次购买政府雇员保险公司股票的亲身经历，充分证明了这样一个简单的道理：只有长期投资才能取得高回报。

巴菲特在伯克希尔公司1995年年报致股东的一封信中说，伯克希尔公司1976年下半年购买了政府雇员保险公司的大量股份，之后又小幅加码，1995年前，对政府雇员保险公司的持股比例就逐渐增加到了50%左右。说实话，要计算这几十年来投资在政府雇员保险公司身上的一笔笔成本是很复杂的，但有一点显而易见，那就是1995年伯克希尔公司以23亿美元的代价买下了它的另一半股份。

巴菲特承认，这实在是一笔天价，但看到政府雇员保险公司的竞争优势50年来一直维持不变，他对100%拥有这样一家非常具有成长潜力的企业，还是感到心满意足的。

细心的读者注意到，1995年伯克希尔公司购买政府雇员保险公司另一半股份的代价是23亿美元，而当初巴菲特的老师本杰明·格雷厄姆1948年购买政府雇员保险公司的股份恰好也是一半，当时他付出的代价是72万美元。从中可以简单地推算出，政府雇员保险公司的股票价格在这48年间上涨了3194多倍。可以说，如果搞短期炒作、快进快出，投资者投资该股票就绝对不会取得如此之高的收益回报。

关于这一点，巴菲特过去在美国哥伦比亚大学商学院的校友、证券组合经理尤金·沙罕可谓研究得非常透彻。

1986年，尤金·沙罕给巴菲特的经典作品《格雷厄姆－多德式的超级投资者》写了一段续篇，其中就详细探讨过这个问题。本杰明·格雷厄姆是巴菲特的老师，戴维·多德原来也是本杰明·格雷厄姆的学生，后来成为哥伦比亚大学教授、本杰明·格雷厄姆的合作伙伴，两人合著了一本《证券分析》。

尤金·沙罕的文章标题是“短期业绩与价值投资相互排斥吗？”意思是说，人们津津乐道的巴菲特的投资业绩，都是从一个相当长的时期来看待的；而对于各家基金公司来说，考核基金公司经理采用的都是短期业绩表现，这是否合理呢？

尤金·沙罕之所以会提出这一观点，是因为他经过研究发现，如果从短期投资角度看，那些“格雷厄姆－多德式的超级投资者”的投资业绩回报也并不怎么样，包括巴菲特的老师本杰明·格雷厄姆也是如此。

例如，这些代表人物中的约翰·凯恩斯从事投资年限18年，其中业绩不佳的年份有6年，比例达33%；查理·芒格投资年限14年，其中业绩不佳的年份有5年，比例达36%；比尔·鲁安投资年限27年，其中业绩不佳的年份有10年，比例达37%；卢·辛普森投资年限17年，其中业绩不佳的年份有4年，比例达24%。只有巴菲特例外，截至当时的投资年限是13年，投资业绩不佳的年份为0年。

毫无疑问，这些人都是巴菲特心目中的“超级投资者”，投资技巧和业绩回报均出类拔萃。可是，他们同样要随时面对短期业绩表现不佳的窘况，其年份比例在24%～37%，相当于1/4～1/3时段。

尤金·沙罕由此得出结论，在这种龟兔赛跑式的基金业绩考核管理中，投资者如果注重短期业绩，就必然会牺牲长期利益。巴菲特在这些人中能够例外，正好从一个侧面反映出只有长期投资才能更好地体现出价值投资理念来。

那么，这种长期阶段和短期阶段又如何来判断和把握呢？巴菲特通过对20世纪整整100年间美国股市的走势进行研究发现，美国股市的整体走势与宏观经济形势相背离，但与此同时又具有某种周期性规律。投资者只要正确把握这种周期性规律，就能包赚不赔。

巴菲特认为，投资者在这其中最重要的是要学会定量分析，从而判断股市是否过热或过冷，避免随波逐流，陷入股市的群体性疯狂。

在这里，巴菲特向美国投资者推荐了一个非常简单而又非常适用的股市整体定量分析指标——所有上市公司总市值占国民生产总值（GNP）的比率。这个指标虽然简单，却是在任何时候评判上市公司价值是否合理的理想指标。

它的原理是：如果投资者财富增长速度高于美国宏观经济增长速度，该指标就会不断上升，理论上可以直到无穷大，但事实上显然是不可能的。巴菲特认为，当这个指标在70%～80%时，投资者就可以买入股票了；可是，当该指标达到200%时你还在买入股票的话，那就无异于玩火自焚了。

遗憾的是，由于中国股市的发展历史还很短，股市规模偏小，所以在中国股市中，运用这一指标判断上市公司价值是否合理与其实际情况不是很吻合，投资者不要照搬照抄。除此以外，在本书的开头，先和读者一起来重温一下巴菲特最伟大的15条箴言很有必要。这是2015年8月知名金融资讯网站 The Street 的众多编辑们一起为你遴选出来的，依重要性程度依次是：[1]

1. 我会告诉你为什么我喜欢香烟生意……香烟的成本只有1美分，可是却能卖到1美元，而且它的品牌忠诚度高得很。

2. 我可以投资世界上最出色的企业，因为和打棒球一样，你永远不必挥棒。只要站在本垒上，就不断有球投过来：47美元的通用汽车、39美元的美国钢铁……等到你喜欢的投手上场，防守球员又睡着了，你就可以上前击球了。

3. 股市不是一击即中的游戏，没有必要多家涉猎，只要等自己的投球机会就行了。问题是，如果你是基金经理，你的粉丝就会一个劲地喊："挥起来！投出去啊！"

4. 我们从没有为了完成明天的任务而指望陌生人发善心。到了不得不做出选择的时候，我不会为了额外获利的机会而牺牲哪怕一晚的睡眠。

5. "居者有其屋"固然是理想的目标，却不见得要成为我们国家的主要目标，它应该是一种雄心壮志。

6. 很久以前，本杰明·格雷厄姆就教导我："你付出的是价格，得到的是价值。"不论他说的是不是股票，我都喜欢趁优质商品便宜的时候买。

7. 投资者应该谨记，兴奋和付费都是自己的敌人。如果坚持把时间用来投资股票，就应该在别人贪婪的时候感到恐惧。只有在别人恐惧的时候，才可以变得贪婪。

8. 任何泡沫都会被针刺破，最终戳破泡沫的时候，又会有一批投资者学到那些老早就有的教训：第一，只要一样东西有投资者买，华尔街很多人就都会想方设法推销；第二，看起来最简单的投机，其实最凶险。

9. 在伯克希尔公司，我们不会试图从大批没有经过考验的企业里挑选极少数赢家。我们自知没那么聪明。我们会试着用有着2600年历史的《伊索寓言》中自己对其有信心的机遇等式，耐心研究某些树丛里有多少只鸟，以及它们何时

---

1　王维丹．巴菲特最伟大的15条箴言．华尔街见闻[2015—8—30].

出现。

10. 牛市必须避免的错误是，别像一只暴雨后浮在水面的鸭子那样自得，那是因为它有浮水的本事才能平步青云。理智的鸭子应该会判断一下，在倾盆大雨之后其他鸭子也在池塘里畅游的时候，自己所处的地位。

11. 我们早就感觉到，那些股票预测者唯一的价值，就是让命运预言家显得靠谱。即使到现在，查理 · 芒格和我还是相信，短期市场预测是毒药，应该把它们扔到安全地带封锁起来，别让孩子们和那些在市场交易中像孩子一样的成年人接触到。

12. 即使25年来一直在收购和管理多种企业，查理 · 芒格和我也没有学会怎样解决棘手的企业问题。我们学到的是避免问题。我们能取得这种成功，不是因为掌握了任何啃超级硬骨头的能力，而是因为我们专心找那些麻烦少的软骨头啃。

13. 我碰巧是个分配资金的天才。可我运用才华的能力，完全取决于我出生所在的社会。如果生在以狩猎为生的部落，我的天分根本一无是处。我跑不了多快，身体不是特别强壮，可能最终会成为某只野兽的晚餐。

14. 这些年，查理 · 芒格和我观察到很多规模惊人的会计造假骗局。很少有犯事者得到应有的惩罚，很多都没人去责备。用笔偷一大笔钱可比拿枪去偷安全多了。

15. 市场就像大赌场，别人都在喝酒，如果你坚持喝可乐，就会没事。

## 【巴菲特智慧结晶】

巴菲特认为，只有坚持长期持股，才可能取得高回报率。但他同时又认为，这种长期投资的期限并没有规定，重要的是要踏准节拍。为此，他提出了一个非常简单而又实用的判断依据——股市整体定量分析指标。

## 股票好坏应该从长远来考察

像可口可乐与吉列这类公司应该可以被归类为“永恒的持股”。分析师对于这些公司在未来一二十年饮料或刮胡刀市场的预测，可能会有些许不同；而我们所说的“永恒”，也并不意味着这些公司可以不必继续贯彻在制造、配销、包装与产品创新上的努力。只是，就算是最没有概念的观察家或甚至是其最主要的竞争对手，也不得不承认，可口可乐与吉列公司终其一生的投资生涯，仍将在其各自领域中独领风骚，甚至于它们的优势还有可能会继续增强。过去10年来，两家公司原有的极大市场占有率又扩大了许多。而所有迹象显示，在往后的10年间，它们还会继续以此态势来扩大版图。

——沃伦·巴菲特

**【巴菲特现身说法】**

巴菲特认为，投资者不准备持有10年的股票不要买。一只股票的好坏应该从长远来看，不能以眼下的涨跌论得失。投资者必须要用长远眼光来看待持股，这样才能获得应有的丰厚回报。

巴菲特在伯克希尔公司1996年年报致股东的一封信中说，当时他正在研究可口可乐公司100年前的年报。他从这份1896年的年报中发现，可口可乐公司虽然已经成为当时饮料市场的领导者，但那还不过只有10年左右的时间。令人称奇的是，当时的可口可乐公司就已经规划好了未来百年的发展计划。

要知道，当时的可口可乐公司年销售额还只有14.8万美元，可是其首席执行官却表示：“我们从没有放弃告诉全世界，可口可乐是能够提升人类健康与快乐、最卓越超凡的一件东西。”

巴菲特满意地说，可口可乐公司正是因为遵循了100年前制定的方针政策，并且一以贯之，才使得它的可乐糖浆年销售量从那时的11.6万加仑，增长到32亿加仑，100年间增长了27500多倍。

巴菲特说，100年前的可口可乐产品所代表的热情和想象力就已经达到顶点，成为塑造这家公司的一部分。也正因如此，可口可乐公司的本质，即其竞争优势和主导性，上百年来一直都没有改变。

巴菲特兴奋地说，还有什么样的股票能比可口可乐公司股票更具有长远效应呢？投资者只有从一个相当长的时期来看，才能看出这种股票的投资价值；相反，如果从某个短期来看，很可能会有遗珠之恨。

巴菲特承认，对于一些经常被人们称为"黑马"的股票来说，可口可乐公司无论业绩增长还是股价上升幅度都可能相形见绌。但他从《伊索寓言》中得知，"二鸟在林，不如一鸟在手"，手中拥有这样的股票，非常符合他的长期投资理念。

巴菲特说，要投资到如此优秀的上市公司实在有难度。因为如果只考察某个公司是否处于市场领导地位，并不足以保证投资成功。要知道，美国通用汽车公司、IBM公司、西尔斯公司等，都曾经是各自领域内的龙头企业，在其各自领域内具有无法取代的优势地位，可结果怎么样呢？这些公司虽然登峰造极一时，却经不起市场竞争的考验。

巴菲特由此总结说，投资者进行长期投资必须要有长远眼光，要选择那些"值得永恒持股"的股票作为投资对象。据他估计，在美国股市中符合这种标准的投资对象不可能超过50家，甚至不会超过20家，而这对投资者如何选对股票提出了更高的要求。

巴菲特在伯克希尔公司1979年年报致股东的一封信中说，伯克希尔公司的股东是相当特别的一群人。一方面，他和伯克希尔公司的投资理念影响到了购买伯克希尔公司股票的投资者；另一方面，购买伯克希尔公司股票的投资者，也会影响他撰写伯克希尔公司年报的方式。

究其原因在于，巴菲特和伯克希尔公司的长期投资理念吸引了投资者。投资者如果不赞成这样的理念，而只是关注伯克希尔公司股票价格的短期涨跌，就可能不会购买伯克希尔公司的股票。

他举例说，伯克希尔公司每年大约有98%的股东持股不动。也就是说，伯克希尔公司股票的全年换手率大约只占总股本的2%。这就意味着，该公司绝大多数股东都是“老”股东。

巴菲特研究发现，上市公司的经营风格往往会吸引同类型的人成为其股东。如果一家公司注重短期效益和股价波动，具有这种特质的投资者就会自动上门成为其股东；相反，如果该公司注重的是长期效益、长期业绩回报，那么，就会吸引具有这种特质的投资者购买其股票。也许这就是中国人所说的“物以类聚，人以群分”吧！

所以，巴菲特每年撰写伯克希尔公司年报致股东的一封信时，虽然会紧接前一年度的叙述，但尽量多穿插一些新的内容，避免一再重复过去的老一套让大家听得生腻。而这对他自己来说，也不会觉得生烦。

与此同时，巴菲特还研究发现，购买伯克希尔公司股票的投资者中，大约有90%的比例把自己最大的投资份额投在了伯克希尔公司股票上，所以这些投资者会特别关注对伯克希尔公司年报的阅读和研判。

为此，巴菲特就必须花费较多的时间、较多的笔墨来向各位股东汇报一年来的经营情况。相比之下，伯克希尔公司每个季度的季报就简单得多了，因为，无论股东还是公司管理层都是以长远眼光来看待公司经营的，并不是每个季度都会有新的重大事项要报告，所以往往是一笔带过。

### 【巴菲特智慧结晶】

巴菲特以可口可乐公司上百年的经营历史为例，主张投资者以长远眼光判断一只股票的好坏。这一方面是因为伯克希尔公司的经营理念是注重长期投资业绩回报，另一方面也与投资该公司的投资者是怎样的一群人有关。

## 股市不该是宏观经济晴雨表

我们分别在1967年买进国家产险公司，1972年买下喜斯糖果公司，1977年买下《布法罗日报》公司，1983年买下内布拉斯加家具店，1986年买下斯科特·费策公司，我们都是趁它们难得求售时才得以买进的。当然，也因为它们的开价我们认为可以接受。当初在评估每个案子时，我们关心的不是道琼斯工业指数的走势、美国联邦储备委员会的动向或总体经济发展，而是这些公司本身未来的前景。而如果我们觉得这样的方式适用于买下整家公司，那么每当我们决定通过股市买进一些好公司部分的股权时，为什么就必须采取不一样的做法呢？

——沃伦·巴菲特

## 【巴菲特现身说法】

巴菲特认为，投资者不准备持有10年的股票不要买。股市不是也不该是宏观经济的晴雨表，所以，投资者应该将购买股票的着眼点放在股票本身的发展前景上，而不是宏观经济环境的变化。

巴菲特在伯克希尔公司1994年年报致股东的一封信中说，伯克希尔公司过去买入国家产险公司、喜斯糖果公司、《布法罗日报》公司、内布拉斯加家具店、斯科特·费策公司等，依据的都是这些公司的内在价值和未来发展前景，而不是道琼斯工业指数的走势，或者美国联邦储备委员会的政策动向，甚至也不是美国经济的总体发展趋势。这种考察方式既适合于整体买入某家公司，当然也同样适合于买入该公司的部分股权。

巴菲特为什么会认为股市不是宏观经济的晴雨表呢？要知道，长期以来，尤其是在中国，很多人总认为股市能作为反映一个国家乃至世界宏观经济的晴雨表。

巴菲特是一个注重实证考察的人，所以对上述问题，这里可以用他在2001年11月10日美国《财富》杂志上发表的一篇文章中的观点来加以论述。在这篇文章中，巴菲特以翔实的历史数据论述了1899—1998年100年间美国股市的整体走势与国民生产总值（GNP）走势完全背离的现象。

巴菲特在文章中重申，长期来看股市与美国经济的整体成长性是相关的，过分高估或低估的股票价格肯定会回归到其内在价值。

巴菲特的研究表明，长期以来美国股市的平均年复合回报率为7%左右。不过，如果从某个特定阶段看，由于受利率、投资者预期收益率、投资者心理因素等影响，股市的投资回报率会忽高忽低。这就应了巴菲特经常引用的他的老师本杰明·格雷厄姆所说的一句话："从短期来看，市场是一台投票机；但从长期来看，它是一台称重机。"

例如，1964—1998年，美国股市的整体走势就与美国国民生产总值的走势完全背离。这期间一共有34年，其中道琼斯工业指数前17年的走势就与后17年完全不同。

从前17年看，1964年年末的道琼斯工业指数为874点，1981年年末为875点，17年只增长了1个百分点，几乎可以忽略不计。可是谁都不敢说这17年间的美国经济也是原地踏步的，因为这不是事实。研究表明，在此期间美国的国民生产总值增加了373%。

从后17年看，1981年年末的道琼斯工业指数为875点，而1998年年末达到9181点，17年间增长了9.5倍，属于典型的大牛市行情。毫无疑问，这期间美国的经济发展绝对没有这么快。研究表明，在此期间美国的国民生产总值增加了177%。

如果把考察期扩大到整个20世纪，可以看出经常如此。在这100年间，美国的国民生产总值在扣除通货膨胀因素后实际增长了702%。而如果继续把这100年划分为10个10年期来考察，再除去1929—1933年的经济大衰退和两次世界大战的影响，美国人均国民生产总值仍然是持续增长的。如果股市能够作为宏观经济晴雨表的话，那么在这10个阶段中，美国股市都应该是不断增长的，但事实上根本不是这么回事。

例如，1900年的美国人均国民生产总值相当于1996年的4073美元，1920年的这一指标相当于1996年的5444美元，增长了33.7%。可是在这20年内，道琼斯工业指数只是从当初的66点增长到72点，增长了9%，年平均复合增长率只有0.4%。1964—1981年，美国股市中又出现了与此非常相似的一幕。

而在接下来的1920—1929年，道琼斯工业指数却从72点一跃而上攀升到381点，增长了429%。紧接着，1930—1948年，道琼斯工业指数又几乎下跌一半，

1948年年末只有177点了，而同期国民生产总值却增长了50%。类似的情形，以后重演过好几次。

股市走势为什么会和宏观经济环境有如此大的反差呢？传统经济学和金融学教科书上都无法对此做出合理的解释。而实际上，这本身也确实不是用宏观经济波动能够解释清楚的，更与国内生产总值或国民生产总值的波动导致股市发生相应波动的说法相矛盾。

对此，巴菲特的解释是，这种反常现象在于利率、预期投资收益率、投资者心理因素在起作用。其中利率因素尤为关键，它就像地心引力一样，吸引着全球所有资产的价值。而用这一学说对照巴菲特所分析的上述各个阶段的股市走势，确实非常吻合。

限于篇幅，关于利率、预期投资收益率、投资者心理因素等内容这里不加展开，本书后面将会有详细阐述。

**【巴菲特智慧结晶】**

巴菲特认为，股市并不会像大家公认的那样成为宏观经济晴雨表。实际上，它受利率、预期投资收益率和投资者心理因素的影响更大。所以，投资者在购买股票时更应该考虑的是该公司的实质表现，而不是整个宏观经济面。

## 打盹时赚的钱比醒着时更多

> 我们的投资组合还是没有多大变动，我们打盹时赚的钱比起醒着时多很多。按兵不动对我们来说是一项明智的行为。就像是我们或其他经理人不可能因为谣传美国联邦储备委员会可能调整贴放利率，或是华尔街上那帮土匪大幅度改变他们对股市前景的看法，就决定把旗下高获利的金母鸡卖来卖去一样，我们也不会对拥有部分所有权的好公司股票任意出脱。
>
> ——沃伦·巴菲特

## 【巴菲特现身说法】

巴菲特认为，投资者不准备持有10年的股票不要买。从他自己的投资经历看，他在打盹时赚的钱要比他醒着时赚的多很多。所以他开玩笑说，他宁可每天打盹，也不愿意醒着。他的意思是说，他宁愿买入好股票后就远离股市、持股不动，也不愿意每天去关心股市的涨跌变动。

巴菲特在伯克希尔公司1996年年报致股东的一封信中说，当年伯克希尔公司的投资组合并没有多大的变动。根据他的经验，他认为，按兵不动就是一种明智的投资行为。

他说，他不可能因为听说美国联邦储备委员会可能要调整利率了，或者美国华尔街上的那些投资机构大幅度改变了其对股市发展前景的看法，就把手中拥有的好股票频繁买进卖出。投资者更应当关心的是，能否以合理的价格取得拥有绝对竞争优势和德才兼备管理层的好股票。只要这些股票的本质没有发生任何改变，投资者就应该一直持有下去。

按照这样的思路进行投资，巴菲特说，投资者到最后会发现，自己的绝大多数股票实际上是集中在少数几只好股票上的。这个道理很好理解，就像篮球俱乐部把投资集中在一群大学明星篮球队员中20%最具有发展潜力的球员身上一样，这里也同样完全符合“二八定律”。

巴菲特介绍说，无论是买下整个公司还是拥有部分股票，他都偏爱那些变化不大的企业和产业。原因很简单，因为这些企业能够拥有10年、20年以上的竞争优势；而那些发展变化快速的产业环境，或许能让其他投资者一夜暴富，却无法提供巴菲特所想要的那种稳定性。

比较而言，他宁可希望拥有这种具有长期竞争优势的稳定发展型企业，也不希望买到那种上蹿下跳的黑马型股票，后者只会让人心惊肉跳。

也正因如此，巴菲特拥有的股票都具有这种稳定性，所以每天晚上他都能心安理得地睡觉，并且希望睡觉的时间更长一些，因为他在睡着的时候赚的钱比醒着时赚的更多。当然，这只是他的一个玩笑。

其实早在20岁时，巴菲特就有这种想法了。他说，如果你拥有1美元，每年增值1美元，期限是20年，这时候你有两种选择：一是把你的1美元卖出去，然后重新进行投资，当然，这时候你必须支付税款和交易费用；另一种选择是你什么也不做，就这样静静地等待20年时间过去。要知道，这两种选择的结果会大相径庭。

第一种选择，你看起来很忙，而且每年都有收获，可是20年过去后你所得到的投资回报却只有2.5万美元。由于每年都要卖出、买入1次股票，所以这20年中你必须做出40次决定，而且每一个决定都不能错，这样才能保证年年获利。而在第二种选择下，你什么都不用做，最终得到的投资回报却可以高达69.2万美元。[1]

巴菲特由此认为，投资者购买股票应该从一个较长的时期来考察。这就像马拉松比赛一样，只有第一个跑完全程的人才能称得上是冠军。他说，乔治·索罗斯的“量子基金”和朱利安·罗伯逊的“老虎基金”，过去都曾经在投资市场这场“马拉松比赛”中取得过阶段性第一，但它们都没能跑完全程，所以是很遗憾的。

巴菲特承认，投资者希望手中拥有的股票能够长期获得稳定的投资回报，但同时任何产业都会发生变化，并不是所有希望都能最终实现。不过即使如此，也不能说他的投资观念就有什么错。

他举例说，1996年喜斯糖果公司的经营状况就和1972年他买入该公司时有很大不同，这很正常。20多年过去后，喜斯糖果公司的生产设备、产品品种、销售渠道都发生了重大变化，唯一不变的是消费者依然喜欢购买盒装巧克力。而购买盒装巧克力的首选品牌就是喜斯糖果，这一点可从来没有发生过变化。不要说在这20年间，就是从20世纪20年代该公司创立以来，这都一直没有发生过变化；而巴菲特估计，这在今后几十年间也不会有什么改变。

巴菲特为什么要举这个例子呢？他的言外之意是说，他购买喜斯糖果公司的

1　这里请注意，美国的股票交易需要缴纳34%的所得税。由于中国股市交易无此税种，所以这时候的投资回报更会高达$2^{20}=1048576$元，是前者的1.5倍。

股票，既然有把握预测它的未来，那就会一如既往地长期持有。他对买入这样的股票感到放心，晚上睡觉也高枕无忧。因为这样的股票放上多少年都不会“变质”，并且总会取得稳定的获利回报。

巴菲特不无幽默地说，人人都希望改变现实，作为公民的一分子，他和查理·芒格也同样希望有新的观念、新的产品、新的方法来提高自己的生活水准，因为这对他们有好处。

不过，以投资者身份看，他和查理·芒格把投资热门股票比作是在太空探险。如果有投资者敢于去尝试这样的“太空探险”，他们会给予喝彩；可是，如果要他们亲自上阵，那还是算了吧。

其实，这不就是我们绝大多数投资者的真实写照吗？当电视、电影里出现一些惊险动作，比如杂技表演，你会觉得很好看；可是，如果要自己去冒这样的险，绝大多数人都会退避三舍。既然如此，你为什么就不把自己的投资当回事，非要去冒险不可呢！

可以说，这也是中国出不了巴菲特的原因。无论是上市公司、投资机构，还是普通投资者，几乎全都处于短视和浮躁的状态。

在中国，有一些投资精英在“走向巴菲特”的路上还没走到一半，就纷纷倒在通向监狱的路上。2015年爆发的大规模股灾，终于让那些叫嚣国外势力在做空中国的机构傻眼了。说穿了，全都是自己人在捣鬼。这也再次印证了巴菲特的那句断言：“没有人会靠押注赌自己的国家崩溃而获得巨大成功的。”[1]

相反，长期看好未来则会获益匪浅。一个典型案例是：1995年9月摩根士丹利公司北京代表处首席代表汪潮涌，应微软公司之邀，在北京钓鱼台与前来为下月家庭旅行打前站的巴菲特及其夫人苏珊·汤普森共进晚餐。

席间，巴菲特一边喝着可乐，一边与大家分享他的投资理念。他对汪潮涌说：“年轻人，（要）相信中国会有巨大的盈利，要相信你自己的国家。”汪潮涌心里从此播下了创业的种子，于1999年5月辞职，创办了信中利公司（寓意即巴菲

---

1 李双江．中国为什么出不了巴菲特？是因为中国人太聪明．前瞻网[2016-4-30]．

特对他的忠告——“相信中国会赢利”)。通过投资百度、搜狐、华谊兄弟公司等，2016年6月信中利公司市值已达90亿元人民币。[1]

## 【巴菲特智慧结晶】

巴菲特认为，股票投资与其忙得直不起腰来，不如采取一种偷懒的方式，其实后一种方式获利更多。这里的关键是，要找到一只值得你永久持有的好股票，然后就放在那里按兵不动。他自己的投资经历就充分说明了这种方式的可行性。

## 长期投资能减少摩擦成本

> 实际上，由于摩擦成本（frictional costs）的存在，股东获得的收益肯定要少于公司的收益。我个人的看法是：这些成本如今正越来越高，从而导致股东们的未来收益水平要远远低于他们的历史收益水平。
>
> ——沃伦·巴菲特

## 【巴菲特现身说法】

巴菲特认为，投资者不准备持有10年的股票不要买。频繁地买进卖出股票会大大增加股票投资的摩擦成本，从而变相降低投资回报率。

巴菲特在伯克希尔公司2005年年报致股东的一封信中说，怎样才能使投资收益最大化呢？对于伯克希尔公司和其他美国股票投资者来说，过去这些年来要大把大把地赚钱简直轻而易举，其中的一大秘诀就是长期投资。

他说，一个真正称得上长期投资的例子是，道琼斯工业指数从1899年12月31日的66点上涨到1999年12月31日的11497点，这整整100年间上涨了近174倍，升幅非常大。出现这一现象的原因其实很简单，那就是20世纪美国的企业经营得非常出色。投资者只需凭借企业繁荣的东风，躺在那里持股不动，就可

1　21年前巴菲特对他说：年轻人，相信中国会有巨大的盈利．和讯网 [2016-6-3].

以赚得盆满钵满。

巴菲特说，绝大多数投资者都没能得到这样大的投资回报，这不能怪别人，只能怪他们自己。正是因为受到了一系列伤害，他们才在相当大的程度上减少了本该属于自己的投资回报。

巴菲特这里所指的“一系列伤害”，主要就是指股票投资中的频繁买卖。他说，这可以从一个最基本的事实来理解：在大多数情况下，投资者所能得到的投资回报应该和企业在这期间所能获得的收益相同步。

也就是说，如果投资者100%拥有这家公司，而该公司在10年间的积累增长了10倍，那么毫无疑问，这10倍资金积累就都是这位投资者的。同样的道理，如果有1万名股东拥有该上市公司，那么这笔资金积累就应该是这1万名股东按照持股比例进行分配的。

然而现实是，这1万名股东中有的赚到了平均数，有的超过了平均数，还有的造成了亏损。投资者A通过聪明的买入卖出，能够得到比B更多的投资收益；但总体来看，这些A们和B们的盈亏是相等的。当股市上涨时，所有投资者好像都觉得自己赚钱了，但其中有一个投资者要抛出股票，就必定需要得到其他投资者的接盘才能实现交易。所以，如果不考虑摩擦成本的话，他们的盈亏是相等的。

现在的问题是，由于摩擦成本的存在，股东们获得的收益肯定要小于公司的资金积累。巴菲特的看法是，这种摩擦成本现在有越来越高的趋势；相比而言，投资者未来的收益水平则要远远低于过去的收益水平，当然更要低于该上市公司总的收益水平了。

巴菲特在伯克希尔公司2005年年报致股东的一封信中，以美国人最容易理解的一则故事对此进行了解释。

他说，你可以想象一下：如果美国所有的上市公司都被某一个家庭所拥有，并且这种情形将会永远持续下去，姑且称之为“很牛家庭”（Got Rocks）。那么，这个家庭在把投资所得分红纳税后，会由于这些公司所获得的利润越来越多而变得越来越富有。就目前（2005年）而言，美国所有上市公司的年利润约为7000

亿美元；这就是说，这个家庭每年都有差不多7000亿美元的收入。当然，其中必须有一部分要用于生活开支，但这个家庭每年的积蓄还是会以稳定复利不断增长的。并且，在这个“很牛家庭”里，所有人的财富都会以同样的速度增长，一切都显得协调有序。

然而有一天，终于来了一群伶牙俐齿的家伙，百般劝说这个大家庭中的每一个人去卖掉某只股票，同时买入另一只股票，以此来获得比其他家庭成员更好的投资回报。当然，这些热心人并不是来“学雷锋”的，他们在为这些家庭成员热心买卖股票的同时，是要收取相应手续费的。容易看出，巴菲特这里所说的这些“热心人”是指证券公司。这样，随着这些家庭成员的交易次数越来越多，“热心人”从中收取的佣金就越来越多，所有家庭成员从企业总收益中分到的份额就越来越少，摩擦成本就这样产生了。

毫无疑问，这些家庭成员也不是傻瓜。一段时间过去后，他们中的大多数人会发现，在这种“打败我兄弟”（beat - my - brother）的游戏中，这些“热心人”做得并不好，自己也并没有取得比别人更多的投资收益，于是来了另一批“热心人”。第二批“热心人”对他们说，你们靠自己的力量是无法战胜其他人的，必须依靠我们这些专家；因为我们做得更专业，会帮你们取得更多的投资回报。

容易看出，巴菲特这里所说的第二批“热心人”，就是指各种各样的基金公司。可是结果怎么样呢？基金队伍在投资者和上市公司之间横插一杠，在活跃股票交易的同时增加了交易环节，使得摩擦成本更高了。因为以前投资者只需要付出一道成本，现在则需要付出两道。

当这个大家庭的每个成员都聘请了专业人士后，整个家庭的财务状况更是每况愈下。于是，大家纷纷寻求更多的帮助，这样就找到了第三批“热心人”，他们的身份是财务规划或机构咨询专家。大家很乐意向他们支付高昂的咨询费用。

就在他们的希望又将破灭时，第四批“热心人”出现了，这就是巴菲特所说的“超级帮助者”。实际上他们就是第二批人，只不过这时候他们披上了对冲基金、私人股权投资公司的外衣，所以收取的报酬更高。结果，大家都能想象得到，投资者依然是一连串的失望和无奈，摩擦成本越来越高。

**【巴菲特智慧结晶】**

巴菲特用一个实例，详细阐述了绝大多数投资者面临的困境。实际上，他是从反面告诫投资者，即使只是老老实实地躺在那里休息，也会把所投资上市公司的收益按投资比例装进腰包，而根本不需要付出任何摩擦成本。

## 长期投资有助于实行“三不主义”

> 我们很喜欢买股票，不过卖股票又是另外一回事。就这一点，我们就像是一个发现自己身处只有一家小旅馆的无名小镇的旅行家。房间里没有电视，面对无聊的漫漫长夜，突然间他很高兴地发现桌上有一本名为《在本小镇可以做的事》的书。只是当他翻开书后，里面却只有短短的一句话：“那就是你现在在做的这件事。”
>
> ——沃伦·巴菲特

**【巴菲特现身说法】**

巴菲特认为，投资者不准备持有10年的股票不要买。只有长期投资才符合巴菲特的投资风格——不看大盘，不相信技术分析，不做预测，我们把它们归纳为“三不主义”。

巴菲特在伯克希尔公司1992年年报致股东的一封信中说，他很喜欢买股票，不过卖股票又是另外一回事了。从这一点上看，就像一位旅行家，住在一个无名小镇上的小旅馆里，连个电视机都没有。百无聊赖之时，他蓦然看到桌子上有一本书——《在本小镇可以做的事》。本想用它来打发时光，可当他翻开书后，里面却只有短短的一句话：“那就是你现在在做的这件事。”巴菲特的意思是说，这位旅行家依然没有任何事情可做。

巴菲特说这个故事的用意，是要投资者买入股票后多看少动，具体地说就是不看大盘、不相信技术分析、不做股市预测，只做价值投资。别以为这种做法只适合于美国，在中国不适用，完全不是这样的。

中国有位著名的投资者，原来也和许多人一样，是根据技术分析炒股的。他整天坐在电脑前看技术图形，做到最后业绩一塌糊涂。他在1999年开始研究巴菲特，并且在实践中努力采用巴菲特的长期投资、价值投资理念来指导自己的行动计划，把稳赚不赔作为最重要的原则。从1999年开始到2007年大牛市之前的熊市中，他依然每年能够取得30%以上的投资回报率。如果单纯从数据看，这样的业绩已经超过巴菲特了。

巴菲特为什么要实行“三不主义”呢？归根到底，对于长期投资者来说，看大盘、技术分析、股市预测这三样东西对股票投资不但没有帮助，反而有害。因为它们会动摇投资者的长期投资理念，最终使投资者无法获得因长期投资而可以得到的丰厚利润。

先说看大盘。无论股市大盘表现如何，每天都有个股出现涨停、跌停。这就表明，仅仅看大盘做股票与操作什么样的个股不一定有关，熊市时也照样有年年创新高的个股。投资者只要持股不动，即使不看大盘，甚至不看所投个股，该是你的还是你的。

从这一点上看，除非你投资指数基金；否则，看大盘对股票投资者，尤其是长期投资者来说一点好处也没有。

再说技术分析。1999年以前，股市投资中的技术分析理论在中国非常火爆，现在仍然有许多投资者痴迷于它。毫不夸张地说，有些投资者一生中学得最用功的功课，就是波浪理论和江恩理论。

那么，技术分析在股市投资中究竟有没有用呢？如果说它是骗人的，那当然会有一棍子打死一船人的意味；但如果说它在大多数情况下是骗人的，绝不是冤枉它。

究其原因在于，如果你根据技术分析来炒股，往往很容易在高位上被套牢。说穿了，这和瞎子算命没什么两样。举个最简单的例子，任何技术分析都不能判断明天的股市是涨是跌，至多只是“猜谜语”。既然这样，这种东西还有什么参考价值呢？还是不看为好。

最后看股市预测。准确地说，这里的“股市预测”是指股市的短期预测。股市预测是一门很深的学问。总体来看，短期的股市预测谁也吃不准。与其如此，那还不如不要去枉费心机。尤其是三两天内的股市波动情况，你是无法准确预测的。这种短期预测对长期投资者而言，毫无价值。

读者如果感兴趣，可以到书店去看一看，目前书店里依然有2007年股市火爆时出版的股票书，这些书里信誓旦旦地预测当年的某月某日上证综合指数将会突破10000点。这样的预测灵验吗？事实做出了最好的回答。

相比而言，股市的长期预测相对容易，但这并没有什么秘诀可言。因为说到底，股票市场从长期来看总是向上的，如果出现了暂时的下跌，也可以用“前途是光明的，道路是曲折的”来搪塞。如果你说上证综合指数总有一天会突破10000点，这种预测做了也是白做。

那么，巴菲特是如何来进行长期预测的呢？举个中国读者最容易理解的例子来说：如果手机出现了，这时候巴菲特就会考虑是不是要卖掉手中原来持有的传呼机公司股票；如果现在的消费者都买数码相机，没人再去买原来的那种胶卷相机了，这时候他就会考虑是不是要卖掉手中原来拥有的胶卷相机公司股票。如果手中原来就没有这样的股票，那么今后他就更不会去碰它们了。

对于中国投资者来说，对世界经济和中国经济以及行业发展的“长期预测”，如果能有一个像以上巴菲特那样的大致判断就够了。当然，仅仅依靠这样的预测，依然无法判断能不能买入某只股票。投资者要做的功课，主要应当放在对某只股票内在价值的判断上。当该股票的内在价值大大高于其价格时，大胆买入这样的股票并长期持有，就一定会获得丰厚回报。

回过头来看，中国投资者对长期持股特别反感，因为有的股票放在那里几年了，股价反而越来越低。说实话，这并不是长期投资的错，而是你没有根据内在价值选对股票，或者你当初买入的价格太高了。

## 【巴菲特智慧结晶】

巴菲特认为，长期投资一定要耐得住寂寞，这就像到了一个无名小镇，住在小旅馆里，什么娱乐都没有，只能躺着睡觉一样。尤其是不要去看大盘，不要相信技术分析，不要去预测股市，这样做对长期投资都有好处。

## 长期投资能推迟并减少纳税

如果我们持有一家一年赚 1000 万美元公司 10% 的股权，则我们依比例分得的 100 万美元将必须负担额外的州政府与联邦所得税，包含：①大约 14 万美元的股利税负（我们大部分的股利税率为 14%）；或②最少 35 万美元的资本利得税，如果这 100 万没有分配，而事后我们又处分了该公司（我们适用的税率在 35% 左右，但有时也可能接近 40%）。当然，只要我们不处分该项投资，这笔税负将可以一直递延下去，但最终我们还是必须支付这笔税金的。事实上，政府可以说是分享我们利润的主要合伙人之一，只是投资股票它要分两次，而投资事业则只能分一次。

——沃伦·巴菲特

## 【巴菲特现身说法】

巴菲特认为，投资者不准备持有10年的股票不要买。股票买卖的频率越高，拥有的股票时间越短，你付出的股票交易税和佣金就越多，相比之下投资收益也就减少了。

巴菲特在伯克希尔公司1989年年报致股东的一封信中说，从经济实质而言，他同样倾向于长期投资，因为长期投资有助于推迟并减少纳税。接着，他又举了那个他经常提的很极端的例子来对此加以说明。

他说，假如伯克希尔公司只有1美元的投资，并且它每年都能获得1倍的投资报酬。在这种情况下，如果伯克希尔公司每年都把这些股票卖出去，由于卖出股票要缴纳34%的所得税，这样在重复了19年之后，伯克希尔公司在这20年间一共要给美国国库上缴13000美元的税金，而自己则可以得到25250美元。看起来这似乎已经很不错了，但如果伯克希尔公司在这20年间一直持股不动，也就是什么事情都不做，最终其投资回报却可以高达1048576美元。在扣除34%的所得税税金（即356516美元）后，伯克希尔公司可以得到692060美元，相当于前者的27.4倍。

巴菲特由此得出结论说，长期投资有助于推迟纳税，并且还能合理避税。不要觉得这仅仅是一点点的差异，对于投资者来说，其所得到的回报却是有天壤之别的。

仔细研究会发现，这种长期投资无论对投资者个人还是对政府来说都是双赢局面。就拿上面的例子来说，如果伯克希尔公司在这20年间一直持股不动，在其本身投资回报率大大提高的同时，政府从中收取的所得税也比前者要高得多。所不同的是，政府必须等到20年结束、伯克希尔公司出售该股票时，才能将这笔税金悉数入库。

巴菲特坦言道，必须强调的是，伯克希尔公司的长期投资理念并不仅仅是因为这种简单的算术逻辑。与此同时，它与上市公司建立起了商业合作关系，双方彼此珍惜这种情感，这也是一个重要因素。更不用说，这种长期投资的前提是该股票本身值得长期拥有。

巴菲特在伯克希尔公司1989年年报致股东的一封信中说，这种推迟缴纳的所得税负债，就好像是美国国库借给伯克希尔公司的无息贷款。

究其原因在于，只有当伯克希尔公司出售股票时才需要缴纳所得税。从某种意义上说，这种无息贷款的还款期限是由你自己决定的。如果你早些出售股票，那么缴纳所得税的时间就要提前；而如果你一直持股不动，那就意味着你一直不需要缴纳这笔所得税。

更令人称奇的是，由于所得税只有在赢利情况下才需要缴，所以如果你投资失利，没有获得盈利，当然也就不需要缴所得税了。

所以，这种所得税或者叫无息贷款，其数额是根据股票价格波动而变动的，有时候也会因为税率的改变而改变。总体来看，它是一种递延所得税，有点像资产转移时所要缴纳的交易税。只要你坚持长期投资，就可以大大降低这部分摩擦成本。

巴菲特举例说，1989年伯克希尔公司只有少量的股票交易，所以一共只有2.24亿美元的资本利得，因此只需缴纳0.76亿美元的所得税。

巴菲特在伯克希尔公司2000年年报致股东的一封信中进一步解释说，伯克希尔公司在决定是整体收购某家上市企业还是购买它的部分股权时，能否合理避税是优先考虑的因素之一。

他说，如果伯克希尔公司购买某家上市公司10%的股票，而该公司的年盈利为1000万美元，这就意味着伯克希尔公司当年可以从中分得100万美元的分红。可接下来的问题是，取得这100万美元分红后，伯克希尔公司必须缴纳两笔所得税。因为美国的大部分股利税率是14%，所以伯克希尔公司要缴纳的第一笔税金是大约14万美元的股利税；第二笔税金是35万~40万美元的资本利得税。扣除这两笔税金后，原来的100万美元就只剩下46万~51万美元，差不多只有一半了。

除此以外，伯克希尔公司还有另一种选择。根据美国税法规定，如果伯克希尔公司持有某上市公司80%以上的股权，这时候后者的盈利分配就可以完全纳入伯克希尔公司的财务中统一核算，伯克希尔公司不再需要因为这笔分红而缴纳任何税金。如果这些盈利年末不分红，而是完全保留在该公司账面上，那么如果今后有一天伯克希尔公司要出售这家公司，无论售价多少，都不必为此支付任何资本所得税。

所以巴菲特说，伯克希尔公司拥有某家上市公司80%以上的股权，要比拥有少数股权有利得多。这也是他在决定究竟是整体收购某家上市公司还是拥有该公司一部分股权时要考虑的财务理由。

**【巴菲特智慧结晶】**

长期投资有助于推迟并减少纳税，相当于可以获得一笔无息贷款，这是巴菲特选择长期投资的主要因素之一。不过需要指出的是，由于中国目前还没有把股票投资所得纳入个人所得税征税范围，所以在这一点上与美国有很大不同。

## 长期投资有助于战胜机构主力

> 我们希望能够吸引具有远见的投资人，在买进股份时，打算与我们永远同在，而不是订有卖出价格的时间表。我们实在不能理解，为何有些公司的CEO希望自己公司的股份交易量越多越好，这代表公司的股东组合会变来变去。在其他如学校、俱乐部、教堂等社会机构中，没有主持人希望自己的组织成员离开的。（然而偏偏就有营业员是靠说服成员离开组织来维生的。）
>
> ——沃伦·巴菲特

**【巴菲特现身说法】**

巴菲特认为，投资者不准备持有10年的股票不要买。因为投资者要想战胜机构主力，唯一的办法就是比耐心，做长期投资。你拖得起，但机构主力因为要考核业绩，所以拖不起。而要比快进快出，你未必是它们的对手。

巴菲特在伯克希尔公司1988年年报致股东的一封信中说，伯克希尔公司的投资理念，决定了它希望它的投资者也能抱有长期投资的决心，而不是在买入股票时就已经做好了什么时候卖出股票的打算。他实在不理解为什么有些上市公司会觉得自己股票的交易量越大越好，这不是明摆着要让公司股东组合变来变去吗?

巴菲特的言外之意是说，投资者只有坚持长期投资，才能和机构主力竞争。要知道，在中国股市中，个人投资者是很惧怕机构主力的，有些个人投资者甚至唯机构主力马首是瞻，千方百计要打听的小道消息也主要是机构主力什么时间进货、出货，是哪家机构主力。

而巴菲特的观点是，个人投资者完全不必打听是不是真的有所谓机构主力，或者机构主力有何股票操作策略。如果股市中根本不存在所谓机构主力，那么这种打听就完全是捕风捉影；如果真的有这种所谓机构主力存在，那你只要掌握长期投资这一法宝，就能轻松地战胜它们。

这颇有点像“龟兔赛跑”这个寓言故事。在股票投资中，消息灵通、动作迅速的机构主力当然是兔子，而那些面广量大的个人投资者则是一只只小乌龟。乌龟如果要在短时间内和兔子比速度，结果不言自明；可是乌龟如果要和兔子比耐力，最终结果就不好说了。最起码，乌龟的寿命要大大长于兔子，当兔子一命呜呼之后，乌龟依然可以在那里慢慢地爬行，这就是它最大的优势。

回到我们的话题上来。价值投资被许多人看作是投资领域中唯一可以称得上“有道理”的东西。因为它可以用逻辑和理性来表述，而不像其他一些“定理”那样，表面上说得天花乱坠，可实际上完全无规律可循。

毫无疑问，任何投资都讲求物有所值，到哪里都一样。如果你硬要预测明天的股市是涨是跌，说起来道理一大通，但“事后诸葛亮，事前猪一样”，完全可能不是这么一回事。

在个人投资者眼里，所谓的机构主力通常是指基金。基金的规模大，所以决定了它的股票操作手法和个人投资者会有很大不同。虽然基金一度也高举价值投资的大旗，可是基金公司管理层却是必须按照年度、季度来接受业绩考核的。这一点是基金公司或者说基金操盘手的命门。

例如，只要股市下跌了20%，那么即便奉行的是价值投资理念或长期投资理念，基金公司也会视手中的股票如敝帚，哪怕是手中的蓝筹股，这时候也会被当作垃圾一样赶快出货。道理很简单，如果在接下来的业绩考核中过不了关，那么这些基金公司经理恐怕就得失业了，他们哪里还有心思去考虑价值投资或长期投资呢？

研究表明，目前我国的基金公司经理平均任职期限不到2年，所以所有机构主力最怕的就是无法在短期内看到获利。如果在业绩考核的时候他们手里创造出来的业绩低于市场平均水平，那就意味着他们随时随地有可能被淘汰出局。

从这一点上看，机构主力虽然也会唱一些价值投资、长期投资的高调，但绝不会没有任何利益驱动地去追求长期业绩，更不会去按照价值投资理念操作股票。它们敢让手中的股票套牢2年吗？不可能，1年它们都等不及。

可是，对于个人投资者来说，正可以利用这一点和机构主力较较劲。巴菲特就是这方面的好手。

巴菲特投资股票的原则是“三低一高”：低市盈率、低市净率、低财务杠杆、高股息分配，并且必须具有市场垄断地位，而且这种市场垄断优势在可以预见的将来还不能改变。

按照这样的标准来选择股票，符合要求的就已经不多了；更何况巴菲特耐得住寂寞，虽然他手中握有大量现金，但即使股市低迷，不到真正物有所值，他也绝不会轻易出手。这些都注定了他能买到内在价值大大高于股价的投资品种。

例如，2002年2月21日纳斯达克指数跌到1349点时，巴菲特仍然表示：“尽管股市跌了3年，普通股票已经大大增加了投资吸引力，但我们仍然认为，即使值得我们产生中等兴趣的可投资股票也是寥寥无几。”接下来，巴菲特不是逐步买入股票，而是一再减持股票，2003年年末他手里拥有的现金高达360亿美元。

巴菲特无论是买进股票还是卖出股票，都有极大的耐心和机构主力比拼，尽管伯克希尔公司本身就是一家规模庞大的机构主力。巴菲特拥有这样的耐心，只要假以时日，他就能在内在价值的顶部买到自己心仪的股票，然后在内在价值的底部卖出手中的股票，这其中的差价就大了。

在中国，几乎所有人都对长期投资持怀疑态度，但事实给出了最好的回答。中国是从1990年12月19日开始有股票交易的（并以这一天为基数100点），从1991年7月15日开始有“上证综合指数”概念。以2015年12月31日收盘指数3539.18点为准，在这25年中上涨了35倍，年复合增长率为15.33%。

其中，万科A股截至2014年年末上涨了1000倍，即使扣除原始股以及上市第一天上涨10倍的因素，从上市后第二天买进（因为上市后从第二天开始谁都可以直接购买股票了），上涨也有近百倍。在香港，虽然没有“原始股”的概念，但如果你在2004年就买入腾讯股票一直不动，到2014年年末价格也已上涨了186倍。

可以说，除了政府和这些上市公司自身之外，几乎没有散户和机构投资者能够在这两只股票上获得如此高的获利回报。

为什么？因为中国股市中70%是散户，70%的机构和散户都以短期交易为主，这就导致短期内股票价格大规模背离其内在价值，反而给那些价值投资者抄底股市提供了非常难得的好机会。尤其是那些长期持股的价值投资者，因为竞争对手少，其成功概率更高。

## 【巴菲特智慧结晶】

巴菲特认为，机构主力必须定期接受业绩考核，所以它们虽然也会嚷嚷着要价值投资和长期投资，但不会真正付诸行动。相反，个人投资者就不用人为设置这样的时间障碍，在与机构主力比拼耐力中占有相对优势。

# 后悔没有长期持有迪士尼

> 在20世纪60年代，整个迪士尼公司的卖价约为8000万美元。那个时候，它们投资了1700万美元。也就是说，该公司当时的卖价为其初始投资的5倍左右。我们购买了价值500万美元的股票，第二年以600万美元的价格卖了出去。如果我们一直持有这些股票，到20世纪90年代中期，那个时候的500万美元就已经超过10亿美元的价值。
>
> ——沃伦·巴菲特

## 【巴菲特现身说法】

巴菲特认为，投资者不准备持有10年的股票不要买。他以自己两次持有迪士尼公司的股票为例，两次持有的时间都不长，但性质不一样。总的来说，他对这两次短期持股是抱有遗憾的。

巴菲特在伯克希尔公司1995年年报致股东的一封信中说，1965年迪士尼公司的税前利润为2100万美元，但是它所拥有的现金超过负债。当时迪士尼乐园投资1700万美元的加勒比海海盗船才刚刚开业，公司的全部市值也不过只有这艘海盗船的5倍，真是太便宜了。

在这种情况下，巴菲特有限公司以平均每股31美元的成本（股票分拆后），投资500万美元买入该股票，拥有迪士尼公司5%的股份。

遗憾的是，1967年他就以600万美元的价格把这些股票卖了出去。容易看出，虽然当时这笔投资的获利率高达20%，可是从事后来看，这绝对是个错误。

巴菲特不无后悔地说，如果这笔投资能够一直捂到20世纪90年代中期，那么这原来的500万美元就会变成10亿美元也不止。

迪士尼公司拥有全球最著名的吉祥物米老鼠和唐老鸭。正因如此，它每年都会从它的主题公园、电影、音乐、书籍、商店、体育以及其他商品如迪士尼互动、迪士尼巡游线、GO.com网站等获得100多亿美元的营业收入，每天参与这些项目的人数高达8000万人。

1995年，迪士尼公园把收购目光瞄准了资本城/美国广播公司。

当年7月中旬的某一天，巴菲特和资本城/美国广播公司首席执行官托马斯·墨菲准备去打高尔夫球，路上正好遇到迪士尼公司首席执行官迈克尔·艾斯纳。于是迈克尔·艾斯纳就向巴菲特和托马斯·墨菲提起收购资本城/美国广播公司的事。巴菲特回答说，可以考虑，但要和托马斯·墨菲商量一下再说。

需要补充说明的是，在此以前的3个月，迈克尔·艾斯纳已经和托马斯·墨菲探讨过收购资本城/美国广播公司的事情了，只是对一些操作细节还没有具体落实。其中主要是，托马斯·墨菲希望能得到迪士尼公司的股票，而迈克尔·艾斯纳希望能全部用现金来支付收购款。

这时候，巴菲特回过头来对托马斯·墨菲说："我觉得迈克尔·艾斯纳所说的用现金收购可以考虑。在任何时候，如果有人想用现金购买伯克希尔公司的东西都是可以的，你说呢？"

就这样，托马斯·墨菲原来一贯坚持的立场有些动摇了。虽然他提出还要再考虑考虑，但实际上，迪士尼公司作为收购资本城 / 美国广播公司的主要潜在客户，还是令他非常满意的。

1995年7月31日上午，上述两家公司公开宣布准备合并——迪士尼公司愿意用每股127美元的价格购并资本城 / 美国广播公司，交易总额为190亿美元，其中包括部分现金和部分迪士尼公司的股票。

正是因为有这样一段插曲，巴菲特在伯克希尔公司1995年年报致股东的一封信中说，在迪士尼公司并购资本城 / 美国广播公司时，他可以有几种不同的选择，既可以选择把原来的1股资本城 / 美国广播公司股票换成1股迪士尼公司的股票外加65美元现金，也可以要求全部换成现金或股票。

当然，所有这些都要通过双方洽谈来决定。事实上，除了换股，巴菲特还继续收购了一些迪士尼公司的股票。这样，巴菲特最终持有迪士尼公司股票的比重达到3.5%，摇身一变成了它的大股东。

这桩购并案成为美国企业购并史上的第二大合并案，合并后的公司在全球娱乐和媒体公司中位居第二。遗憾的是，两家公司合并后日渐衰弱，慢慢地被时代华纳公司超越。而这直接影响到了巴菲特对迪士尼公司的投资决策。

1998年年末，伯克希尔公司还持有迪士尼公司股票5100多万股，可是1999年年末在伯克希尔公司年报上就看不到这一持股品种了。这表明，伯克希尔公司持有的迪士尼公司股票价值已经跌到7.5亿美元以下。到2001年年初，伯克希尔公司已经彻底抛售了它所持有的迪士尼公司的所有股票。

2001年，“9・11”恐怖袭击事件爆发后，迪士尼公司的股价跌到10多年来的最低点。迈克尔・艾斯纳吃准巴菲特“爱捡便宜货”的特点，希望巴菲特能够再次投巨资收购迪士尼公司。可是这一次巴菲特由于忙于应付恐怖袭击给伯克希尔公司造成的巨额保险理赔，再也没时间顾及这件事了。

这从一个侧面可以看出，虽然巴菲特不可能预测到什么时候会爆发恐怖袭击事件；但事实上，他在股市暴跌以前就清掉了手中持有的迪士尼公司股票，也不失为一个英明决策。相比之下，他前一次持有迪士尼公司股票的时间太短，违背了他自己倡导的长期投资理念，这对他来说是一个沉痛的教训。

## 【巴菲特智慧结晶】

巴菲特认为，投资者不准备捂在手里10年的股票不能买。回顾他1966年投资500万美元购买迪士尼公司股票第二年就抛出的事，他不无遗憾地说，要是当年不急于抛出，而是捂在手里30年，这500万美元就变成10亿美元了！

# 忠告 2　买股票就是要投资该公司

## 买什么样的股票非常重要

从我个人的经验与观察得到一个结论，那就是：一项优异的记录背后（从投资报酬率的角度来衡量），你划的是一条怎样的船，更胜于你怎样去划（虽然不管一家公司好或坏，努力与才能都很重要）。几年前我曾说，当一个以管理著名的专家遇到一家不具前景的公司时，通常是后者会占上风，如今我的看法一点也没变。当你遇到一艘总是会漏水的破船，与其不断白费力气去补破洞，还不如把精力放在如何换条好船上。

——沃伦·巴菲特

### 【巴菲特现身说法】

巴菲特认为，投资者买股票就是要投资该公司。买一只什么样的股票，比什么时候买股票要重要得多。巴菲特在伯克希尔公司1985年年报致股东的一封信中说，就他的个人经验和观察来看，虽然一家上市公司的好坏与公司管理层的努力程度、才能有关，但如果想创造出优异的投资报酬率，还是要看该公司的原本质地。如果要一位著名管理专家去管理一家不具备发展前景的公司，他往往很难扭转乾坤。通俗地说就是，你划的是怎样的一条船，比你怎样去划船更重要。如果一条船在漏水，那么你与其把许多精力放在为这条破船堵漏，还不如把精力放在如何去换一条好船上。

巴菲特举例说，1985年7月伯克希尔公司准备停止纺织事业运营的经历，就是这方面的一个典型事例。

他说，当21年前巴菲特有限公司买下伯克希尔纺织公司的控股权时，当时后者的账面价值大约为2200万美元。虽然当时该公司的全部业务都是纺织业，可是由于它的赢利能力不强，所以其内在价值要远远低于账面数字。而在此以前的9年中，也就是伯克希尔公司和哈撒韦公司两家公司合并经营期间，它们一共创造了5亿多美元的营业收入，可是最终却发生了1000万美元的经营亏损。它们虽然也有获利的年份，但总的来看是进一步退两步。

巴菲特当初在买下伯克希尔纺织公司时，美国北部的大部分纺织企业都已经倒闭了，南部的一些纺织企业只是因为没有工会组织工人罢工，相对来说竞争优势才更强一些。但从宏观形势看，整个纺织行业不景气，所以有许多人建议巴菲特不要购买这样的公司；或者，买下这样的公司后要早做打算，预先想好下一步该怎么办。

巴菲特检讨说，当时他还抱有一种侥幸心理，认为如果该公司能够找到一位非常能干的明星经理人，或许就能扭转乾坤，至少也会改善运营状况。于是当时他就挑选了肯・蔡斯（Ken Chase）负责这项工作。巴菲特说，肯・蔡斯确实是个人才，并且他和后来接替他的卡斯帕罗夫（Garry Kasparov）配合得非常好。可是，由于整个行业在走下坡路，伯克希尔纺织公司的经营状况依然没有好转。

1967年，巴菲特利用伯克希尔纺织公司的一部分盈利，加上该公司通过削减库存、减少固定资产投资、催收应收款所获取的大量现金进入保险行业，购买了国家产险公司（National Indemnity），算是实施了对整个公司经营战略的一次重大转移。

回过头来看，巴菲特当时的这一决策非常正确。如果在纺织行业这棵树上吊死，伯克希尔公司也就不会有后来的辉煌业绩，因为归根到底是“时势造英雄”。这就是巴菲特上面所说的“与其不断白费力气去补破洞，还不如把精力放在如何换条好船上”的道理。

当时的伯克希尔纺织公司虽然在肯・蔡斯的领导下运营状况大有改善，但平心而论，整个公司从来就没有从纺织业务上赚到过什么钱，至多只能说是苟延残喘而已。

随着纺织行业越来越不景气，伯克希尔公司不得不开始实施多元化经营战略。而多元化经营战略的开展，又必然使得纺织业务在伯克希尔公司中所占比重越来越小。只是出于一些原因，伯克希尔公司才不得不继续保留纺织业务，但要想从它身上赚钱显然已经不可能了。这些原因如下：①伯克希尔纺织公司在当地是一个重要企业，并不是说关门就能关得掉的。②公司管理层面对困境采取了一系列措施，客观上延长了它的寿命。③公司员工体谅企业困难，同舟共济，积极配合公司管理层应对困难局面。④公司经营虽然困难，但这时候还能继续产生稳定的现金流收入。这就好像一个人虽然已经奄奄一息，但总算还有一口气，家人不忍心见死不救一样。

巴菲特说，正是基于上述原因，伯克希尔纺织公司得以保留下来。但巴菲特承认，当时的他确实有些优柔寡断，尤其是事后证明，上述第④点判断是错误的，应该当断则断。

他说，虽然一年之后的1979年伯克希尔纺织公司的获利状况还不错，但之后它耗用了大量的资金，这种情况在1985年以前就变得很严重了，致使该公司经营下去也不是，破产倒闭也不是，他左右为难。

在此期间，肯・蔡斯和卡斯帕罗夫虽然绞尽脑汁，又是重新规划产品线、生产流程、销售渠道配置，又是大手笔地并购同行，希望能东山再起，但到最后全都前功尽弃，没有一点收获。

巴菲特在伯克希尔公司1985年年报致股东的一封信中说，据美国《商业周刊》报道，1980年以来的5年中，美国一共有250家纺织企业破产。其实他对这一状况非常了解，只是因为自己不能客观看待事物，才导致在这方面栽了跟头。他虽然在不断吸取教训，可到最后只是教训越来越多，获利却越来越少。他承认，如果能早一点看到美国的纺织行业在全球缺乏竞争力，早点关掉该公司就好了。

## 【巴菲特智慧结晶】

巴菲特认为，投资股票一定要擦亮眼睛。与其总是在一艘破船上舀水补漏，还不如当断则断，把精力放在如何换条好船上。他告诫投资者，不要企图会发生什么“奇迹”，不要总是幻想着“乌鸡变凤凰”。

# 买股票就是购买企业的一部分

看过这张表的人，或许会以为这些股票是根据线型图、营业员的建议或公司近期的获利预估来进行买卖的；其实，查理跟我本人根本就不理会这些，而是以企业所有权人的角度看事情，这是非常大的区别。事实上，这正是我几十年来投资行为的精髓所在。打从我19岁时读到格雷厄姆《聪明的投资者》之后，我便茅塞顿开。在此之前，我虽然早已投入股市，但实际上对投资根本就没有一点概念。

——沃伦·巴菲特

## 【巴菲特现身说法】

巴菲特认为，投资者买股票就是要投资该公司。所以他认为，无论购买多少股票，都要将其看作是购买该上市公司的一部分。换句话说，投资者以投资还是投机心态来买股票，两者的操作完全不同。

巴菲特在伯克希尔公司2004年年报致股东的一封信中说，他当年将伯克希尔公司所有市场价值超过6亿美元的股票列入了一张表。看过这张表的人或许会认为，这些股票是根据技术分析、别人的建议或者投资获利预期来操作的；其实，他和查理·芒格根本就不理会这些东西。他们投资股票完全是从企业所有者角度看问题，这和单纯的炒作股票有非常大的区别。

巴菲特说，自从他19岁时读了老师本杰明·格雷厄姆所写的《聪明的投资者》一书后，几十年来他一直是这样做的。而在此以前，他对投资实际上没有一点点概念。

他举例说，截至2004年，伯克希尔公司一共在最主要的4个投资项目——美国运通公司、可口可乐公司、吉列公司、富国银行身上投资了38.3亿美元的成本，买入时间从1988年至2003年不等，平均买入日期是1992年7月。截至2004年年末，伯克希尔公司持有这些股票的平均时间长达12.5年。2004年，伯克希尔公司按照持股比例一共从这4家公司身上获得12.2亿美元的红利分配。

从巴菲特的眼光看，虽然吉列公司和富国银行因为认股权成本隐含不计，内在价值有些被高估；但与此同时，可口可乐公司提列了一笔非经常性损失，所以两者算是扯平了。从这一点上看，伯克希尔公司当初累计投资38.3亿美元，2004年能获得12.2亿美元的收益，这个数据已经相当令人满意了。

更不用说，伯克希尔公司从这4家公司身上所得到的盈余分配，几乎每年都在稳定增加，这就更令人喜出望外了。

截至2004年年末，伯克希尔公司累计从这4家公司身上实现的盈余分配已经占到当初投资总成本的31%；所分配的现金股利也在同步增长，2004年达到4.34亿美元。

这说明什么呢？在巴菲特看来，这就是以投资态度持有上述股票所得到的应有回报。如果以投机心态来对待上述股票，持股时间就不会有这么长，更谈不上继续持股不动了。

即使换个角度，也就是从投资者最关心的股票价格变动来看，也是如此。自从伯克希尔公司买入上述股票后，由于本益比不断增加，上述4家公司股价的上涨幅度虽然在个别年份与其本身经营状况不符，可是总体上看，股价上涨幅度还是高于业绩增长幅度的。也就是说，如果投资者不像巴菲特这样过于关注上述股票的内在价值，而只是关注它们的股价变动情况，这种长期持股同样也会取得丰厚的获利回报。相反，如果投资者以投机心态看问题，不能坚持长期投资的话，也就很可能与这样的丰厚回报失之交臂了。

巴菲特一再强调，伯克希尔公司账面上的投资获利，如果根据会计期间进行划分，这种做法实际上没有任何意义。伯克希尔公司绝对不会为了让账面上好看一些，就去卖掉那些股票，从而违背长期投资、价值投资理念。

巴菲特几乎每年都要表明他的这一观点。例如他在伯克希尔公司2002年年报致股东的一封信中说，无论是整体收购一家公司还是购买该公司的一部分股权，伯克希尔公司都会以所有者身份来考虑问题。

那么，具体到某一企业，巴菲特又是如何来考虑这个问题的呢？他说，在大多数时候，购买某个企业的部分股权是一种“比较便宜的选择”，所以你会在伯克希尔公司的资产组合中看到股票投资占大多数；可是，如果按照整体收购和部分拥有股权两者评估出来的内在价值差不多，伯克希尔公司会“强烈偏爱拥有一整家企业”。

一般认为，巴菲特之所以会有这种想法，主要原因有3点：一是因为既然一家企业物有所值，那么当然对其投资越大越好；二是从会计纳税角度看，整体收购企业有利于节税、避税、推迟纳税；三是整体收购某企业，伯克希尔公司可以通过控股该公司来行使所有者权力，保证该公司按照伯克希尔公司的经营理念继续前行。

当然，上面所说的前提都是两者内在价值要差不多。巴菲特说，如果购买部分股权比整体收购更便宜，伯克希尔公司就会倾向于前者；如果某种特定债券足够吸引人，伯克希尔公司也会优先考虑投资这些债券。这方面比较典型的是，2002年，巴菲特根本不考虑市场经济状况如何，就大笔买进符合上述条件的债券，并且希望这样的投资规模越大越好。

还是这句话，无论是整体收购企业还是拥有部分股票，或者购买债券，伯克希尔公司都是从长期投资角度来进行决策的。

## 【巴菲特智慧结晶】

巴菲特认为，投资者如果能从企业所有者角度来对待股票投资——也就是说，如果投资者对买入某股票的考察工作像对整体收购其发行公司的考察工作一样重视，获利回报就能得到更可靠的保证，投资失误就能大大减少。

## 精心选股是长期投资的前提

当我们考量投资的时候，这就是我们的原则。基本上，我们寻找那些打算永久持有的投资。那样的企业并不多。在一开始，我的主意比资金多得多，所以我不断地卖出那些我认为吸引力差些的股票，以便来购买那些新近发现的好股票。但这已经不是我们现在的问题了。我们现在不缺钱，而是缺好投资。

——沃伦·巴菲特

### 【巴菲特现身说法】

巴菲特认为，投资者买股票就是要投资该公司。所以，要坚持长期投资，而不是快进快出。要做到这一点，精心选股是前提条件。投资者只有选对了股票，才能长期持股不动，否则这种长期持股说穿了就是长期被套。

巴菲特在美国佛罗里达大学演讲时说，他在考察投资项目时，主要是盯着那些自己准备永久持有的股票。而他知道，值得这样投资的股票并不多。在过去，他也不断地通过买入卖出股票来好中选优，但现在不这样做了。现在他手里缺的不是钱，而是好的项目。

巴菲特在此次演讲会上还说，当初他投资可口可乐公司时就不希望10年、15年之后可口可乐公司就弹尽粮绝。虽然未来难以预料，可口可乐公司也不排除有这个可能；但在他看来，这种可能性几乎为零。他当初投资可口可乐公司，就是准备永久持有该股票的。

同样的道理，他希望购买伯克希尔公司股票的投资者也能一辈子持有该股票。虽然并不是所有投资者都能做到这一点，他也不认为这就是购买股票的唯一方式，但他还是希望持有伯克希尔公司股票的都是些老面孔。

他透露说，实际上，他对伯克希尔公司股东的变化情况是做过跟踪调查的。他之所以这样做，是因为这样会帮助他反思自己做得怎么样。如果投资者抛出的伯克希尔公司股票较多，他就会认为自己工作没做好，给股东的投资回报率不够高。

巴菲特幽默地说，这就好像他在教堂里做祷告时看到周围的人每个星期都换一半，而不会高兴地说“这真是太好了，这里的成员流动性多强呀”一样；他宁可希望看到每个星期坐在教堂里的都是同一批人。

那么，怎样才能做到这一点呢？问题的关键就是，投资者要把购买股票当作是整体收购其发行公司来看待。功夫要花在对该公司的考察、对其内在价值的评估上，而不是频繁地买进卖出。

这一点的重要性，从生活中的一则小故事中也能得到证实。

话说以前有位画家，非常勤奋，每天都画画，从不间断。可是他的画却卖得不好，价格更是抬不上去。后来他发现另一位老画家的状况和他相反，于是前去拜访、取经。老画家说，你不能一年365天每天都画画，而是要去试试一年就画一幅画。他如实做了，结果画还没画完，买他画的人的名单就排得满满的了，而且一个比一个出价高。

其实，投资股票的道理也是一样的。如果你每天都买卖股票，搞短线操作，今天买了某股票，不管明天是上涨还是下跌百分之几，一概都抛掉，落袋为安或割肉走人。这样，你看起来很忙，可是到最后却赚不到什么钱。相反，如果你绝大多数时间都在研究某股票、读财务年报、搞调查，然后看准了再买，经过这般严格考核的投资品种，当然会更值得你长期投资。

巴菲特就是这样来进行股票投资的。他说，在1957—2006年这50年间，是12项投资决策决定了他今天的地位。简单算一算就知道，50年，12只股票，平均4年才选1只股票，这需要多大的定力呀！在中国股市中，难道连这一点也做不到吗？中国股市至2006年发展历史已经快20年，难道从中选5只好股票还选不出来吗？

相比而言，如果你整天盯着电脑屏幕买卖股票，今天股价上涨一两元，明天又下跌一两元，股价整天上上下下，你的心也跟着忽上忽下，却始终不知道这家公司在哪里，也搞不清它是干什么的，是从事什么样的经营业务的，更不知道这家公司好在哪里、不好在哪里。这样投资股票，无论是长期投资还是短期炒作都不够格。这样买卖股票，无异于赌博。

举个中国人最容易接受的例子：你用十几万元、几十万元去买某只股票，绝不能潇潇洒洒地就那么随便一买，而是要有一套投资理念。如果该股票不符合你的投资理念，哪怕不符合其中的任何一条，你就不能买。你如果用这些钱去买套住房，一定会看了又看，比较了又比较，甚至还要组一个庞大的考察队伍去评头品足；可是具体到投资股票上来，你为什么就那么草率呢？要知道，有时候在某只股票上的投资要超过一套住房啊！

巴菲特在伯克希尔公司2011年年报致股东的一封信中说，以他自己为例，他个人98%以上的财富都投资在伯克希尔公司股票上，所有这些持股他将来都会捐赠给几家不同的慈善组织。这样高度集中投资于一只股票，完全违背传统的投资智慧，可为什么他要这样做呢？根本原因就在于，他非常了解伯克希尔公司拥有的各家企业的品质有多么优秀，资产有多么优良，企业经理人才有多么出色。

巴菲特一再告诫投资者，股票投资只需要关注三个问题：买什么股票，以什么价格买股票，怎样买股票。在这其中，最能体现巴菲特投资理念核心的是怎样买股票。

巴菲特长期持有政府雇员保险公司、《华盛顿邮报》公司、可口可乐公司、资本城 / 美国广播公司、吉列公司、富国银行的股票。毫无疑问，在他买入这些股票时，其他投资者也在买入这些股票。不同的是，巴菲特不仅买入了这些股票，更坚持长期持有，所以才取得了丰厚的业绩回报。而这些股票，都在巴菲特上面所说的12只股票之中。

要做到这一点，毫无疑问就是要精心选股。只有选对了股票，并且最好是百里挑一、千里挑一，这样的股票才值得长期持有。

**【巴菲特智慧结晶】**

俗话说："赚钱不吃力，吃力不赚钱。"巴菲特认为，投资者要把买股票看作是购买该上市公司的一部分来看待。由于符合"值得永久持有"这一条件的股票并不多，所以平时就要做足功课，买股票时要像买房时一样仔细考察，百里挑一。

## 一旦看准对象就要集中火力

> 那天我在Sun Trust的时候，有人问了个问题。如果要做到真正懂投资的话，那么你懂的投资可能不会超过6个；如果你真的懂6个投资的话，那就是你所需要的所有多元化，我保证你会因此而赚很多钱。把钱放在第7个投资上，而不是选择投更多的钱于最好的投资，绝对是个错误。很少有人会因他们的第7个投资而赚钱，很多人却会因为他们最棒的投资而发财。我认为，对任何一个拥有常规资金量的人而言，如果他们真的懂得所做的投资，6个已经绰绰有余了。
>
> ——沃伦·巴菲特

**【巴菲特现身说法】**

巴菲特认为，投资者买股票就是要投资该公司。有了这样的投资理念和思想准备，一旦看中合适的投资对象就要集中投资，绝不要浪费炮火搞无效劳动，甚至赔了夫人又折兵。

1990年3月，巴菲特在美国斯坦福大学法学院作为嘉宾演讲"律师需要了解的企业经营知识"课程时说：投资者应该只去做那些自己认为值得投入大量金钱的事情。如果你不准备在该项目上投入很大的资金，那它就不是一个好项目，那么你就不要去做。除了某些套利交易，如果我不打算投入我全部财产的10%，我就不会投入哪怕1美分。因为如果我连10%都不愿投入，就说明那不是一个好项目。

针对有人认为不能把鸡蛋放在同一个篮子里，并且称之为“投资组合理论”的说法，巴菲特说：“我和查理认为现代投资组合理论毫无意义，那都是胡说八道。我们从不认为自己在冒险。而现代投资组合理论的基础是用股票价格的波动性来衡量投资风险……整个现代投资组合理论的假设就是，你根本不知道自己在做什么（所以需要买很多股票来分散风险）。这个理论告诉你，你什么都不知道，所以就应该按照这个理论来做。”[1]

巴菲特的意思是说，投资者投资股票必须要知道自己买的是什么，而不是企图通过投资组合来分散自己购买“什么都不知道”的股票的风险；如果真的是“什么都不知道”，那投资者干脆就不要买了，因为这样做风险太大。

巴菲特在美国佛罗里达大学演讲时再次强调，有人喜欢搞多元化投资，可是在他看来，任何一个拥有常规资金量的投资者，投资6只股票就已经绰绰有余了，6只股票就是他们所说的所谓多元化投资的极限。换句话说，巴菲特认为，一个人最多只能了解6只股票。如果你不把资金集中投资在这6只股票内，而是想投资在第7只股票上，那绝对是个错误。

巴菲特为什么认为6只股票就是多元化投资的最大值呢？这既是他的个人经验，也是他多年观察得出的结论。他说，很少有人会因为他们把更多资金投资在“第7只”股票上而赚到钱。

他说，如果你不是一个职业投资者，并且你的投资业绩目标也不是要远远超出绝大多数人，那么你就去最大可能地多元化投资吧！你去把98%、99%，甚至更大比重的资金，通通去实行多元化投资，并且不断地买进卖出吧。在他看来，这种行为无疑是拿自己的资金开玩笑。如果投资者真的想这样做，那还不如去投资指数类共同基金。

所谓“指数类共同基金”，是指用电脑模型来模拟股票指数，如道琼斯工业指数、纳斯达克指数。投资指数类共同基金，说穿了就是投资股票指数，或者

---

1　石伟编译．巴菲特：投资不要超出自己的能力范围．腾讯网[2016—2—9].

把指数类共同基金当作某种普通股票一样来对待。

这样做的最大好处是，投资过程会变得非常简单，而且管理成本很低。当然，能否获利，最终就要看股指涨跌了。所以巴菲特建议投资者，如果你要购买“一部分美国”的话，你就去购买指数类共同基金。确切地说，这里的“一部分美国”，是指整个美国上市公司的一部分。

巴菲特以他自己的投资经历为例分析说，在他所看好的各种投资项目中，大概只有一半项目他最终会投入资金。不但他自己不会去实行所谓的投资多元化，就连他知道的那些做得很不错的投资专家也都不主张投资多元化，唯一的例外是沃尔特·许洛斯（Walter Schloss）。

沃尔特·许洛斯是谁？原来，他没有上过大学，可是在纽约金融学院旁听过本杰明·格雷厄姆的课程。他投资时从来不看股市走势，每天总是研究股市手册中的相关数据，然后向上市公司索取财务年报反复阅读。他的特长就是投资多元化，其投资项目包括方方面面。奇怪的是，他所掌控的基金50年来的投资收益率一直超过股市大盘。

在巴菲特眼里，沃尔特·许洛斯的本事其他人学不来，连他自己也做不到。所以他才认为，投资股票不能分散太多，而只能集中于不超过6只股票上，这个数量是比较合适的；否则，投资者就会因为精力不够，导致对每一只股票都了解不够，或者缺乏真正的了解。

巴菲特倡导的集中投资法，在股市投资中历来与多元投资法背道而驰。这两种方法孰优孰劣至今没有定论，就看你怎么操作了。

多元投资法也叫分散投资法，其代表性观点是，认为应当“把鸡蛋放在不同的篮子里”。这样，即使其中有一个篮子里的鸡蛋打碎了，也不至于给自己造成太大的损失。而集中投资法认为，应当“把鸡蛋放在同一篮子里”，这样才能集中精力好好盯着这个篮子，不让其中的鸡蛋打碎了。如果要把鸡蛋放在不同的篮子里，你势必就会因对其中的一部分篮子照顾不周从而引发意外。与其这样，那还不如把它们放在一起，全力以赴照看好这只篮子。

两种方法之所以长期以来争来争去，没有定论，关键是“空对空”。你只要看看实际生活中投资者是怎么操作的，就一清二楚了。可以说，如果你有20枚鸡蛋，你绝对不可能把它分放在两个篮子里，左边一只、右边一只这样分开拎着走的。由此可见，集中投资法更符合生活逻辑。

这两种不同的策略，实际上代表着两种截然不同的操作方式。

读者经常可以在好莱坞电影中看到这样的镜头：几百位股票经纪人聚集在一个交易大厅里，随时处于高度紧张状态中。他们管理着由上百只股票组成的投资组合，面对电脑屏幕上每只股票的波动，对着电话大喊大叫，并且疯狂地记录着。稍有风吹草动，他们就猛敲键盘买入卖出。他们看上去很辛苦，可是一年忙到头，他们的投资业绩远远没有他们的偶像巴菲特来得高。

而巴菲特呢，他每天总是悠然自得地坐在办公室里，品尝着他喜欢的可口可乐。除了阅读财务年报，他有大把的时间可供自己支配。高兴的时候，他就拨个电话和朋友们聊聊天，或者出去打打高尔夫球。

这两种截然不同的操作方式，反映着多元投资和集中投资的巨大区别。

### 【巴菲特智慧结晶】

巴菲特认为："投资多元化从任何角度来说都是犯了大错。"在他看来，投资者应当把主要的时间和精力放在评估企业的内在价值上，一旦看准投资对象，就要集中资金投入。用中国话来说就是，投资项目要"少而精"。

## 优秀的股票都是相似的

我们的投资组合继续保持集中、简单的风格。真正重要的投资概念，通常可以用简单的一句话来加以说明。我们偏爱具有持续竞争力，并且由才能兼具、以股东利益为导向的经理人所经营的优良企业。只要它们确实拥有这些特质，而且我们能够以合理的价格买进，则出错的概率可以说是微乎其微（这正是我们一直不断要克服的挑战）。

——沃伦·巴菲特

## 【巴菲特现身说法】

巴菲特认为，投资者买股票就是要投资该公司。毫无疑问，值得投资的公司必须是优秀企业。虽然每个人对优秀企业的评价标准不一样，但在巴菲特看来很简单，往往用一句话就能加以简单的概括。

他在伯克希尔公司1994年年报致股东的一封信中说，伯克希尔公司偏爱投资那些具有持续竞争力，并且拥有一群既能干又能以股东利益为导向的经理人的企业。如果一家公司确实具备这些特征，并且买入该公司的价格又非常合理，那么，投资这样的股票，出错概率微乎其微。

读者容易看出，实际上，这就是巴菲特一贯坚持的选股原则。严格按照这样的标准来挑选股票，一方面，投资失利的可能性很小；另一方面，符合这一标准的企业也并不是很多。这样，投资范围大大缩小，从而使投资变得简单起来。

套用一句名言的格式，可以这样说：优秀的股票都是相似的，而不优秀的股票则各有不同。

巴菲特最崇拜的投资专家菲利普・费雪早就指出了这一点。菲利普・费雪认为，优秀的股票都有共同的特点，容易被投资者所识别，例如这些公司在吸引股东的方式上就与众不同。餐厅招揽客户可以标榜其特色，如便利的快餐店、优雅的西餐厅、特别的东方食物等，以此来吸引同一性质的客户群。如果你的服务好、菜色佳、价钱公道，客户就会认可你这种特色，不断地登门用餐。可是要知道，餐厅却不能经常变换自己所强调的特色，一会儿是法国美食，一会儿又是外带比萨饼，这样容易导致顾客愤怒与失望，从而使生意由热闹变得门可罗雀。

同样的道理，一家上市公司也不可能同时迎合所有投资者的口味。因为有的投资者要求获得高股利报酬，有的则要求具有长期成长性，有的甚至要求股价振幅越大越好，以便可以短期炒作、浑水摸鱼。

在巴菲特看来，不论是他投资股票还是投资者购买伯克希尔公司的股票，他都希望大家能一如既往地贯彻同一种投资理念，那就是长期投资、集中投资。

他认为只有这样投资，才能有高获利。

具体到中国股市而言，人们一般认为，优秀的上市公司应该具有核心竞争力，并且具有长久的生命力，每年的利润增长率要不低于15%，净资产收益率要不低于10%，并且要连续多年这样。按照这样的标准选择，中国股市上优秀股票的比重大概不会超过5%。所以，投资者要仔细研究上市公司，一旦看准哪家公司就大量购买该股票，集中投资，而不是频繁换股。否则，一不小心就可能跑出这5%的范围。

巴菲特认为，优秀的股票都是相似的，一旦符合你的条件，你就应该把它紧紧抓在手里，不轻言放弃。巴菲特的持股信心来自“牛顿第四定律”：运动增加，回报减少。

在他眼里，负债率高的股票、风险高的金融商品、没有稳定收益的上市公司、受经济景气指数影响大的公司，都算不上是好投资项目。而经过这种严格筛选之后，剩下的就不多了。包括一些中短线强势股，在巴菲特眼里也算不上是好股票，因为它们不符合巴菲特的长期投资理念。

也就是说，这种短线看来很强势的股票，如果用长期投资理念衡量就不一定是好股票了，像通用汽车公司、IBM公司等就属于这种类型。

巴菲特说，艾萨克·牛顿在很久以前发现了三大运动定律，这的确是天才的发现。他只是因为在南海泡沫事件中损失惨重，感叹说，“我能够计算星球的运动，却无法计算人类的疯狂”；才没在这方面下功夫做研究；否则，他很可能会发现牛顿第四大运动定律——对于投资者整体来说，运动的增加将会导致收益的减少。

从中国股市的投资实例看，白酒的销量长期以来呈现出从高到低，再从低到高的一轮轮波动行情。1997年白酒的年销售量高达1100万吨，然后逐年下降到2004年的314.2万吨，又攀升到2014年的1202.6万吨。就在2003年10月销售量探底回升时，茅台酒开始提价了。投资者如果这时候买入贵州茅台股票，并坚持长线持有，就会获利颇丰。当时的贵州茅台股价在21.50元左右，2015年年末该股价为218.19元，不含每年分红，回报率也有65倍，年复合增长率达41.6%。

这就证明，投资者如果买入的股票本身是优秀的，买入价格又是合理的，这时候就具备了长期投资的基础。两者结合，投资者就一定会取得丰厚的获利回报。在这其中，股票本身是否优秀至关重要。正如中国的一句古话所说，“朽木不可雕也”，股票本身不优秀，就没有投资价值。

从国外的历史看，2005—2014年沃尔玛百货股票每年的股金分红和股息分配率都在稳定增长，股息率为2%~3%。这10年间，沃尔玛百货的股东权益报酬率年平均为21.55%，并且非常稳定。换句话说就是，如果在此期间你持股不动，10年来你的投资回报率就有7倍之多。

## 【巴菲特智慧结晶】

巴菲特认为，值得长期投资的优秀股票都是相似的，它们身上都有一些共同特征，简单地归纳起来有两点：一是具有长期持续的竞争力；二是管理层优秀。这时候，再加上以合适的价格买入，这样的投资包赚不赔。

# 不必对某一类股票抱有偏见

在伯克希尔，对于将来会进入哪个产业，我们并没有特定的看法。事实上，我们经常在想，对于一家大型企业的股东来说，追求具有远景的新创事业有时反而有害。所以，我们比较偏爱专注于那些我们想要拥有的经济形态，以及那些我们喜爱与之共事的经理人。剩下的就只看我们有没有足够的运气找到同时拥有这两个特点的组合了，在德克斯特我们确实找到了。

——沃伦·巴菲特

## 【巴菲特现身说法】

巴菲特认为，投资者买股票就是要投资该公司。所以，投资者既不要过于迷信某一类或某一家上市公司，也不要对某一类或某一只股票有偏见。一只股票，只要符合自己的投资理念，并且价格又合适，投资者就可以大胆投入。

巴菲特在伯克希尔公司1993年年报致股东的一封信中说，伯克希尔公司将来究竟会投资哪个产业，预先并没有肯定的看法。最关键的是，要看伯克希尔公司是否有足够的运气找到以下投资项目——既是自己喜欢拥有的经济形态，又有自己喜爱与之共事的管理层。如果这两个条件都具备，伯克希尔公司就可能会投资该公司。

巴菲特介绍说，伯克希尔公司1993年投资了德克斯特（Dexter）鞋业公司，这一举措是继1991年投资布朗鞋业公司之后，再一次投资鞋业公司。要知道，在此以前伯克希尔公司并没有投资鞋业公司的计划，甚至可以说对此完全不了解。之所以伯克希尔公司一直没有投资鞋业公司，是因为在巴菲特看来，美国的制鞋业很难与从国外进口的低价产品相竞争。巴菲特说，直到布朗鞋业公司出现，他才改变了这种偏见。

布朗鞋业公司是一家管理非常优秀的鞋子、靴子制造企业。巴菲特由于以前对这家公司了解不够，以及他对制鞋业股票抱有偏见，所以在收购该公司时他设立了一个相当高的标准。可即使这样，该公司在以弗兰克为首的经营管理层的领导下，仍然取得了不同凡响的业绩，令巴菲特喜出望外。

正是受到这样的鼓舞，伯克希尔公司又在1992年年末继续收购了洛威尔（Lowell）鞋业公司。虽然这家专门生产女鞋和护士鞋的老牌企业在管理上还需要改进，但它的经营业绩依然超出巴菲特的预期。所以接下来，巴菲特又在1993年一鼓作气投资了德克斯特鞋业公司。这家公司专业生产高级男女鞋，各方面都很优秀，是巴菲特和查理·芒格在他们的职业生涯中见过的最优秀的上市公司之一。

巴菲特兴奋地说，这家公司的创始人哈罗德（Harold Alfond）20岁时到制鞋厂打工，当时他的薪水是每小时0.25美元。后来他在1956年投资1万美元，创建了这家鞋业公司。1958年他的侄子也加入进来，两人共同缔造了这家年产量高达750万双鞋子的大企业。

那么，巴菲特从原来对制鞋业抱有偏见到后来一连收购好几家这样的公司，这个转变是怎么发生的呢？他总结说，关键是这两家公司（布朗鞋业公司和德克斯特鞋业公司）有非常优秀的经营团队。他特别提醒说，布朗鞋业公司和德克斯特鞋业公司的优秀管理层，让这两家位于美国的制鞋企业拥有了强大的竞争力，从而能够抵御来自国外的低价竞争。

例如，德克斯特鞋业公司拥有77家门市，主要集中在美国西北地区。除此以外，该公司还是高尔夫球鞋的主要制造商，在美国拥有全国15%左右的市场占有率。不过总体来看，它的主要业务还是传统销售渠道中的传统鞋类，这是它最擅长的领域，即巴菲特经常说的核心竞争力。

巴菲特1993年时估计，伯克希尔公司1994年在鞋类制造业方面的股票投资销售额将能达到5.5亿美元，税前利润很可能会超过8500万美元。要知道，如果放在5年前，他是根本不会想到投资鞋业的；而现在仅仅5年过去后，伯克希尔公司在鞋类制造业上所雇用的员工人数就超过了7200人，这真是一件有趣的事。

更让巴菲特满意的是，虽然德克斯特鞋业公司非常优秀，哈罗德和他的侄子也不缺钱用，但他们还是采取了一项正确的决定，那就是把德克斯特鞋业公司的股份转换成伯克希尔公司股份。这样做，实际上就把一家规模较小的优秀企业的全部权益，转换成了一家规模较大的优秀企业的一部分权益，这是双方都乐意看到的。

更值得一提的是，这种转换并不会产生税务负担，却可以得到按照个人意愿随时可以进行赠予或变现的好处。德克斯特鞋业公司股东如果愿意，可以通过出售股票将其变现，做自己想做的事；而不需要像以前那样，把所有的钱都绑在一家私人企业里无法变成现金。

巴菲特特别看重这一点。他解释说，从税务角度以及其他理由看，私人企业是很难通过延伸主业以外的投资来达到分散投资风险目的的。可是私人企业的股份一旦变成伯克希尔公司股份的一部分，由于伯克希尔公司进行多元化经营，私人企业股东就可以轻而易举地解决转投资问题。

更不用说，哈罗德和他的侄子虽然对拥有的伯克希尔公司股份没有控制权，不像原来他们对拥有的德克斯特鞋业公司股份有控制权；但他们自己非常清楚，他们的身份已经是伯克希尔公司真正的合伙人了，他们将会按照自己在伯克希尔公司中所持有的股份，享有与巴菲特完全同等的股权待遇。

除此以外，他们依然可以在德克斯特鞋业公司担任原来的管理职务，这不会有任何改变。伯克希尔公司一贯言出必行，在未来几十年里，他们对德克斯特鞋业公司的控股权和该公司的文化不会有任何改变，这也是可以令他们高枕无忧的。

### 【巴菲特智慧结晶】

巴菲特认为，投资者应该有投资理念，但不该有偏见。他以亲身经历为例，说明自己当初认为不能投资鞋业股票，最终却接二连三地投资此类股票，就是因为某个关键因素（即这些鞋类制造业企业均有优秀的管理层）在起作用，从而改变了他的这一看法。

## 业务最好能长期保持稳定

研究我们过去对子公司和普通股的投资时，你会看到我们偏爱那些不太可能发生重大变化的公司和产业。我们这样选择的原因很简单：在投资子公司和普通股两者中的任何一种时，我们寻找那些我们相信在从现在开始的10年或者20年的时间里实际上肯定拥有巨大竞争力的企业。至于那些环境迅速转变的产业，尽管可能会提供巨大的成功机会，但是它排除了我们寻找的确定性。

——沃伦·巴菲特

### 【巴菲特现身说法】

巴菲特认为，投资者买股票就是要投资该公司。既然要投资某家上市公司，并且已经做好了长期投资的打算，那么，在确定投资对象时，就一定要选择在未来10年、20年内业务将长期保持稳定的公司，并且它们绝对要具有巨大的竞争力。

他认为，虽然有人说企业发展要与时俱进，要根据宏观环境的改变迅速转变产业；可是这种做法排除了他寻找长期投资对象时所需要的确定性。事实上，他经过长期观察和研究发现，上市公司如果经常发生重大变化，那么很可能会因此造成重大损失，而这和他的长期投资理念不相符。

正因如此，他经常说："我们偏爱那些不太可能发生重大变化的公司和产业。"

巴菲特深知，长期投资必须非常重视企业良好的发展前景，因为你购买一家公司的股票就是因为看中了它的未来发展；如果该公司根本就"没有未来"，你为什么还要投资它的股票呢？这时候如果还要做长期投资，是非常危险的。

不过显而易见的是，企业的长期发展取决于多种因素，投资者很难做出正确判断。在这种情况下，努力减少干扰因素，确定企业是否至少在主观上避免出现某些重大变化，会有助于投资者做出正确的决策。

巴菲特说，要想做到这一点，投资者非常有必要对目标公司过去的长期发展进行考察。只有这样，投资者才能确信该公司未来同样能长期保持稳定发展，未来的经营业绩也能保持相对稳定增长，继续为投资者创造价值。

所以，巴菲特从根本上是不主张上市公司开拓新业务、形成所谓新的经济增长点的；他更希望的是，上市公司能够在原来的基础上做大做强，尤其是不能丢了原有业务的长期竞争优势。

很有意思的是，符合他这种预期的上市公司，它们的经营业务都相对简单而稳定，这正是他喜欢的投资类型。

所以他说："我们努力固守于我们相信可以了解的公司，这意味着那些公司具有相对简单且稳定的特征。"

针对许多投资者喜欢投资那些濒临破产倒闭的公司，巴菲特认为，这样的资产重组概念股确实有可能会咸鱼翻身，或者乌鸡变凤凰；可是，根据他对几百只这类股票的研究，他觉得这样的可能性很小很小，不值得投资者为之一搏。

巴菲特在伯克希尔公司1980年年报致股东的一封信中，就专门提到过这个问题。他说，这些年来他接触了几十个产业中的几百家所谓具备咸鱼翻身可能的上市公司。可是，无论他是作为当事人还是作为旁观者，长期的跟踪调查后，他发现，除了极少数公司确实能够咸鱼翻身，绝大多数咸鱼依然只是一条咸鱼。

更遗憾的是，他发现，许多很有才干的管理人员在进入这样的企业后，不但没能把这样的咸鱼企业从水深火热中拯救过来；而且相反，还连带毁坏了自己的好名声。

巴菲特认为，从这个角度看，投资者寄希望于乌鸡变凤凰是不现实的；既然要投资股票，就要把眼睛盯在"凤凰"上，而不是"乌鸡"上。所以他从1982年起，每年都要在伯克希尔公司年报致股东的一封信中提到他对由亏转盈的"反转公司"不感兴趣，原因就在这里。

巴菲特始终认为，与其投资一家问题企业后一个接一个地去解决这些问题，还不如之前就远离这些问题企业来得轻松、简单。

他在伯克希尔公司1989年年报致股东的一封信中说，虽然他和查理·芒格已经拥有25年购买并监控不同上市公司的投资经验；可是，他们依然没有学会如何解决公司经营中遇到的困难问题。既然这样，他们只好在投资股票时就一门心思地寻找那些过去业务长期保持稳定，将来仍然会长期保持稳定的投资对象。

他说："我们唯一学会的是避开这些问题企业。在投资方面我们之所以做得非常成功，是因为我们全神贯注于寻找我们可以轻松跨越的1英尺（0.3048米）栏杆，而避开那些我们没有能力跨越的7英尺（2.1336米）栏杆。这看起来也许可能不太公平，但在公司和投资中，专注于解决简单、容易的问题，往往要比解决那些困难问题的回报高得多。"

请特别注意巴菲特这里所说的一条经验，也是事实，那就是：跨越1英尺的栏杆会非常轻松；而如果想要跨越7英尺的栏杆，除非是世界冠军级别的人物，否则绝大多数人都不可能。[1]既然如此，投资者又为什么不避重就轻呢？

1　目前的世界跳高冠军纪录是：男子室外跳2.455米、室内跳2.43米，女子室外跳2.09米、室内跳2.07米。

## 【巴菲特智慧结晶】

巴菲特认为，买股票就是投资这家公司，所以千万不要去冒险、玩概念。与其把希望寄托于“乌鸡变凤凰”的奇迹身上，还不如直接就投资在“凤凰”身上。即使“乌鸡”真的能变“凤凰”，这种概率也很低。

# 业绩宁可慢些，也要走得稳些

糖果店是个很好玩的地方，但对大部分老板来说就不那么有趣了。就我们所知，这几年来除了喜斯糖果公司赚大钱之外，其他糖果店的经营皆相当惨淡；所以很明显，喜斯糖果公司并不是搭顺风车，它的表现是扎扎实实的。这项成就当然需要优秀的产品，这个倒不是问题，因为我们确实拥有；但除此之外还需要衷心地为客户服务，Chuck 可以说是 100% 地为客户设想，而他的态度更是直接感染了公司上下所有员工。

——沃伦·巴菲特

## 【巴菲特现身说法】

巴菲特认为，投资者买股票就是要投资该公司。所以投资者要用长远眼光来看投资，企业的内在价值和业绩宁可增长得慢些，也要增长得稳些。

巴菲特在伯克希尔公司1987年年报致股东的一封信中说，他对伯克希尔公司投资的喜斯糖果公司的业绩增长感到非常满意。据他所知，这几年来除了喜斯糖果公司还能赚到钱，其他同行的经营都相当惨淡。所以从这一点上看，喜斯糖果公司的经营业绩是扎扎实实的。

巴菲特分析说，究其原因在于，喜斯糖果公司除了有好产品外，它对客户的服务也可圈可点。尤其是明星经理人查克·哈金斯（Chuck Huggins）100% 为客户着想的精神，直接感染了公司上上下下所有的员工，为公司保持良好经营业绩立下了汗马功劳。

巴菲特说，自从伯克希尔公司16年前收购喜斯糖果公司并由查克·哈金斯领导以来，该公司的业绩成长一直非常稳定，1987年更是创下2500万英镑的糖果销售额。与此同时，这也已经是该公司连续第二年单店平均营业额维持不变了。

也许有许多读者会感到，这没有什么了不起呀，只不过把销售额维持在过去的水平上罢了。可是，如果你知道其他同行的年销售额都在连续下跌，喜斯糖果公司在过去6年中年销售额也是连续下跌的，你就会明白，喜斯糖果公司取得这一成绩有多么不容易了。

巴菲特说，糖果店是一个很好玩的地方，可是对于大多数糖果公司老板来说，因为这几年的销售形势不好，所以这个行业并不是那么好玩。糖果公司的经营风险在于，它全年的销售业绩全都压在圣诞节前后一段时间；如果这个阶段的销售打不开局面，风险之大就可想而知了。

仍然以喜斯糖果公司为例，1987年全年中，其85%的利润是在12月份创造的。所以，每当圣诞节前后，怎样开拓市场、怎样赢得顾客就成了糖果公司的重中之重，也是最考验公司管理层的时候。

喜斯糖果公司在同行中脱颖而出，它是怎么做到的呢？该公司每年的花色品种保持在100种左右。为了更好地适合市场需求，它通常会定期增添新的口味，淘汰过时的口味，例如1987年就淘汰了14种口味。

结果呢，其中有两种口味被淘汰后，顾客对它们仍然念念不忘，纷纷表达不满情绪，公司一下子就收到好几百封抱怨信。可喜的是，查克·哈金斯不是一个固执的人。面对顾客的抱怨，他把危机化为转机，不但对所有客户来信一一加以诚实的答复，而且还附赠一个个特别的小礼物，然后重新恢复原来被淘汰却被顾客想念的老口味，最终以喜剧性局面收场。

在这种背景下，喜斯糖果公司的产品价格虽然略有上涨，却依然受到顾客欢迎。由于价格上涨幅度抵消了销售下滑的趋势，从而使得该公司整个经营业绩依然保持增长态势。

除了常规经营外，喜斯糖果公司还别出心裁地与内布拉斯加家具店进行合作，创造性地推出了一种新的经营模式，以进一步扩大市场，提高综合效益。

巴菲特在伯克希尔公司1990年年报致股东的一封信中说，1990年喜斯糖果公司第一次把糖果销售推车摆进了内布拉斯加家具店。结果，令人称奇的是，这里的糖果销售量居然比喜斯糖果公司在加利福尼亚州的旗舰店的销售量更大。

这样的成功案例打破了所有零售业定律，使得1990年喜斯糖果公司的销售量又有了新的上升；再加上销售价格有所上涨，从而使得其整个营业收入增长了5%。与此同时，该公司的营业费用控制得当，也直接使其业绩进一步好转。

就这样，喜斯糖果公司在顾客中树立的口碑根深蒂固，以至于有一家分店准备关门前，居然有263名顾客联合抗议，最终把它保了下来。

那是1990年，喜斯糖果公司位于阿尔伯克基（Albuquerque）的一家分店发生了经营危机，房东不愿意和它签订租约了，要求它把店面搬到大商场中地段较差的位置去，同时要求提高租金标准。喜斯糖果公司如果照此办理，原来的一点微薄的利润就会全部被吃光。由于协商不成，喜斯糖果公司不得不贴出即将停业的公告。

这下子好了，经常光顾这家分店的顾客们接连不断地向房东表示抗议。总共有263名顾客写信或打电话给喜斯糖果公司位于旧金山的总部，有的顾客则扬言今后会拒绝到该商场购物，这引起了当地记者的注意，引起了广泛反响。最后，房东不得不撤销原有决定，给喜斯糖果公司的这家分店一个满意的租金条件。

后来，查克·哈金斯亲笔给这263名顾客每人写了一封感谢信，并且在报上刊登了所有这些被致谢的人的名单。可想而知，后来该分店的销售业绩又有了进一步的大幅度增长。

## 【巴菲特智慧结晶】

巴菲特认为，买股票就是要投资该公司，所以投资者应当注重考察目标股票的经营业绩是否稳步增长。在这里要特别强调，企业的经营业绩宁可增长得慢些，也要增长得稳些。当宏观经济环境不好时，正是对公司管理层智慧的大考验。

## 不要为了短期利益牺牲长期利益

很少有上市公司的经理人可以如此自在地经营公司，这是因为大部分公司背后的股东往往只看重短期利益；相比之下，伯克希尔背后有几十年来一直相当稳定的股东群，他们拥有其他上市公司少见的长期投资眼光。事实上，这些股东打算一直持有伯克希尔股票，至死方休；也因此，旗下的经理人可以用一辈子的时间来经营公司，而不用为了下一季的获利情况烦恼。当然，这绝不代表我们就不关心公司经营的现况。事实上，这点也相当重要。只是我们不希望因为一味追求短期获利，而被迫牺牲掉公司长远发展的竞争优势。

——沃伦·巴菲特

### 【巴菲特现身说法】

巴菲特认为，投资者买股票就是要投资该公司。所以，投资者投资股票一定要有长远眼光，不要因为急功近利而牺牲掉长期利益。

巴菲特在伯克希尔公司1998年年报致股东的一封信中说，很少有上市公司的管理层能够像伯克希尔公司控股的那些公司的管理层一样，能够如此自由自在地经营管理。究其原因在于，伯克希尔公司股东几十年来一直相当稳定，他们崇尚的是长期投资，甚至愿意至死不卖。

所以巴菲特说，伯克希尔公司旗下公司的管理层可以用一辈子时间来筹划管理，而不用担心这个季度的业绩考核能不能通得过。

不过话又说回来，这并不表明伯克希尔公司就不关心这些公司的经营现状，只不过不希望为了短期利益而牺牲长期利益罢了。

巴菲特实事求是地说，伯克希尔公司旗下的那些公司的管理层都很富有，75% 以上的人都已经相当有钱，他们完全不需要依靠这份工作来养家糊口。他的意思是说，他们之所以还从事这项工作，靠的主要是责任心和成就感。也正是基于此，他们才会把这份工作看得很重，从而竭尽全力把它做好。

巴菲特举例说，就像政府雇员保险公司的东尼·奈斯利一样，如果有人想要教像东尼·奈斯利这样的明星经理人怎样去经营公司，实在是一件愚蠢的事。

事实上，如果巴菲特和查理·芒格一直在背后指指点点的话，伯克希尔公司旗下的那些经理人绝大多数可能早就不干了。这就像最著名的运动员在场上打球时，教练在一旁指挥他如何打球、什么时候该怎么打球一样可笑。

伯克希尔公司控股的那些上市企业完全没有其他同行那样的繁文缛节，公司管理层可以全心全意地安排个人行动，不需要向上级汇报就可以付诸实施。

与此同时，伯克希尔公司对公司管理层的要求也非常简单明确，归纳起来就是三句话：一是要求他们像经营自己的公司一样来对待所管理的公司；二是要求他们把在该公司所占的股份看作个人和家庭所有财产来对待；三是在有生之年，他们是无权把所管理的公司卖掉或者兼并给其他公司的。在此基础上，巴菲特要求他们完全不要被会计账簿上的盈利数字影响自己的经营决策，该干什么就干什么，明确每个阶段做什么事情是最关键的。

巴菲特之所以这样做，是基于两点：

一是这些明星经理人具有很高的素质，这在伯克希尔公司当初收购该公司时就已经做过充分考察；如果他们不具备这个条件，该公司也不会被巴菲特收购。

二是巴菲特和伯克希尔公司的那些股东历来主张长期投资，他们考虑问题的着眼点都是从这个角度出发的，所以他们不希望过多关注一时得失而影响长期收益。

相比之下，其他投资者和上市公司就基本上做不到这一点。一方面，绝大多数投资者追求的是短期效益。中国股民买下股票后就巴不得每天连拉涨停板；而等到自己抛出该股票后又会希望它下跌，然后让自己有机会再次买进。他们基本上不会考虑该股票10年、5年乃至1年及1个月之后的业绩和走势。另一方面，这些上市公司的经营管理层也没有长期作战的心理准备。他们不是担心经营业绩不佳，说不准自己什么时候就被赶下台；就是希望什么时候经营业绩上去了能够见好就收，换个地方去做官。

应该说，这样的现实与巴菲特面对的环境是不同的。所以巴菲特说，他从政府雇员保险公司的成功经验中看出了伯克希尔公司经营模式的优越性。他表示，他和查理 · 芒格绝对不会要求东尼 · 奈斯利怎样进行经营管理，过去不会，将来也不会。

巴菲特说，他要做的工作就是千方百计给东尼 · 奈斯利创造一个绝佳的工作环境，让他能够彻底发挥才能，去做他认为该做的事；而不是把宝贵时间耗费在无谓的董事会、记者招待会、分析师与投资银行业者的演示文稿上；也不让他担心公司经营管理的资金问题、信用评级、投资者对公司获利的预期等因素。

归根到底，伯克希尔公司对这些公司拥有绝对控股权，而巴菲特本人和伯克希尔公司历来都是言出必行。所以，这些明星经理人心里都非常清楚，这些上市公司的特殊股权结构能够保证这样的运营模式至少维持几十年，完全不用担心自己会在什么时候被一脚踢开。

巴菲特在美国佛罗里达大学演讲时说，如果我们做个游戏，要求你们买入另一个同学10% 的余生，这时候你会选那些老爸富有或学习成绩最好的同学吗？我很怀疑。我想，你肯定会买入那个你对其最有认同感、与其最志同道合的人的10% 的余生。巴菲特的意思是说，不要因为短期内看某个同学家庭富有或脑袋很聪明，就忽略了其他人的终身成就最大化。

## 【巴菲特智慧结晶】

巴菲特认为，投资者不该为了短期利益而牺牲长期利益，否则就会因小失大。当然，他这是针对伯克希尔公司控股的那些企业而言的。对于中国投资者来说，短期利益服从长期利益同样也是人人皆知的简单道理。

# 忠告 3　公司管理层一定要优秀

## 股票投资最重要的其实是人

我们永远持有的 3 只股票资本城 / 美国广播公司、政府雇员保险公司与《华盛顿邮报》公司的仓位仍然保持不变；同样不变的是，我们对于这些公司管理层无与伦比的敬佩：资本城 / 美国广播公司的托马斯·墨菲和丹·伯克、政府雇员保险公司的比尔·斯奈德和卢·辛普森，还有《华盛顿邮报》的凯·格雷厄姆和迪克·西蒙斯，查理·芒格和我非常赞赏他们在公司管理中的出众能力与高尚品德。

——沃伦·巴菲特

### 【巴菲特现身说法】

巴菲特认为，投资者打算购买的股票，其公司管理层一定要优秀。他说，股票投资乍一看投资的是企业，其实更重要的应该是人，即这家公司的管理层。在其他条件相同的情况下，这家上市公司的管理层是否足够优秀，是你考虑是否要投资该公司的决定性因素之一。

在这方面，巴菲特欣赏的公司管理层非常多，几乎可以说他所重点投资的每一家上市公司的管理层，在他眼里都非常优秀。因为他当初在决定是否投资该公司时，就已经把这看作是一个主要条件。

从这个角度看，巴菲特认为，最重要的投资对象其实不是上市公司本身，而是这家公司的管理层，也就顺理成章了。

巴菲特说，他最为敬佩的公司管理层是资本城 / 美国广播公司的托马斯 · 墨菲、丹 · 伯克，政府雇员保险公司的比尔 · 斯奈德、卢 · 辛普森，《华盛顿邮报》公司的凯瑟琳 · 格雷厄姆、迪克 · 西蒙斯，这也是伯克希尔公司希望能永久持有这3只股票的重要原因。

在每年伯克希尔公司年报致股东的一封信中，巴菲特都要不惜笔墨甚至有些肉麻地赞赏旗下公司的优秀管理层，不但欣赏他们出众的管理能力，更赞赏他们高尚的人品。

他说，在长期的合作过程中，他经常有机会近距离地观察这3家公司的首席执行官，相比之下，他们要比其他上市公司首席执行官的表现卓越得多。

例如，有些上市公司的首席执行官明显无法胜任工作，可令人奇怪的是，他们的位置却坐得很牢，一点都没有后顾之忧。可是这样做，必然会导致公司内在价值大幅度下降，甚至面临倒闭风险。

巴菲特说，究其原因在于，首席执行官的管理能力很难衡量。举个简单的例子来说，应聘秘书职位的人被要求达到的打字速度是每分钟80个字，可是聘用了一位秘书，上班后发现她的打字速度实际上只有每分钟50个字，那么毫无疑问她立刻会被解雇。同样的道理，如果销售人员在规定时间里没能完成销售任务，也同样可能面临下岗甚至失业。

奇怪的是，对于一名不称职的首席执行官，要么缺乏明确的考核标准；要么即使有标准，也或者是模糊不清，或者是难以执行；要么这种标准干脆就被肆意歪曲，与实际情况严重不符……在这种情况下，结果会怎么样呢？一句话，首席执行官总能找到借口蒙混过关，通过“考核”。

巴菲特认为，在投资者重点投资的上市公司里，这种情形是不能允许存在的；否则，该公司的长期竞争优势和内在价值就无从得到保证，投资者的投资也就很可能会打水漂。

而事实上，许多上市公司中都存在着这种情形。究其原因在于，首席执行官缺乏有效监督。

虽然从道理上讲，公司董事会应当监督、考核管理层；而实际上，公司董事会成员都希望能与首席执行官和睦相处，不愿意得罪公司管理层。即使公司到了破产的边缘，最终要被其他公司兼并了，那些作鸟兽散的董事会成员，以及公司管理层，原本享受的优厚待遇也不会有多大的损失，甚至还可能会因祸得福，取得比原来更高的待遇。

所以，巴菲特一再劝告投资者，一定要把资金投给那些管理层足够优秀的上市公司。如果你对某家公司管理层的管理才能和人品一无所知，那么且慢，还是等考察清楚了再做决策。他说，日常生活中你根本不可能把钱莫名其妙地交给陌生人打理，那为什么在股票投资中就这样盲目呢？这是完全没有道理的。

那么，巴菲特对优秀管理层究竟有什么衡量标准呢？他说："上述这些观点并非对所有首席执行官或董事会的谴责，他们中的大多数非常能干，而且勤奋努力，有些人甚至十分出类拔萃。但查理和我见识过许多管理失误，而我们非常幸运能够与我们永远持有的3只股票的公司管理人员合作。他们热爱自己的公司，像所有者那样思考，他们的所作所为表现出高尚的品德与出众的能力。"

从以上巴菲特所说的话不难看出，他对优秀公司管理层的衡量标准主要有两点：一是高尚的品德，二是出众的能力。前者主要是指公司管理层的为人应当值得投资者信赖，否则投资者就不会放心地把钱交给他们去打理；后者主要是指这些公司管理层有能力为股东创造良好收益，让投资者从中得到合理的回报，"占着茅坑不拉屎"是不允许的。

那么，巴菲特有没有对公司管理层看花眼的时候呢？当然有。

据他透露，2012年年末伯克希尔公司拥有4.15亿股英国乐购公司的股票，投资成本为23亿美元，与股票市值差不多。到了2013年，他因为对当时的管理层略感失望，所以抛售了1.14亿股该股票，获得0.43亿美元的盈利。到了2014年该公司曝出了财务丑闻，市值缩水，给伯克希尔公司造成4.44亿美元的税后亏损，这是伯克希尔公司历史上六大亏损中的第四大亏损。

尤其值得一提的是，另外三大亏损都发生在1974—1975年。并且，当时造成投资亏损的原因是伯克希尔公司为了换股，即用非常便宜的价格出售股票，然后以同样低的价格买入其他股票。

巴菲特的意思是说，伯克希尔公司历史上过去3次最大的亏损都是有客观原因的，唯有这次巨大的亏损是他自己看花眼（主观懒散）造成的。显然，在他看来，这次投资失利的性质更严重。

巴菲特一贯认为："我们负担得起亏损，甚至是严重的亏损，然而我们负担不起声誉的受损，哪怕只是丝毫的损伤。"[1]

## 【巴菲特智慧结晶】

巴菲特认为，买股票一定要选择公司管理层十分优秀的上市公司。他对优秀管理层的衡量标准是："他们热爱自己的公司，像所有者那样思考，他们的所作所为表现出高尚的品德与出众的能力。"德才兼备，德先于才。

## 公司管理层影响着内在价值

> 约翰·威廉姆斯早在50年前他所写的《投资价值理论》当中，便提出了计算价值的公式。我把它浓缩列示如下：今天任何股票、债券或是企业的价值，都将取决于其未来年度剩余年限的现金流入与流出，以一个适当的利率加以折现后所得到的期望值。特别注意这个公式对于股票与债券皆一体适用。不过这里有一点很重要却很难克服的差异，那就是债券有债票与到期日，可以清楚地定义未来的现金流入；但是就股票而言，投资者必须自己去分析未来可能得到的票息。更重要的是，管理阶层的品质对于债券的影响相当有限，顶多因为公司无能或是诚信明显不足而延迟债息的发放。对于股票投资者来说，管理阶层的能力将大大影响未来票息发放的能力。
>
> ——沃伦·巴菲特

1　立悟．巴菲特痛陈平生最大投资失败：人懒财必空．新浪网[2015-3-5].

## 【巴菲特现身说法】

巴菲特认为，投资者打算购买的股票，其公司管理层一定要优秀。归根到底，公司管理层的能力大小将会大大影响其股票未来的分红派息能力，直接决定着该股票内在价值的高低。

巴菲特在伯克希尔公司1992年年报致股东的一封信中说，早在50年前，约翰·威廉姆斯（John Burr Williams）在其出版的一本著作《投资价值理论》中，便提出了价值计算的数学公式。巴菲特把它精练地概括为“今天任何股票、债券或是企业的价值，都将取决于其未来年度剩余年限的现金流入与流出，以一个适当的利率加以折现后所得到的期望值”。

他说，这个计算公式对股票和债券同样适用。但两者之间有一个很难对付的重要差别，那就是：债券的回报受公司管理人员的能力和水平影响很小。说穿了，只有当管理人员无能透顶或者不诚实，导致暂停支付债券利息时，这种影响才能显示出来。所以投资债券可以很容易地确定未来现金流的大小。可是，股票投资却没有一个明确的“票息”，或者说，这种“票息”需要投资者自己去估算出来。所以股票投资很容易受到公司管理人员的能力和水平的影响。

归根到底，公司管理层的能力和水平会影响公司的长期竞争优势，从而决定着该公司未来内在价值的大小和发展的方向。所以巴菲特说：“以一般的价格买入一家非同一般的好公司，要比用非同一般的好价格买下一家一般的公司好得多。”

从这里容易看出，巴菲特特别看重公司管理层是否优秀。他认为，如果管理层足够优秀，那么即使买入这家公司的价格“一般”，也会比“用非同一般的好价格”买下一家普通公司好得多。说到底，优秀的公司管理层本身就是无价之宝，他们会发挥主观能动性迎接各种挑战。

巴菲特在伯克希尔公司1987年年报致股东的一封信中举例说，伯克希尔公司旗下的《世界百科全书》公司、科比吸尘器公司、斯科特·费策公司等都是拉尔夫（Ralph）一个人领导的。要知道，拉尔夫一个人就担任着19个企业的首席执行官。即使如此，伯克希尔公司在1986年收购斯科特·费策公司后，该公司的业绩表现也出乎巴菲特的预料；而1987年其业绩表现更是又上一层楼，税前利润提高了10%，可是成本却大大降低。

巴菲特提醒说，请大家想一想，一个人掌管19家公司是一个什么情形？毫无疑问，拉尔夫手下也有一帮明星经理人在为他服务。可是对于伯克希尔公司来说，依然很乐意把更多的企业交给拉尔夫来打理。道理很简单，因为拉尔夫能够提高企业的内在价值。既然这样，把更多的企业交给他管理，又有什么不可以呢？

那么，拉尔夫又是如何来增强企业内在价值的呢？巴菲特举例说，斯科特·费策公司的业务范围过于庞大，有点说不清楚，看《世界百科全书》公司是怎样操作的，也能说明问题。

1987年年末，《世界百科全书》推出了1962年以来修改最多的新版本，全套图书中的彩色照片从原来的14000幅增加到24000幅，重新编写的文章超过6000篇，参与编写的作者有840位之多，可见其工程有多么庞大。

斯科特·费策公司从中获益良多。1987年，这套图书在美国地区连续5年销量上升，在美国以外地区的销量和利润也有大幅度增加。把企业交给这样的明星经理人打理，内在价值哪里还有不增长的道理呢？

在伯克希尔公司，像拉尔夫这样的优秀管理人员比比皆是，这是推动伯克希尔公司内在价值不断攀升的重要动力。

巴菲特在伯克希尔公司1989年年报致股东的一封信中说，伯克希尔公司于1989年收购波仙珠宝公司后，当年的营业额就有大幅度增加。更不用说，这个营业额是在波仙珠宝公司4年前搬到这个地方营业时，营业额已经比过去增长1倍基础上实现的；再向前推一步，该公司在搬到这里来以前的6年中业绩已经增长了1倍。这充分说明波仙珠宝公司的埃克·弗里德曼（Ike Friedman）简直是个天才，他完全有能力让手下的企业全速前进。

巴菲特说，读者如果没有去过波仙珠宝公司，完全无法想象会有这样的珠宝店：由于它的销售量非常大，所以你能在那里看到各式各样、各种价格的珠宝；

与此同时，该公司的营业费用却只有同行平均水平的1/3。集团采购的低价格，再加上对费用的严格监控，使得它的商品价格要比同行低得多；而低价格又使得顾客盈门，由此形成了良性循环。

## 【巴菲特智慧结晶】

巴菲特认为，公司管理层在提高公司内在价值方面起着至关重要的作用。投资者如果买债券不用怎么在意公司管理层的话，那么在投资股票时就非常有必要关注这一点了。在他眼里，拉尔夫和埃克·弗里德曼就是优秀公司管理人员的典型。

# 资本配置能力决定着公司存亡

许多股东权益回报率和总体增量资产回报率持续表现良好的股份公司，实际上将大部分的留存收益投入了毫无吸引力的甚至是灾难性的项目之中。公司强大的核心业务年复一年地持续增长，隐瞒了其他资本配置领域里一再重复的错误（通常是高价收购本质上平庸的企业）。犯下错误的经理们总是不断报告他们从最新的失败中吸取的教训，然后，再去寻找下一个新的教训。

——沃伦·巴菲特

## 【巴菲特现身说法】

巴菲特认为，投资者打算购买的股票，其公司管理层一定要优秀。他说，公司管理层是否优秀的表现之一，就是看他们能否从股东角度考虑问题，而不是局限于某种机构强制力的束缚。

他说，资本配置是公司管理层最主要的工作。从某种意义上说，公司管理层的资本配置能力决定着公司的存亡。遗憾的是，大多数公司管理层的资本配置能力并不强，只是因为公司业务不断增长，掩盖了他们资本配置的错误决策。

相反，明星经理人就会避免犯这种错误。

巴菲特说，最常见的错误决策，是把业务增长所创造的一部分留存收益用于高价收购资产项目。这些资产项目表面上看还不错，可实际上毫无吸引力，甚至是一种灾难性的投资项目，意思是说谁投资谁倒霉。

正因如此，投资者经常会看到这样一种情形：一些公司管理层还没有从前面一个项目的失败阴影中走出来，就紧接着投资另一个项目，准备总结下一次失败的教训了。

巴菲特投资股票最注重公司的内在价值。他认为，公司管理层只有充分发挥高超的资本配置能力，不断把资金投入回报率高的投资项目中去，才能从根本上提高长期赢利能力，进而显著提升公司内在价值，促进股价长期上涨。

不难看出，巴菲特的这一观点和目前资本市场上的普遍观点完全相反。后者认为，股票市场会高估公司短期收益，低估长期赢利能力。所以，上市公司如果削减资本支出，包括研究开发费用，会有助于实现短期利润最大化，从而推动股价不断上涨。

不用说，这两种观点都有道理，关键是从长期看还是从短期看。巴菲特着眼于长期投资，当然要注重公司内在价值和长期赢利能力的不断增长了。因为只有这样，当股价与内在价值相符时，才能方便投资者获取巨额回报。相反，如果从短期角度看，投资者就会更在乎股价的一时波动。可是，如果削减了资本支出，尤其是研究开发费用，又怎么能保证公司具有长远发展的强大动力呢？恐怕连短期动力也保证不了。

研究表明，股市中存在着以下一种有趣的现象：1985年，麦康奈尔、克里斯·穆斯卡雷洛通过研究投资活动和股价变动规律发现，对于美国股市中的大多数工业类股票而言，每当上市公司发布增加有计划的资本性支出公告后，股价就会大幅度上涨；相反，每当上市公司发布减少有计划的资本性支出公告后，股价就会大幅度下跌。

这实际上表明，即使从短期角度看，通过减少资本支出，以增加短期利润、推动股价上涨也是不成立的。

另一项针对几百家上市公司的战略性资本支出与投资决策的权威性的调查发现，美国股市中凡是上市公司发布兼并、增加研究开发费用、开发新产品、增加资本性支出公告后，股价都会有显著的上涨。

实践表明，真正能促使股价上涨，并且长期保持这种趋势的，就是巴菲特所说的这种正确的资本配置。通过显著提高公司内在价值，为股东创造更高的价值回报，最终必然会使股价报复性反弹。

巴菲特说，许多上市公司的管理层也很正派、能干、经验丰富，可却无法进行理性的资本配置决策，这是为什么呢？

他在长期的投资实践中发现，一家公司的发展总是喜欢沿着目前的方向，拒绝任何有利的改变。从这一点上看，好像也符合牛顿第一运动定律——公司的投资项目和并购实践总会越来越多，越来越大，直到用光所有可以利用的资金才肯罢休。公司管理层无论是不是优秀，他们所做出的业务决策无论多么愚蠢和不明智，下属都会投其所好、推波助澜。更不用说，公司管理层很可能会盲目照搬、模仿竞争对手的扩张、并购、管理层激励计划以及其他任何举动。所有这一切，都很容易把公司引入歧途。

巴菲特把这种现象归结为机构强制力（the institutional imperative）。他说，过去在商学院读书时，老师和教科书上从来就没有提到过这种强制力，他在进入商界后的一段时间里对这种现象百思不得其解。实际上，这有点像中国人通常所说的“潜规则”——你在这个位置上就得这么做，否则不是位子坐不牢，就是别人不理解。

有鉴于此，巴菲特平时就非常注重减少伯克希尔公司所控股公司的管理层受这种机构强制力的影响。

他说，不仅如此，查理·芒格和他还尽力避免投资那些公司管理层不够优秀，或者公司管理层虽然优秀，却无法摆脱机构强制力影响的上市公司。2015年5月2日，一位投资者在伯克希尔公司股东大会上问：“我没有商学院的学历，如何获得商学院的人脉网络？”巴菲特毫不客气地回答说：“没有商学院的训练，你会变得更好。”

归根到底一句话，就是让公司管理层能够从长远角度、所有者角度来考虑问题，绝不要因为一时一地的短期收益而杀鸡取卵。

### 【巴菲特智慧结晶】

巴菲特认为，资本配置能够在一定程度上决定公司的兴衰存亡。为此，优秀的公司管理层应当具备两点：一是高超的资本配置能力；二是要尽力从所有者角度来考虑问题，尽力摆脱各种“潜规则”的影响。

## 优秀管理层会善于渡过难关

> 当初在1962年，巴菲特有限公司控股的登普斯特公司经营上遇到了重大难题。当时，我带着无法解决的问题去找查理，就像是现在一样。查理说，他在加利福尼亚州有一位朋友叫哈里·博特尔，非常脚踏实地，或许可以帮得上忙。我在当年4月去洛杉矶拜访哈里·博特尔。一个礼拜后，他就被请到内布拉斯加州来管理登普斯特公司，此后问题立刻获得解决。记得在1962年的年报中，我还特地将哈里·博特尔封为年度风云人物。
>
> ——沃伦·巴菲特

### 【巴菲特现身说法】

巴菲特认为，投资者打算购买的股票，其公司管理层一定要优秀。在公司遇到困难时，优秀的管理层能够想方设法让公司渡过难关，不至于关门倒闭。不用说，每个企业都可能会遇到困境，所以这一点很重要。

巴菲特在伯克希尔公司1987年年报致股东的一封信中说，伯克希尔公司的大部分大股东是在1969年巴菲特有限公司关门时换取伯克希尔公司股份的。这些股东应该还记得，1962年巴菲特有限公司下面有一家名叫登普斯特（Dempster）的控股公司，经营上遇到了严重的困难。在实在没有办法的情况下，他去请教查理·芒格。查理·芒格说，他有一位朋友名叫哈里·博特尔（Harry Bottle），或许能帮得上忙。后来，巴菲特专门聘请哈里·博特尔掌管登普斯特公司，结果该公司很快就走出了困境。

巴菲特是想通过这个例子说明，有时候一位优秀的明星经理人能够挽救一家企业，这是普通公司管理层所不具备的能力。如果投资者投资的企业中有这样的明星经理人，关键时刻这些明星经理人就能力挽狂澜。巴菲特很庆幸自己找到了哈里·博特尔，否则这家专门生产农机具的公司很可能就没救了。

巴菲特在伯克希尔公司1987年年报致股东的一封信中说，同样的情形又发生在1986年。K&W公司是伯克希尔公司旗下的一家子公司。这家公司的主要产品是自动机具，过去经营得很不错。只是到了1985—1986年，由于制订的目标不切实际，放弃了原来的主导产品，结果该公司一下子就陷入困境。

这时候，负责该公司管理、监督的查理·芒格知道这种事情不必请教巴菲特，自己就可以做主，所以直接去找时年已经68岁的哈里·博特尔，再次聘请他担任该公司首席执行官。

说神奇就是神奇，仅仅到了一年后的1987年，K&W公司的获利就创下了历史的最高纪录，不但比上一年度利润增长3倍，并且该公司的应收款和库存还减少了20%。哈里·博特尔不但一举扭转了该公司原来的困境，而且还使它有了新的发展。

巴菲特幽默地说，如果伯克希尔公司在今后的10年、20年中遇到同样的困境，大家就知道他会打电话找谁了。他的意思是说，他依然会请哈里·博特尔出马，因为这样神奇的明星经理人真的有一套。

巴菲特在伯克希尔公司1980年年报致股东的一封信中说，如果他在收购某个企业时，该企业拥有非常杰出的明星经理人，哪怕让他放弃部分权力，甚至不拥有控股权，他也非常乐意。他说，这种做法没有任何不妥。

例如，根据美国保险业规定，伯克希尔公司以远远低于收购整个企业的价格来购买公司股份时，只能取得该公司的部分股权。伯克希尔公司收购政府雇员保险公司就是这样的。巴菲特不能随意更换该公司经营管理层，甚至无法对资金进行重新分配，但这些在他看来都是完全可以接受的。

他认为，政府雇员保险公司及其明星经理人杰克·伯恩是业内罕见的佼佼者，而现在，他能以伙伴关系与其进行合作，这是一件非常幸运的事，没有控股权又有什么不可以呢？

巴菲特说，当时伯克希尔公司在不具备控制权的股权投资中，最大的投资项目就是政府雇员保险公司。伯克希尔公司一共持有政府雇员保险公司33%的股权，合计720万股股票。根据相关规定，一般持股比例只要超过20%，会计核算上就要采取权益法来核算，即要把每年根据比例所得到的投资分红纳入自己的会计报表内。

而伯克希尔公司的情况则有所不同。当初伯克希尔公司购买政府雇员保险公司的股份时，有一部分是按照政府部门的要求购买的，规定这部分股票的投票权要交给一家公正的第三方进行管理。这就是说，伯克希尔公司对这部分股票不拥有投票权。这样一来，也就意味着伯克希尔公司对政府雇员保险公司不具备实质性控制权了。除了政府雇员保险公司，伯克希尔公司旗下的平克顿（Pinkerton）公司也是这种情形。

虽然不具备实质性控制权并不会影响到伯克希尔公司应该得到的业绩分红；但毫无疑问，会影响到它对被控股公司管理层的权力结构。而在巴菲特看来，公司管理层是创造企业内在价值的主要动力之一。

不过巴菲特不仅对此毫不在意，而且感到满意。他经常说，政府雇员保险公司是投资业界的最佳典范，具有难以模仿的产业优势；而该公司管理层又具有高超的资金管理技巧，今后如果发生经营困难，他们会有足够的能力带领该企业渡过难关。他的意思是说，投资这样的企业完全可以高枕无忧。

巴菲特仍然以政府雇员保险公司为例说，伯克希尔公司在1976年、1980年两次购买该公司股权，总成本是4700万美元；而实际上，它每年从中得到的分红就有300万美元，实际价值更可以高达2000万美元。也就是说，伯克希尔公司从中得到的获利就超过账面利润的40%。

## 【巴菲特智慧结晶】

巴菲特认为，明星经理人高超的管理才能和优秀的品格特征，能够让陷入困境的企业起死回生，这对长期投资者来说既难能可贵又非常重要。在他看来，哈里·博特尔和杰克·伯恩就都具有这种力挽狂澜的神奇本领。

## 他们会把企业看作是自己的

今年我们有两位明星经理人退休，分别是国家产险公司 65 岁的菲尔·利舍和美联社零售公司 79 岁的本·罗斯纳。这两个人都让身为伯克希尔公司股东的你更为富有，国家产险公司更是支持伯克希尔公司成长的重要力量。菲尔·利舍和他的继任者林·沃特是该公司成功的主要推动者，而本·罗斯纳在 1967 年将美联社零售公司以现金卖给多元化零售公司后，原本仅承诺继续待到当年年底的，结果在往后的 15 年仍持续表现杰出。他们两人皆为伯克希尔尽心尽力，管理公司就好像是他们 100% 拥有这家公司一样，不需用定额外的规则来强迫他们。这种态度早在伯克希尔加入前便已深植在他们的人格特质中，他们好的个性成就了我们更多的财富。如果我们能持续吸引到像本·罗斯纳和菲尔·利舍这样的人，我们将不必担心伯克希尔的未来。

——沃伦·巴菲特

## 【巴菲特现身说法】

巴菲特认为，投资者打算购买的股票，其公司管理层一定要优秀。优秀管理层的一个主要标志，就是会把所管理的企业当作自己 100% 拥有的企业来看待。如果你投资的是这样一只股票，你就不用为它的将来担忧了。

巴菲特在伯克希尔公司 1982 年年报致股东的一封信中说，当年伯克希尔公司旗下有两位明星经理人要退休，一位是国家产险公司（National Indemnity）的菲尔·利舍（Phil Liesche），另一位是美联社零售公司（Associated Retail）的本·罗斯纳（Ben Rosner）。这两个人的最大特点，都是把所管理的企业当作自己100%拥有的公司那样尽心尽力。他们的这种态度在伯克希尔公司收购这两家公司之前就具备了，这已经成为他们人格特质中的一部分。伯克希尔公司的股东因为他们而变得更富有。

举个例子，本·罗斯纳在1967年把美联社零售公司出售给多元化零售公司（Diversified Retailing）后，本来是准备到那年年底退休的——因为当时他已经64岁了，在家颐养晚年谁也不会有意见。

可是结果呢，他又在那里继续干了15年，这真是伯克希尔公司投资者的福气。伯克希尔公司对待这样的明星经理人，同样会发自内心地为他们尽心尽力，不会通过任何额外条例来约束他们。

巴菲特感叹说，如果伯克希尔公司能够吸引到更多像菲尔·利舍、本·罗斯纳这样的明星经理人，公司的未来将会更美好。

伯克希尔公司收购企业时是这样的衡量标准，而伯克希尔公司本身也持这样的经营理念，可谓“有其父必有其子”。

巴菲特在伯克希尔公司1983年年报致股东的一封信中说，尽管伯克希尔公司的组织形式是公司，但他是把所有投资者当作合伙人、以合伙人心态来经营管理的。换句话说，他也是把伯克希尔公司当作所有投资者共同拥有的，他的搭档查理·芒格也这样认为。

巴菲特说，只是因为不同投资者的持股比例有多有少，他和查理·芒格才被推到执行合伙人的岗位上；而又因为他的持股比例最高，所以他才成为具有最大控制权的合伙人。

在这里，巴菲特的意思说得很明确，即他们从来都是把伯克希尔公司看作是一个大家共同拥有、共同经营的平台。可以为此做证的是，伯克希尔公司的所有执行董事都是公司大股东，5名董事中有4人的家族财产超过一半比重投资在伯克希尔公司。

无论是巴菲特个人还是伯克希尔公司的董事，都是真正地把公司看作是自己100%拥有的那样去尽心尽力经营管理的。他们的长远经营目标，是要实现公司每股股票内在价值的增长率达到最高，而不是伯克希尔公司的发展规模一定要有多大。虽然随着伯克希尔公司规模的不断增大，每股股票的内在价值年增长率将来一定会下滑，但至少不能低于一般美国大企业的平均增长率，这样才对得起所有股东。

巴菲特说，伯克希尔公司旗下的那些明星经理人，如此这般地为投资者着想，又反过来使伯克希尔公司惜才如宝。

巴菲特在伯克希尔公司1988年年报致股东的一封信中说，伯克希尔公司不会因为这些明星经理人到了一定的年纪就让他们退休，或者辞退他们。无论是65岁还是多少岁，这些人实在是可遇而不可求的稀世珍宝。

他举例说，内布拉斯加家具店的罗丝·布拉姆金夫人1988年时已经95岁高龄，依然每个星期工作7天，战斗在经营管理第一线。如果她不是把企业看成是自己100%拥有的，又何必如此操心呢？

巴菲特幽默地说，这些高龄老人就像是插满了蜡烛的蛋糕，你怎么舍得舍弃他们呢？相比之下，他对刚刚招聘来的MBA毕业生，评价就从来没有这么高过。

巴菲特说，虽然这些MBA毕业生的学历看起来很吓人，讲起话来头头是道，可是对于企业的长期发展往往不会全身心地投入。从这一点上看，他们和上面所提到的那些明星经理人差得很远。

巴菲特在伯克希尔公司1989年年报致股东的一封信中说，罗丝·布拉姆金夫人可能是当时美国最聪明的生意人。由于她全身心投入，这家美国规模最大的家具中心，除了地毯销售部门外，其他部门的营业额在过去3年中平均增长了24%。1989年第四季度该公司的地毯部门在奥马哈地区的市场占有率，从上年同期的67.7%增长到75.3%，相当于位居第二竞争者的6倍！

## 【巴菲特智慧结晶】

巴菲特认为，如果管理层能把企业看作是自己100%拥有的那样去尽心尽力，那实在是投资者的福气。他认为，正是菲尔·利舍、本·罗斯纳、罗丝·布拉姆金夫人等明星经理人，才让伯克希尔公司的股东们变得更富有。

# 巴菲特购并时特别注重管理层

查理跟我平时主要只有两项工作，其中一个是吸引并维系优秀的经理人来经营我们的各种事业。这项工作并不太难，通常在我们买下一家企业时，其本来的经理人便早已在各种产业中展现他们的才能了，我们只要确定没有妨碍到他们即可。这点非常重要。如果我的工作是组织一支职业高尔夫球队，若尼克劳斯或阿诺帕玛愿意替我效力，我实在不必太费心去教他们如何挥杆。

——沃伦·巴菲特

## 【巴菲特现身说法】

巴菲特认为，投资者打算购买的股票，其公司管理层一定要优秀。他在购并企业时就特别注重原来的公司管理层是否非常优秀；或者说，收购企业后是不是有合适的管理层来负责经营。如果不具备这样的条件，那么这项收购他宁可放弃。应该说，他这样做很明智，这再次诠释了“一个好汉三个帮”的道理。

巴菲特在伯克希尔公司1986年年报致股东的一封信中说，他和查理·芒格平时的工作主要只有两项，其中之一就是吸引并维系明星经理人来经营各项事业。

巴菲特每年在伯克希尔公司年报致股东的一封信中，都要刊登一小段收购企业的广告，其中必不可少的一项条件是具备优秀的管理阶层。并且他还会声明，伯克希尔公司无法提供这样的公司管理层，如果不具备这项条件，伯克希尔公司就不会考虑这项购并事宜；相反，如果具备这样的优秀管理层，那么伯克希尔公司将会为他们及其优秀企业提供一个理想的归属。

通常的情形是，伯克希尔公司在收购某家企业时，该企业的经营管理层早就已经在各行各业施展他们的才能了。所以，巴菲特做网罗人才的工作并不需要花太大力气，最关键的是不要妨碍他们施展抱负。这就像他要组织一支职业高尔夫球队，其中有两名明星球员，对于这样的球员，他就用不着多此一举去教他们如何挥杆。

巴菲特说，伯克希尔公司旗下的那些明星经理人通常都已经相当富有，但这并不妨碍他们继续为公司效力。究其原因在于，他们能从中享受到工作的乐趣，从而爆发出冲天干劲来。毫无疑问，这些公司管理层也都能站在老板的角度来考虑问题，而这正是巴菲特给他们最高褒奖的原因。

也就是说，如果巴菲特说某位经理人能够站在投资者的角度来考虑问题，时时刻刻为股东着想，这就是对这位经理人的最高评价了。

事实上，公司管理层能不能站在不同角度考虑问题，对任何一家企业的长远发展来说都是至关重要的。俗话说，“又红又专”，“红”永远排在前面。

巴菲特在伯克希尔公司2009年年报致股东的一封信中提到，当年伯克希尔公司并购伯灵顿北方圣太菲铁路公司时没有采取换股认购方式，实际上就是为了保护股东利益。他说：“我们不喜欢发行股票的原因很简单，如果不是做梦以现在的市价卖掉全部伯克希尔股票的话，为什么要以几乎同样低的发行价卖掉公司如此大的一部分呢……我们不能用一只被低估的股票去交换一只完全反映价值的股票，这会损害股东利益。”

他举例说，如果A和B两家公司的规模相同，在公开市场上的股价都是每股80元，内在价值都是每股100元。这时候A公司告诉它的股东们说，用1.25股换B公司的1股没有损失，因为每股80元乘1.25股正好是B公司1股的内在价值。可是股东们并不知道，这两家公司的股价和内在价值原本是一样的（内在价值由于很难被评估，所以这时候A公司的股东们是没有能力评估B公司的内在价值是100元的）。这样的换股认购，A公司股东必然会损失掉25%，因为他们实际上支付的是每股125美元的内在价值。既然这样，A公司的主管们为什么还肯这样做呢？这是因为他们个人能够从中得到好处——从此，他们经营的企业规模就是原来的2倍，他们将会从中得到更多的名誉、地位和利益。

巴菲特说，这就是股市中到处存在发行泡沫的原因，并且这种情形会一再周期性地发生。尤其是在20世纪60年代末的特殊时期，这样的圈套可谓比比皆是，许多大企业就是通过这种方式建立起来的，虽然没有当事人敢公开承认内幕。可是，伯克希尔公司不会这样做。因为这种做法不但对公司管理层来说没有必要，更在于会损害股东利益。

巴菲特非常赞赏奥美广告公司创始人大卫·奥美的一句名言："如果我们雇用比我们矮小的人，那么我们会变成一群侏儒；相反，如果我们能找到一群比我们高大的人，我们就是一群巨人。"

正是因为拥有这样的胸襟和用人策略，伯克希尔公司的事业版图才能一步步扩大。巴菲特说，许多企业规定，一名主管只能管辖一定数量的员工，可是这个规定对伯克希尔公司来说毫无意义。

他认为，如果你的手下有一群正直能干的人才帮助你管理，你完全可以同时管理一打（12个人）以上这样的人，或许还有空闲时间打个盹。相反，如果你的手下要存心欺骗你；或者虽然没有骗你，可却不是能力不够，就是没有热情，这样的人有一个就够你操心的了。从这一点看，巴菲特和查理·芒格平时看上去悠闲自得，原因就不言自明了。因为他们的手下都是精兵强将，用不着他们过多操心。

巴菲特认为，公司管理层的能力和品质，在很大程度上决定着该公司能否长期保持竞争优势，能否进一步巩固竞争优势。这是他根据几十年的商业投资经验得出的结论。从现代管理学角度看，这一观点也完全可以得到证实。

例如，著名管理学家吉姆·柯林斯（Jim Collins）为了撰写《基业长青》和《从优秀到卓越》这两本书，进行了长达14年的研究和采访。在回顾采访内容后，他吃惊地发现，企业最高领导人最重大的决策不是解决"什么"的问题，而是解决"谁"的问题。也就是说，企业如果要保持基业长青，最关键的因素不是"战略”，而是“人”。

这是为什么呢？原来，从根本上说，未来的世界是不确定的，一切都是不确定的。要在许多不确定中做出战略，实际上就包含着许多不确定。相反，你只要搞定了人，一切就变得好办多了。

这一观点与巴菲特重视公司优秀管理层可谓不谋而合。

20世纪70年代，美国卷起一股银行业取消管制的冲击波。面对这即将到来的冲击波，人人都感到迷茫、不知所措，连大型银行富国银行也是如此，不知道政府会怎么解除管制、会采取哪种方式、对银行业会产生怎样的影响、下一步该怎么办等。

当时的富国银行首席执行官迪克·库利直截了当地说，实际上他也不知道富国银行要怎样做，才能渡过取消管制的难关。因为可能出现的情况太多太多，谁都无法预料到将来可能会发生怎样的情况，更不用说采取怎样的有效对策了。

不过有一点他很清楚，那就是：只要他手下有一支最能干的管理团队，到时候就一定会“船到桥头自然直”。也就是说，只要公司管理层精明能干，到时候无论出现什么情况，他都能应付自如。

最后的事实充分证明了这一点。这也是巴菲特后来之所以要重点投资富国银行的原因之一，因为它有一个非常优秀的管理团队。

## 【巴菲特智慧结晶】

巴菲特认为，企业在未来发展过程中充满许多不确定性因素，而只要公司管理层精明能干，将来就一定是“办法总比困难多”。为此，他在收购企业时，经常会把该企业管理层是否足够优秀看作是举足轻重的一票。

## 回购股票可以看作是风向标

管理当局可透过买回自家股票来对外宣示其重视股东权益的心，而非一味地要扩张个人经营事业的版图。因为后者往往不但对股东没有帮助，甚至反而会损害股东利益。如此一来，原有的股东与有兴趣的投资人对公司前景将会更具信心，而股价便会向上反应，与其本身价值更为接近。相对地，那些成天把维护股东权益的口号挂在嘴边，却对买回自家股票建议置之不理的人，很难让大家相信他不是口是心非。久而久之，他便会被市场投资人所离弃。

——沃伦·巴菲特

### 【巴菲特现身说法】

巴菲特认为，投资者打算购买的股票，其公司管理层一定要优秀。普通投资者对公司管理层是否优秀很难判别，但可以把该公司是否回购自己的股票看作是评判标志之一。

巴菲特在伯克希尔公司1984年年报致股东的一封信中说，1984年伯克希尔公司有几个比较大的投资项目纷纷回购了自己的股票，从而使作为投资者的伯克希尔公司能够从中得到两点好处：

一是这些公司回购股票，流通的总股本少了，对于伯克希尔公司来说，这就相当于花1美元就能得到原来2美元的价值，因为每一股股票的内在价值大大提高了。与其花钱去投资别的公司，不如通过这种方式投资自己更好。

二是这些公司的管理层回购股票，实际上就是对外表明他们是非常重视股东权益的。相对来说，有些公司管理层一味扩张经营规模，实际上这样不但对股东没有帮助，有时候甚至对他们是有害的。而公司回购股票，则会使该公司原有股东以及对该股票感兴趣的其他投资者对其发展前途更加充满信心。

巴菲特认为，其中的道理很简单，因为公司管理层对自己公司的经营情况最了解，公司回购股票，至少表明用这个价格投资该股票是值得的，否则它也没有必要这样做。由于公司回购股票，该股票的价格就会因此上扬，与其内在价值更接近。

相反，有些公司管理层整天把维护股东权益的口号挂在嘴上，却不肯回购自家的股票，这就很难说他们不是口是心非。久而久之，他们就会被投资者所抛弃。

巴菲特说，在上述两点好处中，第一点好处显而易见，可是第二点好处知道的人就不多了，实质上也很难衡量。不过要注意的是，时间越长，第二点好处就越容易显现出来。而巴菲特的这条经验，广大读者不难掌握。

巴菲特兴致勃勃地说，最近（1984年）伯克希尔公司依靠最大的3个投资项目，即政府雇员保险公司、通用食品公司（General Foods）、《华盛顿邮报》公司，大量回购股票，狠狠地大赚了一笔。虽然伯克希尔公司的第四大投资项目埃克森美孚石油公司也在回购股票，不过由于伯克希尔公司刚刚收购该企业，所以效果还不是太明显。

巴菲特说，总体来看，他对这些具有竞争优势，又真正注重股东权益的公司管理层感到相当满意。他说，发生在这种回购股票背后的故事相当有趣，他对此百听不厌。

他举例说，1983年政府雇员保险公司与伯克希尔公司签订协议，从伯克希尔公司手中回购35万股自身股票，为此支付给伯克希尔公司2100万美元的现金；而伯克希尔公司呢，收到这些现金后，由于政府雇员保险公司回购股票后的流通总股本减少了，所以它出售这35万股股票后，在政府雇员保险公司的持股比例依然没有改变。

关于这项变动，相关律师认为，实际上应当看作是减资。根据税法规定，伯克希尔公司只要缴纳6.9%的集团企业之间的股利税就行了。这样一算，伯克希尔公司得到2100万美元现金，要比过去认为没有被列在会计账簿上的未分配利润少得多。这就是说，伯克希尔公司是把它作为股利分配来对待的。

巴菲特说，这种情形并不多见，更不用说这2100万美元的金额也不小，所以伯克希尔公司在当年年报和季报中单独列出了这一项，提请投资者注意。而这种做法，是经过会计师事务所同意的。

巴菲特说，同样的情况，1984年还出现在通用食品公司身上。不同的是，通用食品公司是从股票市场上回购股票的。在进行此次回购交易之前，通用食品公司已经和伯克希尔公司签订协议，即伯克希尔公司每天卖一点，最终仍然维持其8.75%的原持股比例不变。

巴菲特特别指出，在上述两家公司回购股票的过程中，伯克希尔公司出售股票给这两家公司，从中得到了好处；对于其他没有卖出股票的投资者来说，效果也是一样的。因为当一家公司经营业绩良好、财务基础稳健，而股票价格又远远低于其内在价值时，回购股票是保障股东权益的最好办法。

不过巴菲特指出，近年来也有一些回购股票的行为是不道德、抱有不良企图的，这种情形又另当别论了。例如，有时候回购股票的交易双方会私下签订有利于自己、不利于该上市公司的回购协议，这就侵犯了股东权益。

通常的情况是，公司回购股票的出价过高，公司管理层则因为这个钱不用从自己口袋里掏就“睁一只眼，闭一只眼”，最终是那些被蒙在鼓里、不知情的公司股东当了冤大头。

### 【巴菲特智慧结晶】

巴菲特认为，除了不道德的回购股票行为外，一般来说，一家公司如果在陆续回购自家的股票，投资者就可以简单地由此认定该股票在这个价位上是物有所值的，由此也可以简单地判断该公司管理层能够为股东着想。

## 重点是管理才能和人格品质

人们常常问我，罗丝·布拉姆金夫人到底有什么经营诀窍？而其实说穿了也不是什么深奥的道理，她的整个家族①对事业怀抱的热情与冲劲，会让富兰克林与贺拉旭·阿尔杰看起来像辍学生。②脚踏实地地去落实并果断地决定要做的事情。③不受外部对公司竞争力没有帮助的诱惑。④对待所有人皆能保持高尚的人格。

我们对罗丝·布拉姆金夫人家族的人格信任可从以下交易过程中看出来：内布拉斯加家具店从来未找会计师查核过，我们也从未对其存货进行过盘点，或核对过其应收账款或固定资产。我们直接交给她一张5500万美元的支票，而她给我们的是一句口头承诺。

——沃伦·巴菲特

## 【巴菲特现身说法】

巴菲特认为，投资者打算购买的股票，其公司管理层一定要优秀。他认为，投资者应当重点考察公司管理层的管理才能和人格品质如何，这是人的素质中最重要的东西。

巴菲特在伯克希尔公司1984年年报致股东的一封信中说，经常有人问他，内布拉斯加家具店的罗丝·布拉姆金夫人有什么经营秘诀？

他说，其实说穿了她也没什么特别的地方，关键是她有一个高尚的人格，勤勤恳恳，脚踏实地。伯克希尔公司当初购买内布拉斯加家具店时，既没有聘请会计师事务所审核，也没有对其库存进行盘点，就付给她一张5500万美元的支票，这就足以说明对她人格的信任了。

巴菲特几乎每年都要在伯克希尔公司年报致股东的一封信中，对内布拉斯加家具店和罗丝·布拉姆金夫人大大赞赏一番。

他在1984年的年报中说，报纸在报道当时91岁的罗丝·布拉姆金夫人时是这样形容的：她每天一工作完就回家吃饭，然后睡觉，每天天不亮就第一个上班，一年到头全年无休。她一天所做的决策比大公司总裁一年内所做的决策还要多。

巴菲特说，过去他对罗丝·布拉姆金夫人及其家族的工作业绩非常赞赏，而事实上他还低估了他们的管理才能和人格品质。

1984年5月，过去从来没有到学校上过一天课的罗丝·布拉姆金夫人，获得了纽约大学颁发的荣誉博士学位。而在此以前，能够获得这项荣誉博士学位的都是像埃克森美孚石油公司总裁、花旗银行总裁、IBM公司总裁、通用汽车公司总裁等企业界杰出人士。所以从这一点上看，罗丝·布拉姆金夫人一点也不逊于他们。

生物学告诉我们，任何生物的习性和优良品质都是会遗传的。值得庆幸的是，罗丝·布拉姆金夫人的儿子们就都遗传了她的个性，这让巴菲特十分欣慰。

巴菲特说，1984年内布拉斯加家具店一个商店的营业额就增加了1000多万美元，达到1.1亿美元，是整个美国销售业绩最好的家具门市部。它之所以能取得这样的优良成绩，和罗丝·布拉姆金夫人的管理才能和人格品质不无关系。例如，从1984年家具行业的财务报告上可以看出，美国最大的家具零售企业Levitz自夸自己的产品价格比当地所有同行都便宜，而事实上呢，它的毛利率高达44.4%；相比之下，内布拉斯加家具店的毛利率只有前者的一半。

即使采取这样的低价策略，内布拉斯加家具店由于经营成本更低，所以依然取得了比前者更好的经营业绩。例如，内布拉斯加家具店的员工工资、房屋租金、广告费用等成本只占销售额的16.5%，由此可见一斑。

虽然Levitz公司的经营也非常出色，可与之相比，内布拉斯加家具店的经营表现更好。正是罗丝·布拉姆金夫人从1937年以500美元创业开始就打下了良好的基础，而且始终精打细算，通过大批量采购降低进货成本，所以内布拉斯加家具店在为股东创造投资价值的同时，又为消费者节省了资金，从而使得它的客户群分布越来越广。

在巴菲特看来，内布拉斯加家具店的经营业绩之所以好，很大程度上是因为罗丝·布拉姆金夫人和她的几个儿子拥有高超的管理才能、高尚的人格品质。在伯克希尔公司旗下的那些明星经理人中，具有这种可贵品质的比比皆是，这是当初巴菲特在收购这些企业时精心考察、遴选的结果。

巴菲特比喻说，他在资本营运上所扮演的角色，可以用他孙女Emily的一则小故事来说明。

在1990年秋天Emily的4岁生日宴会上，一位魔术师为大家表演了一段魔术。魔术师首先请小孙女配合，帮他拿着一支神奇的魔棒在宝贝箱上挥舞。没挥动几下，原来放在箱子里的绿手帕拿出来时就变成蓝色的了。然后又放进去一块手帕，小孙女又挥舞了几下魔棒，结果手帕拿出来时已经打了个结。经过这样4个回合，表演一次比一次精彩，小孙女也越来越兴奋，情不自禁地说："我实在是太厉害了！"

巴菲特讲这个故事的用意是，伯克希尔公司旗下的那群拥有高超管理才能和高尚人格品质的明星经理人，就像这位魔术师一样，有着无穷的创造力。而他自己就像他的小孙女一样，之所以感到自己"实在是太厉害了"，原因就在于下面有一帮人在为他尽力打拼。

所以他说，他要感谢伯克希尔公司旗下的那些"魔术师"——Bumkins家族、Friedman家族、迈克·戈德博格（Mike Goldberg）、查克·哈金斯（Chuck Huggins）、斯坦·利普西（Stan Lipsey）与拉尔夫·舒伊（Ralph Schey）等，并要求大家为他们的精彩演出热烈鼓掌。

当然，这其中不乏巴菲特的自谦。试想，如果巴菲特自己不具备这样高超的管理才能和高尚的人格品质，下面这些人还会投奔到他这里来吗？

**【巴菲特智慧结晶】**

巴菲特认为，考察公司管理层，应该将侧重点放在他们的管理才能和人格品质上。在他眼里，这样的明星经理人能够像魔术师一样不断创造出神奇的经营业绩来。而伯克希尔公司旗下就拥有一批这样技艺高超的"魔术师"。

## 管理层的优秀要靠业绩来证明

罗丝·布拉姆金夫人凭借其高瞻远瞩与家族因素考量，终于决定于去年出售公司给我们。我对这个家族及其事业已欣赏了数十年，所以整个交易很快便敲定。但罗丝·布拉姆金夫人并没有马上回家休息，如同她所说的"失去斗志"；相反地，她仍继续担任公司负责人，每周7天都待在卖场，其中销售地毯更是她所擅长的。她一个人的业绩便足以打败所有其他零售业者。我们一共买下九成股权，剩下的一成由原有管理公司的家族成员拥有。

——沃伦·巴菲特

## 【巴菲特现身说法】

巴菲特认为，投资者打算购买的股票，其公司管理层一定要优秀。他说，公司管理层是否优秀，应该用业绩来说话。

巴菲特在伯克希尔公司1983年年报致股东的一封信中说，伯克希尔公司1983年收购了内布拉斯加家具店的九成股权，另外一成股权留给罗丝·布拉姆金夫人家族成员，即该公司的管理层。

他说，内布拉斯加家具店管理层的优秀之处，可以从该公司的经营业绩上表现出来。即使在伯克希尔公司收购内布拉斯加家具店后，罗丝·布拉姆金夫人仍然一个星期7天待在公司里辛勤工作。她最擅长地毯销售，一个人的销售业绩就可以打败其他所有零售同行，让人肃然起敬。巴菲特对该公司及其管理层欣赏了数十年，所以在决定购买内布拉斯加家具店时很快便敲定下来了。

巴菲特说，上市公司经营业绩的高低，能够在一定程度上反映出该公司管理层的管理才能和人格品质。投资者要善于抓住一个问题的两个方面：一方面，优秀的公司管理层能够给股东创造更大的收益回报；另一方面，更大的收益回报又需要寄托在优秀的公司管理层身上才能实现。

巴菲特特别指出，这里的收益回报主要应当侧重于考核企业的内在价值，而不是账面价值。巴菲特把内在价值又称为“实质价值”。

巴菲特在伯克希尔公司1994年年报致股东的一封信中说，伯克希尔公司会在固定时间公布每股股票的账面价值。但必须说明的是，这个数字的用处并不大，唯一的好处是它比较容易计算。相比而言，真正重要的是实质价值，虽然这个数字很难精确计算出来。

例如，巴菲特可以明确地告诉大家，伯克希尔公司1964年每股股票的账面价值是19.46美元，可是与实质价值相比，它明显是被高估的。也就是说，当时的伯克希尔公司实际上不值这个钱。究其原因在于，当时该公司将主要资产集中在纺织行业，而纺织行业在当时并不景气。

而现在（1994年），伯克希尔公司的情形正好颠倒了过来。巴菲特认为，伯克希尔公司旗下的许多控股企业，其实质价值已经远远高于账面价值。而那些非控股企业，如可口可乐公司、吉列公司等，其实质价值实际上也是远远高于账面价值的，只不过按照会计准则规定它们只能合并账面价值，所以其实质价值无法精确计算出来。

但在他看来，可口可乐公司、吉列公司等实质价值和账面价值的增长速度还是非常接近的。以1994年为例，这两家公司的账面价值比上年同期增加了13.9%，由此可以简单地推断，这两家公司的实质价值增长速度也和它差不多。

读者容易看出，以可口可乐公司、吉列公司为代表的企业，它们的管理层正是巴菲特所一再称赞的。这也可以从一个侧面反映出优秀明星经理人和企业业绩之间的紧密关系。

巴菲特承认，虽然计算实质价值时会遇到困难，而且往往根本无法精确计算出来；但毫无疑问，一个企业的实质价值要比账面价值重要得多。举例说，如果一家企业要进行清算，最终清算结果会与实质价值相近，可是与账面价值却差得远了。

巴菲特说，他所理解的实质价值，是指任何一家企业在其未来生涯中能够产生多少现金流量，而这些现金流量的折现值，就是实质价值。由此可以看出，任何人在计算一家企业的实质价值时，都必须依据该企业的未来现金流和利率因素，并且要对它们进行调整。实质价值的依据是未来，账面价值的依据是过去，这两者之间在这一点上截然不同。

为了帮助投资者更容易地理解两者的区别，他举例说，如果一个人读到大学毕业，他过去所投入的教育成本是账面价值的话；那么，他在大学毕业后通过工作所得到的收入，扣除他如果没有接受大学教育也可以通过工作得到的收入，两者之间的差额，再用一个适当的利率加以折现，折现到他大学毕业当天的价值，这个数字就是他由于接受大学教育而产生的实质经济价值。

如果计算得精确一点，在应当扣除的教育成本中，还要包括因为读书而放弃工作收入的机会成本在内。

经过这样一比较就可以发现，单纯从经济方面看，如果这个人接受大学教育所得到的实质经济价值大于0，即实质价值大于账面成本，那么他读大学就是明智的；相反，如果实质经济价值小于0，即实质价值小于账面成本，那么他就不应该去接受这样的大学教育。但无论如何，实质价值与账面价值两者之间是一点关系也没有的。

## 【巴菲特智慧结晶】

巴菲特认为，公司管理层是否优秀要靠业绩来说话。这种业绩不是股价，也不是账面价值，而只能是企业内在价值，即巴菲特所说的实质价值。虽然对实质价值的评估可能会比较困难，但它才是唯一合理的标准。

# 忠告 4　公司业务经营要容易理解

## 业务比资本配置更重要

> 优秀的骑手骑在好马上可以风驰电掣；而骑在衰弱的老马上，再优秀的骑手也无能为力。伯克希尔的纺织业务由能干而诚实的经理人来管理运作。同样，这些经理人如果管理一家具有良好经济前景的公司，肯定会取得非常优异的成绩；但他们如果管理一家发展前景很差的公司，就会如同在流沙中奔跑，怎么用力都难以前进半步。
>
> ——沃伦·巴菲特

### 【巴菲特现身说法】

巴菲特认为，投资者购买的股票，其经营业务要容易理解，业务过于复杂，其中就可能蕴藏着投资风险。经营业务容易理解的公司，往往更便于诚实的公司管理层进行运作；反过来，诚实的公司管理层也喜欢经营容易理解的业务，而投资者对这样的股票的发展前景也会看得比较明确。

巴菲特一直认为，公司管理层的主要职责是资本配置，可是与业务经营相比，资本配置却没有业务经营重要。

巴菲特在伯克希尔公司1989年年报致股东的一封信中说，经营业务就像一匹马，公司管理层的管理能力好比是骑手。公司管理层高超的资本配置能力与企业强大的竞争优势、良好的发展前景相比，后者才是发展的根本所在。就好比是赛马，马不行，再优秀的骑手也无能为力。

他曾经多次指出，当一个以聪明、能干闻名的经理人遇到一家以经营糟糕闻名的企业时，最终的结果往往是这家企业仍然以糟糕闻名，而这位经理人聪明、能干的好名声也毁于一旦。在这里，很容易看出管理和业务两者之间的关系。

巴菲特在伯克希尔公司1994年年报致股东的一封信中说，关于这一点，他可以通过伯克希尔公司投资斯科特·费策公司的过程加以证明。这个例子，不但可以清晰地解释公司账面价值和内在价值之间的关系有什么变化，还可以给大家上一堂会计课。

他说，伯克希尔公司是1986年年初买下斯科特·费策公司的，当时该公司拥有22个不同的业务项目，直到现在（1994年）仍然没有增加，当然也没有关停其中的任何一项业务。他的言外之意是说，在这样的“静止”状态下进行对比，会更有说服力。

读者知道，斯科特·费策公司的主要业务是《世界百科全书》、寇比吸尘器和空气压缩机；当然，其他业务项目对其经营利润的增长也相当重要。

伯克希尔公司当时收购斯科特·费策公司时投资了3.152亿美元，而斯科特·费策公司当时的账面价值是1.726亿美元。这就是说，如果按照账面价值来计算的话，伯克希尔公司多付出了1.426亿美元，这在股票投资中称之为“溢价”。

这说明，在巴菲特眼里，斯科特·费策公司的内在价值大约是账面价值的2倍，这也从一个侧面反映出其业务赢利能力有多大了。

在伯克希尔公司投资斯科特·费策公司的1986年，斯科特·费策公司当年的利润只有0.403亿美元；可是，由于当年年末公司账面上仍然躺着大量的现金，所以照样能支付伯克希尔公司1.25亿美元的年末分红。

更让巴菲特赞赏的是，1986年年末的斯科特·费策公司没有任何负债。而实际上，早在伯克希尔公司收购该公司之前，该公司的负债规模就相当小。所以，伯克希尔公司收购该公司后，很轻松地就还掉了该公司除了所欠财务公司债务以外的所有原有负债。看看，这样的公司经营有多轻松。

自从被伯克希尔公司收购后，斯科特·费策公司的赢利水平逐年增加，可是净资产却没有同比例增加。这表明，该公司有相当一部分利润转化成了股东的投资收益。

巴菲特高兴地说，自从伯克希尔公司投资斯科特·费策公司后，原来就不错的股东权益报酬率又有了新的提高。按照该公司规模看，它完全可以被列入全球《财富》500强行列。

例如，从最新（1993年）的全球《财富》500强企业名单看，斯科特·费策公司的股东权益报酬率可以排第四位，而排在它前面的3家上市企业，股东权益报酬率之所以比它高，都是因为它们当年刚刚脱离了破产的边缘，因债务豁免而使得利润暴增，这属于一种特殊情况。如果从平常年景看，这3家企业的股东权益报酬率实在乏善可陈。这样一比较，斯科特·费策公司的股东权益报酬率完全可以名列全球《财富》500强企业之首，是排名第10位的企业的10倍多。

巴菲特提醒说，投资者千万不要以为斯科特·费策公司的成功是由垄断经营或借鸡生蛋等因素造成的，这些全不对。根本原因在于，该公司总裁拉尔夫·舒伊拥有高超的管理才能，不但在资本配置上，而且在业务经营上都有独到之处。

他认为，伯克希尔公司投资斯科特·费策公司的策略是正确的。从资金投入看，当初伯克希尔公司支付给斯科特·费策公司1.426亿美元的溢价，在财务上是记录在伯克希尔公司资产负债表上的，然后在以后的年度中当作成本进行摊销，对伯克希尔公司的现金和税收支出没有太大影响。当然，从巴菲特的角度看，这也没有多少实质性的经济意义，所以不用放在心上。巴菲特承认，可能会有很多会计师不同意他的这种看法，但没关系，允许见仁见智嘛。

这就是说，在巴菲特看来，通过支付这些溢价就能收购到这样一家业务简单易懂、发展前景良好、内在价值高、拥有一个优秀公司管理层的企业，无论如何是合算的。

## 【巴菲特智慧结晶】

巴菲特认为，投资者所投资的股票，其业务经营要容易理解，否则对投资者来说就会潜藏投资风险。要知道，虽然企业的资本配置很重要，可是业务经营更重要。如果你对一家企业的业务完全不了解，就不能说是真正的投资。

# 要确定自己的能力圈边界

> 投资人真正需要具备的，是正确评估所选择企业的能力。请特别注意“所选择”这个词。你并不需要成为一个通晓每一家或者许多家公司的专家，你只要能够评估在你的能力圈范围之内的几家公司就足够了。能力圈范围的大小并不重要，清楚自己的能力圈边界才是至关重要的。
>
> ——沃伦·巴菲特

## 【巴菲特现身说法】

巴菲特认为，投资者购买的股票，其经营业务要容易理解，业务过于复杂，其中就可能蕴藏着投资风险。由于每一位投资者的经历、知识、能力不同，所以他们对同一家上市公司业务经营内容的理解也会不同。但不要紧，至关重要的是投资者要确定自己的能力圈边界在哪里。明确了这一点，投资者就能在自己的能力圈范围内了解、判断、确定投资项目。

巴菲特在伯克希尔公司1996年年报致股东的一封信中说，投资者真正需要具备的是正确评估所选择企业的能力。你并不需要成为一个通晓每一家上市公司的专家，你只要能在你的能力圈范围内正确评估少数几只股票就行了。每个人的能力圈范围有大有小，这并不重要；重要的是，你要知道自己的能力圈范围有多大、边界在哪里。

巴菲特说，投资某只股票的前提是该公司的经营业务要容易理解。但这并不是说该公司的业务经营必须每个人都非常熟悉；而是说只要作为投资者的你能懂得它究竟做的是什么业务，即其业务经营在你的能力圈范围内就行。

巴菲特坚信，股票投资成功与否，与投资者对该股票发行公司的业务经营内容是否真正理解有很大的关系。你只有懂得这家公司在做什么，才能对其持续竞争优势进行合理的分析，从而判断应该在什么时候、以什么样的价格买入该股票，或者是否值得投资该股票。

虽然这种判断不可能很精确，但大致范围是可以确定的；相反，如果你对该公司的业务无法理解，那么这样的投资就无异于瞎子摸象，这种投资行为就必然是盲目的。

美国斯坦福大学法学院曾经根据查理・芒格的提议，开设了一门“律师需要了解的企业经营知识”的课程。1990年3月，巴菲特在这里做了一次嘉宾演讲，他提道:“我认为，积累财富的秘密（就）在于坚持做自己能力范围内的事。几乎99%的经理人都认为，如果自己在某一领域表现非常出色，那么自己在其他领域一定也能同样表现出色。实际上，他们就像是池塘里的鸭子：下雨时，随着池塘水面的上涨，鸭子也会浮起来，但鸭子居然认为是自己而不是上苍让自己上浮的。于是，它们来到不下雨的地方，一屁股坐在地上，试图使身体浮起来，结果可想而知。美国的经理人在面临这种窘境时，通常会解雇自己的副手，或者聘请专家获得咨询。然而他们根本没有意识到，他们超出自己的能力范围行事才是失败的根源。”

他以伯克希尔公司旗下内布拉斯加家具店创始人罗丝・布拉姆金夫人举例说，她年轻时从俄罗斯移民来美国，至今已经在美国生活了77年，依然不会讲一口流利的英语，时常需要通过纸和笔来交谈。她从500美元起家，52年来的税前利润累计高达1700万美元。她虽然认识数字，但不会读，更不会写，对什么权责发生制和会计、经营理论更是一无所知。但如果你能告诉她房屋的结构和大小，哪怕房间不是正方形或矩形的，她也能准确地告诉你应该买多大面积的地毯。为什么？因为这就是她最擅长的事。她这一辈子就专门做这一件她擅长的事，所以她能取得成功。[1]

想想也好理解，就像一位高中语文老师，你如果要他去教物理，恐怕他就教不好，因为这超出了他的能力圈范围。当然，实际投资理财中做判断不会如此简单。

那么，这时候投资者又该怎样来确定自己的能力圈边界呢？主要有以下几点：

一是不要企图能预测所有因素。

每个人的能力圈范围是有限的，不可能无边无际。所以巴菲特告诫说，投资者可以“在你所了解的企业的名称周围画一个圈，然后去掉那些没有内在价值、没有好的管理和没有经受住困难考验的不合格企业”。这样，你的能力圈范围基本上就确定了。

巴菲特的投资搭档查理·芒格更是一针见血地说：“投资是一个看谁的未来预测更正确的游戏。你是如何预测的呢？保证预测正确的一个方法，就是把你的预测对象限制在你的能力圈范围内。如果你试图预测所有因素的未来，你的野心就太大了。”

二是不要去投资自己不理解的行业。

对于普通投资者来说，千万不要以为你对什么都“懂”；恰恰相反，许多投资者对什么都是“不懂”的，即使是那些普通的行业，你也未必真正理解它们的业务过程和行业发展前景。

例如电力公司、自来水公司、汽车公司等，它们的产品是平时生活中每天都会遇到的，可谓再熟悉不过了。可是要知道，你熟悉它们的产品并不等于熟悉这个行业、这只股票，两者之间是完全不同的。

一般来说，投资者最熟悉的股票行业和自己所从事的工作是一致的。尤其是如果你在这个行业已经工作了几十年，那么你比没有在这个行业中工作过的证券分析师对这只股票的了解要深入得多。

---

1　石伟编译．巴菲特：投资不要超出自己的能力范围．腾讯网[2016—2—9].

三是不要去做愚蠢的决策。

巴菲特认为，投资者如果坚持在自己的能力圈范围内做决策，投资成功率就有了最基本的保证；相反，如果你总是超出自己的能力圈范围进行投资，那么就难免会做出愚蠢的决策。这种愚蠢决策，最容易导致投资失败，这样你就很容易把以前所赚的钱赔个精光。

他说："我是一个非常现实的人，我知道自己能够做什么，而且我喜欢我的工作。也许成为职业棒球大联盟的球星非常不错，但（对于我来说）这是不现实的。""很多事情做起来都有利可图，但是你必须坚持只做那些在自己能力范围内的事情，比如我们就没有任何办法击倒泰森。"

四是要去投资业务简单的公司。

巴菲特从几十年的投资生涯中得出了经验，业务越是简单的上市公司，经营效率往往越高。所以，投资者如果认定某家上市公司业务简单，那么投资它准没错。

当然，这种"业务简单"是相对而言的：对你来说可能是很简单的业务，可对别人来说却可能很复杂，怎么也理解不了。但不要紧，这恰好说明每个人的能力圈范围是不同的。只要坚持投资自己能够理解其业务内容的上市公司，投资成功率就会很高。

业务越是简单的公司效率越高，初听之下，好像不可思议，可是这已经得到广泛证实。全球最著名的管理咨询公司麦肯锡公司历时多年，分别从销售利润率、成长性、流动性等方面考察了德国39家中型机械制造企业，结果发现，影响企业效率高低的最显著因素就是"业务是否简单"。

对于投资者来说，"简单""易懂"往往是紧密联系在一起的，这也从一个侧面证明了选择业务经营简单的公司进行投资的正确性。

巴菲特的能力圈范围，还可以从他与中国企业及中国投资者的关系上看出来。虽然中国投资者对巴菲特顶礼膜拜，2016年4月30日，伯克希尔公司股东大会上也开通了网上直播和中文同声翻译（要知道，过去就连在大会现场录像和拍照也是不允许的）；但平心而论，巴菲特对中国的兴趣只能说是一般。每年伯克希尔公司股东大会上，总会有来自中国的投资者问他有关中国股市的问题，但他总会狡黠一笑，说："我不懂中国，但我在美国是这样做的。"

这样的专注和执着，也是巴菲特成功的原因之一。在过去50多年里，巴菲特的绝大部分投资都聚焦在美国本土。这是因为，一方面他对美国国内的投资市场更熟悉，不必舍近求远；另一方面，他如果投入神鬼莫测的中国A股市场，必定会力有不逮，因为这超出了他的能力圈范围。[1]

## 【巴菲特智慧结晶】

巴菲特认为，投资者的能力圈范围固然有大有小，但重要的是，投资者要能确定自己的能力圈边界在哪里。他说："如果你知道了能力圈的边界所在，你将比那些能力圈虽然比你大5倍却不知道边界所在的人富有得多。"

# 业务内容要简单易懂

身为一位投资人，大家其实只要以合理的价格，买进一些很容易了解且其盈余在未来5~10年内会大幅成长的企业的部分股权就行了。当然，一段时间下来，你会发现只有少数几家公司符合这样的标准。所以你要是真的找到这样的公司，那一定要买进足够分量的股权。在这期间，你必须尽量避免自己受到外界诱惑而偏离这个准则。如果你不打算持有一家公司股份10年以上，那最好连10分钟你都不要拥有它。在慢慢找到这些盈余总能持续累积的投资组合后，你就会发现其市值也会跟着稳定增加。

——沃伦·巴菲特

1 孙思远．我印象中的沃伦·巴菲特．新浪网[2016—5—2]．

## 【巴菲特现身说法】

巴菲特认为，投资者购买的股票，其经营业务要容易理解，业务过于复杂，其中就可能蕴藏着投资风险。从1982年起，巴菲特在每年的伯克希尔公司年报致股东的一封信中，都会公开声明伯克希尔公司收购企业的基本标准之一就是业务简单易懂。他实事求是地说，如果涉及太多的技术问题，他就无法理解了。

巴菲特在伯克希尔公司1996年年报致股东的一封信中说，对于一位投资者来说，你只要用合理的价格买进一些经营业务非常容易了解，并且经营业绩在未来5~10年内会得到大幅度增长的股票就行了。当然，经过一段时间的考察后，你会发现符合这种条件的股票实际上并不多，这时候怎么办呢？巴菲特的经验是，一旦找到这样的股票，就要将资金集中投到该股票上。这也是巴菲特集中投资理念的基本表述。

巴菲特说，投资者对这一投资理念必须始终如一，要尽量避免自己在受到外界诱惑时偏离这个准则。他形象地说，如果你不准备持有一家公司的股份10年以上，那么你最好连10分钟也不要拥有它。

巴菲特说，对于别人如何投资，他可以提供一点心得供参考。他认为，股票投资要想取得成功，投资者不需要研究 β 值、效率市场、现代投资组合理论、选择权定价、新兴市场等概念。事实上，投资者最好是不要去关心这些概念。

他说，他的这种观点与大学里的主流课程以及学术界的看法有很大不同，但他坚持认为，对于主攻投资学的学生来说，只要学好两门功课就行了：一是“如何给企业正确评价”，二是“思考企业内在价值和股票价格之间的关系”。

在巴菲特看来，股票投资的成功秘诀在于投资者对这项投资的理解。总体上看，巴菲特的投资领域非常广泛，因为伯克希尔公司的规模非常庞大，单一投资领域不可能容得下他那么多投资。

但认真研究后可以发现，有一点非常明确，那就是在巴菲特所投资的各个领域中，他都非常清楚该公司的业务是如何具体运作的，甚至包括该公司的赢利水平、费用项目、现金流、劳动关系、产品价格的灵活性、项目投资的资金需要、利润分配和运用状况等因素。

中国股民中有太多的人不要说这些内容了，就连自己所购买的股票在哪里、所投资的公司从事什么业务都不知道，更不用说该公司主要生产些什么产品、提供些什么服务，其产品和服务在市场上的竞争力如何了。

换句话说，就好像你把自己的资金交给某个人打理，可是这个人究竟把你的钱用在什么地方了、去干了什么、能不能赚到钱，你一概不知，这种所谓的投资，风险有多大就可想而知了。

也许有投资者会问，简单易懂的经营业务会产生高额获利吗？巴菲特对此是这样认为的，超乎寻常的投资成果，往往只是通过普通的事情来获得的，关键是该企业怎样把这些非常普通的事情处理得异乎寻常的出色。这颇有一点“平凡中见伟大”的意味。容易看出，这就是巴菲特特别注重公司管理层是否优秀的原因所在。

关于这一点的典型案例，在巴菲特的投资生涯中比比皆是，但最突出的还是他投资可口可乐公司和《华盛顿邮报》公司这两只股票。

可口可乐公司是全球最大的软饮料生产和经销商。巴菲特从5岁时就喜欢喝可口可乐，并且在6岁时就从他爷爷开的小卖部里批发可口可乐卖给其他小朋友。当时，一箱可口可乐是6瓶，每箱0.25美元。巴菲特卖给邻居小朋友们的价格是每瓶0.05美元，毛利率是16.67%。

如果这也算是“业务”，那么可谓是最简单明了的业务了。巴菲特从1988年起开始投资可口可乐公司，主要原因之一就在于该公司的业务通俗易懂——公司采购原料后，制成浓缩液，然后卖给装瓶商；装瓶商再把这种浓缩液和其他成分配合在一起，制成可口可乐饮料卖给零售商。可口可乐公司拥有装瓶商的控股权，主要品牌有可口可乐、雪碧、芬达等，销售网络遍及全球，甚至全球每天有多少人喝可口可乐都能简单地计算出来。

再以《华盛顿邮报》公司为例。巴菲特的爷爷曾经在内布拉斯加拥有一家报社，并且亲自担任编辑；他的奶奶则在一家印刷厂负责制版。巴菲特的父亲，在内布拉斯加大学读书时就担任校报编辑；巴菲特本人也担任过一家报纸的分销管理员。所有这些都表明，巴菲特对报社的整个运作过程非常了解。其他投资者或许不了解这种类型的股票，但巴菲特非常熟悉其操作过程。

1969年，巴菲特收购了《奥马哈太阳报》及其一系列周报。有了这次“实习”过程，巴菲特从1973年起开始大规模投资《华盛顿邮报》公司。凭什么？就是凭他对这样的业务非常熟悉，知道投资这样的股票能赚钱。

2016年，伯克希尔公司旗下卡夫亨氏食品公司在中国市场的试水，也能证明这一点。

伯克希尔公司的亨氏食品2015年与卡夫食品合并后，联合组建成全球第五大食品饮料公司卡夫亨氏食品公司。合并过程中，卡夫亨氏食品公司在全球关掉了7家工厂，并减员2600名，可是其中却并不包括中国工厂。不但如此，卡夫亨氏食品公司还在上海酱油工厂投资1.72亿元扩建了二期工程，从而使得酱油的年产量在原有基础上翻了一番。

该公司明确表示，中国市场在卡夫亨氏食品公司的发展版图中极为重要，但中国市场目前的销售收入在该公司270亿美元的净销售收入中所占比重还不大。这与中国这样一个拥有13多亿人口的大国并不相称，因为食品，尤其是优质食品是刚性需求，这样一个庞大的市场在那里明摆着。

所以巴菲特表示，卡夫亨氏食品公司在中国的投资，包括固定资产投资预算无上限，伯克希尔公司将来要把中国变为自己最大的海外市场。[1]

为什么？道理上面已经说得很清楚了：因为酱油生产业务通俗易懂，中国作为全球人口第一大国，这种刚性需求在这里明摆着呢。

## 【巴菲特智慧结晶】

巴菲特认为，投资者所买的股票，其业务内容要简单易懂，这样才便于对它的内在价值做出可靠的评估。当然，每个人熟悉的领域不同，“简单易懂”的标准也不一样。但有一点很明确，那就是只有你能理解的业务，你才能投资。

---

1　胡笑红．巴菲特掌控企业全球关厂裁员，回应称不涉及中国．京华时报，2016—3—10．

## 业务过于复杂会危机四伏

金融机构过于复杂的金融衍生产品，比如CDO，是造成这次次贷危机的原因之一。我和查理·芒格警告金融企业，将商业操作弄得如此复杂，使得政府监管者和会计标准无法防止它们冒巨大风险。这种缺乏控制，已经产生了巨大问题，比如贝尔斯登的垮掉，而且有可能为金融行业带来更大损失。

——沃伦·巴菲特

### 【巴菲特现身说法】

巴菲特认为，投资者购买的股票，其经营业务要容易理解，业务过于复杂，其中就可能蕴藏着投资风险。2007年爆发的次贷危机，然后在2008年进一步演变为全球性金融危机，就能充分证明这一点。

2008年5月4日，巴菲特在伯克希尔公司新闻发布会上接受中国《第一财经日报》记者采访时说，美国金融机构过于复杂的金融衍生产品，例如担保债务债券（CDO），是造成这次次贷危机的原因之一。他和查理·芒格以前就警告过美国金融业者，不要把业务操作搞得如此复杂，从而使得政府监管和会计标准无法防范金融机构冒这样的巨大风险。而从现在看，这种缺乏控制已经产生了巨大的问题，比如美国第五大投资银行贝尔斯登公司就已经倒闭了，而且，今后它很可能还会给金融行业造成更大的损失。

一年过去后再看巴菲特当时的观点，完全正确。而在巴菲特看来，这次由次贷危机引起的金融危机，原因多种多样，而金融机构的业务过于复杂是其中之一。

伯克希尔公司股东年会上，巴菲特在答记者问环节批评了美国华尔街的不负责任，金融监管者、政府部门、会计行业都要对过去复杂的金融业务承担责任，因为它们对此缺乏监管，这是造成这次次贷危机的原因之一。

根据全球最大的财经资讯公司美国彭博资讯公司的资料，在巴菲特说这番话以前的16个月内，这次次贷危机给全球主要银行和证券公司带来的损失高达3120亿美元。不用说，从后来的事件严重程度看，这还只是冰山一角。

巴菲特批评说，这些金融机构只关注金钱而不关注结果，这种情况在伯克希尔公司是不允许发生的。金融业务搞得如此复杂，以至于政府部门和会计准则都无法监管，到最后风险突然爆发，必然产生巨大问题。

应该说，这番话出自巴菲特之口，实在是最好理解不过了，因为他历来以投资业务简单的公司而著称。例如他从来不买高科技股票，原因不在于这些股票的投资回报率不高，实际上这些股票的回报率有时候还非常惊人，只是因为他对高科技行业不了解。平时说话时，巴菲特也往往喜欢把最复杂的问题简单化，或者用非常简单的语言来描述最复杂的业务。这也是伯克希尔公司每年举行的股东大会会吸引那么多仰慕者的原因之一。

从历史上看，巴菲特迄今只投资过一只科技股，那就是IBM公司。伯克希尔公司从2011年3月开始建仓IBM，到年底便成为该公司第一大股东，以后又逐年增持该股票。巴菲特青睐它的原因，一是其高超的管理技巧；二是该公司有能力实现5年目标。但最终结果证明，巴菲特高估了这一点。截至2015年年末，伯克希尔公司拥有IBM大约8.59%的股权。

2016年2月29日，巴菲特表示，自己用上百亿美元长期持有IBM股票“可能”是一个错误。之所以说“可能”，是因为截至2015年年末，IBM公司虽然出现了26亿美元的账面亏损，连续15个季度营业收入同比下滑；可是巴菲特依然相信，该公司会通过向移动端和云计算的转型走出低迷，帮他解套的。

或许，这次投资失利正好可以从一个侧面证明巴菲特过去不触碰科技股是对的，因为这超出了他的能力圈范围。[1]

话说巴菲特所说的复杂的金融业务究竟有多么复杂呢？他举例说，他曾经读过一份270页的报告，主要是向投资者和政府监管部门介绍一家金融公司是如何进行操作的。巴菲特一边阅读一边标出自己认为有疑问的地方，到最后一看一

1 明轩．股神巴菲特为投资IBM改口：可能是一个错误．腾讯网[2016-3-1]．

共标出了25页。所以，他干脆把报告一扔，说看不懂，然后再也不投资该股票了。

巴菲特深有感触地说，要弄懂担保债务债券（CDO）的业务内容，至少需要读75万字的报告：“他们太复杂了，我不知道这些人在做什么。”

查理·芒格的观点和巴菲特如出一辙。他不无幸灾乐祸地说，如果美国联邦政府要在紧急关头支持这些金融企业，那么应该一开始就告诉金融业者怎么做才能得到更多的控制。而现在金融市场的困难是“应得的”，因为这次次贷危机本身就是他们的“愚蠢和过于冒险”造成的。

巴菲特在伯克希尔公司2004年年报致股东的一封信中说，伯克希尔公司旗下的中美能源公司2004年取消了一项重大投资项目。这个投资项目原来是准备在1998年开始实行、2002年正式运行的。这是一项锌金属回收项目，可是由于这项业务的一个最大特点就是问题层出不穷，每当一个问题解决了，又会冒出一个新问题来，这不符合巴菲特注重业务简单易懂的投资理念，所以他最终不得不放弃。

巴菲特解释说，在地热发电产生的卤水中含有大量的锌，而回收这种锌是有利可图的。可是这项业务必须得处理各种层出不穷的危难事件，非常烦琐，所以巴菲特一直犹豫不决。直到2004年9月，他终于决定放弃。

由此，巴菲特再次强调了自己的投资原则，那就是不要把事情搞得太复杂，而是越简单越好。他说，这个原则广泛适用于伯克希尔公司投资的所有项目和业务。

举例来说，如果某个决策只有1个变量，而这个变量的成功概率高达90%，那么毫无疑问，你就有了90%的成功概率；可是，如果某个决策有10个变量，虽然每个变量的成功概率仍然是90%，但这时候你的成功把握就只剩下了（90%）10＝34.88%，略超过1/3。

巴菲特说，有些重要的项目中存在着一系列问题，而伯克希尔公司已经几乎克服了所有问题。可是令人担忧的是，其中只要有一项难题无法解决，到时候就会“吃不了兜着走”，前功尽弃。这样的投资项目成功率不高，不符合他的投资原则。

## 【巴菲特智慧结晶】

巴菲特认为，经营业务过于复杂的股票，今后可能会危机四伏。正是出于这样的原因，他才放弃了中美能源公司的一个重大投资项目。2008 年金融危机爆发，巴菲特认为金融业务过于复杂是原因之一。

# 新型业务要便于理解

在这个产业，成为领导品牌是最重要的一件事。我们的客户因为我们遍布全美各地的机队而受惠。因为我们可以提供别家公司比不上的服务，所以我们可以大幅降低飞机停在地面的时间。另一个令客户无法抵挡的致命吸引力，是我们提供了各式各样的飞机，从波音、湾流、Falcon、Cessna 到雷神。相比之下，我们其他两个由飞机制造商经营的竞争对手就只能提供自家生产的飞机。事实上，Netjets 公司就好像是一位医生一样，可以为个别病人量身订做，依其所需，提供不同配方；不像另外两家业者，都是千篇一律地开出家传的狗皮膏药。

——沃伦·巴菲特

## 【巴菲特现身说法】

巴菲特认为，投资者购买的股票，其经营业务要容易理解，业务过于复杂，其中就可能蕴藏着投资风险。如果投资者想要投资的企业从事的是新型业务怎么办呢？巴菲特的回答是，同样要便于理解，否则不能投资该股票。

巴菲特在伯克希尔公司1998年年报致股东的一封信中说，伯克希尔公司旗下的利捷（Netjets）航空公司所从事的业务，绝大多数投资者都会感到非常陌生，但他对这个行业是非常了解的，也非常看好，所以才会收购该企业。

作为一家航空公司，利捷与众不同的是，它把一架飞机的所有权分成16等份，每位顾客至少购买1/16，这样才能相应地获得每年50小时的飞行时间。这样，顾客在需要飞行服务时，就可以省却排队、安检和转机等流程；在享受个性化餐饮服务的同时，也实现了点对点飞行，大大缩短了飞行时间。用中国话来说，其实质是提供“打飞的”服务。该公司拥有各类公务机，规模居全球第一，数量达550架，在全球140多个国家之间拥有25万条航线，市场份额高出竞争对手5倍之多。

巴菲特说，在这个产业中，成为领导品牌是最重要的一件事。利捷公司的客户遍及美国各地，究其原因在于它能提供其他同行所无法提供的服务。除此以外，它还有一个让客户无法抵挡的吸引力，那就是可以提供各种各样的飞机，从波音、湾流、达索猎鹰（Falcon）、赛斯纳（Cessna）到雷神，应有尽有，完全可以满足不同客户的不同需求。相比之下，伯克希尔公司旗下的其他两家公司，它们是由飞机制造商经营的，所以只能提供自己生产的飞机，竞争力与利捷公司相比就差远了。

巴菲特形容说，利捷公司就像一位医生一样，能够根据病人的不同病状对症下药，满足个性化需求；而不是像其他两家公司那样，只会千篇一律地兜售自己的家传秘方。

巴菲特说，该公司是1980年成立的，而他则是在4年前才第一次知道有这家公司存在，当然，当时它就叫利捷公司。那时，伯克希尔公司旗下的布朗鞋业公司的管理层经常享受该公司提供的服务，觉得非常满意，所以建议巴菲特和其首席执行官见个面，看看有没有投资的可能。

巴菲特和利捷公司首席执行官见面后，对方只用15分钟就说服巴菲特购买了霍克1000型飞机1/4的所有权。也就是说，巴菲特每年可以利用这架飞机飞行200个小时，不包括停机时间在内。购买了这种部分所有权后，如果你要使用飞机，只需提前几个小时通知一下该公司就行了。接到你的指令后，该公司可以在美国各地的5500多个机场安排飞机供你调用，其方便程度就像你打电话叫出租车一样。如果有必要，你还可以把这些小时数分配在5年内使用，但这时候你必须每月支付一些管理费。

巴菲特及其家族购买这种飞行权后，经过300多次旅行、900多个小时的飞行，亲身体验到该公司提供的服务亲切、方便、安全，于是无可救药地爱上了它。巴菲特的家人热心催促巴菲特投资该公司，于是巴菲特打电话婉转地告诉对方，如果有意出售该公司，就打电话过来。

就这样，1998年5月，对方真的打电话给巴菲特了，于是双方很快就达成了这笔交易。伯克希尔公司投入7.25亿美元收购该公司，其中现金和股票各占一半。

伯克希尔公司买下该公司后，就将其改名为企业主管飞行公司（EJA）。巴菲特介绍说，企业主管飞行公司当时（1998年）就已经是全球这个行业中规模最大的企业，拥有1000位客户和163架飞机，其中包括23架它自己拥有或租用的主要机型，以便在飞机业务最繁忙时，依然能提供最高品质的服务，不至于降低服务质量。

说到这里必须强调一下，安全性是所有航空公司最需要考虑的因素。那么该公司的650位飞行员又是如何做到这一点的呢？原来，他们每年都要到伯克希尔公司旗下的另一家全球最大的飞行员培训公司——国际飞安公司接受两次以上的全方位培训。

能够证明企业主管飞行公司安全性的是，伯克希尔公司卖掉了原来巴菲特乘坐的专用飞机，让巴菲特及其家族完全享用该公司提供的服务。

并且，巴菲特乘坐该公司的飞机并没有什么特殊待遇，完全和普通乘客一样。巴菲特乘坐飞机的过程，实际上也是他实地考察该公司服务、业务的过程。你说说看，巴菲特对它的业务该有多么了解。

## 【巴菲特智慧结晶】

巴菲特认为，投资者对于想要投资的公司刚刚出现的新产业、新业务，同样必须有足够的了解，才能投资该公司，不要盲目追新。他以自己收购利捷航空公司的过程为例，说明他对这种不为外人所了解的新业务是多么了然于胸。

## 特别留心与众不同的业务

一般来说，若企业处在产业面临供给过剩，且产品一般商品化（在整体表现、外观、售后服务等方面都无差异化）的情形时，便极有可能发生获利警讯。当然，若价格或成本在某些情况（例如透过政府立法干预、非法勾结或国际性联合垄断，如欧佩克）下能获得控制，或可稍微免除自由市场竞争。否则，若客户不在乎其所采用的产品或通路服务由谁提供，成本与价格系由完全竞争来决定，如此产业铁定会面临悲惨的下场，这就是所有厂商皆努力强调并建立本身产品或服务差异性的原因。

——沃伦·巴菲特

### 【巴菲特现身说法】

巴菲特认为，投资者购买的股票，其经营业务要容易理解，业务过于复杂，其中就可能蕴藏着投资风险。所以，投资者既要关心传统业务企业，又要关注业务与众不同的企业。如果一味强调业务简单易懂，忽略了这种大路货行业因为没有特色、竞争异常激烈而处于劣势，也是很不应该的。

巴菲特在伯克希尔公司1982年年报致股东的一封信中说，投资者有必要注意上市公司的产品差异化。他说，很多人认为1983年或1984年产业循环将会到达谷底，然后慢慢地稳步向上，但事实并非如此。

在他看来，如果某个企业面临产品供给过剩，并且产品属于普通商品，例如在整体表现、外观、售后服务等方面与其他产品都没有明显的差异，这时候该企业很可能就拉响了业绩不良的警报。因为这种产品的客户通常不在乎究竟是谁或什么销售渠道为其提供的产品，他们只在乎价格高低。面对这样的低价竞争，大多数企业或产业都会面临十分悲惨的下场。

不过也有特殊情况，那就是除非政府部门有立法保护，或者政府通过法律进行干预，或者企业进行非法勾结，或者有某种全球性的市场垄断手段给予庇护。

在这些情况下，产品的价格和成本才能被控制在有效范围内，至少也能在一定程度上隔离自由市场竞争。

所以读者容易看出，所有企业之所以都千方百计强调自己的产品和服务具有某种差异性，原因就在这里。如果它不强调、不追求这种差异性，就无法赢得特定市场，最终会被淹没在自由市场的竞争中。

当然，并非所有企业和产品都要强调这种差异性。巴菲特举例说，消费者购买糖果就会关心这是什么品牌的，可是如果购买砂糖就不一样了，没人会说我要什么品牌的砂糖。确实，有许多产业根本无法做到差异化，但不言而喻的是，如果一家企业的产品和别人的完全相同，那么不可避免的结局就是持续的产能过剩、无法控制的价格下跌，从而导致最终业绩回报不能尽如人意。

也许有人会说市场会进行自我调节的，例如价格下跌、获利回报下降，必然会淘汰一部分企业，从而使得剩下的企业进一步压缩成本、提高管理水平、自我修正等。但巴菲特认为，虽然这种自我调节会有些许效果，但这个过程非常缓慢而痛苦。用不了几年，新一轮扩张后不少企业又会重复与过去相同的窘境。

巴菲特以他自己早期最熟悉的纺织行业举例说，纺织企业绝大多数时期都会因为行业竞争激烈而利润微薄，挣扎在破产的边缘。虽然在这个过程中也有产品供不应求的情况，但持续时间很短，用巴菲特的话来形容，那就是“大约仅维持不到一个早上的时间”。

在其他行业，虽然产品供不应求的状况能够维持一段较长的时间，甚至其产品紧俏程度还会超过原有预期；可是如果大力增加产能，所涉及的复杂的规划、建厂，则需要一个相当长的准备过程。

巴菲特说，投资者一定要尽量避免买卖这种经营业务完全相同、缺乏竞争优势的股票，而是要特别关注业务与众不同的股票。

他有一次在和学生谈话时，掏出一张倒闭了的投资银行名单说，尽管纽约证券交易所的规模比过去增加了15倍，可是这张名单上的银行规模仍然有37家。

这是为什么呢？你能说这些银行的管理层都不优秀吗？不能，而且这完全不是事实。事实上，这些投资银行的管理层智商都很高，工作也很勤奋，更渴望成功。这些投资银行之所以倒闭，真正的原因在于它们的管理层盲目模仿同行，最终招致失败。

投资银行如此，那巴菲特为什么还喜欢投资保险公司呢？那是因为他认为，保险公司的情形和投资银行有很大不同。

在绝大多数情况下，保险业的市场竞争同样非常激烈，而且产品没有多少差异。举个例子来说，大多数客户基本上不知道自己投保的是哪家保险公司，保险业务的无差异化从中可见一斑。在保险业教科书中，保险公司也同样被归入供给过剩、产品一般商品化行列。

然而，与众不同的是，投资者很少看到有保险公司破产倒闭。究其原因，不是它们的产品存在差异化、没有竞争，而在于它们只要增加一点点成本，马上就能提高经营业绩。通常情况是，政府部门立法保护或推出某项措施，马上可能就会开辟出一个新的保险业务领域，这在其他行业是做不到的。

更重要的是，保险行业的价格收费标准由政府核定，具有某种垄断性。虽然保险行业同样存在价格竞争，但这种情况在大型保险公司之间并不普遍，所谓的业务竞争主要体现在争取客户方面，一旦涉及价格谁也不敢轻易降价。一旦保险公司发生亏损，政府就会主动出面与保险公司共同商讨怎样扭亏为盈。与此同时，法律也会禁止新的竞争者进入此行业。

所有这些措施，都确保了每一家保险公司都能获得必要的利润。

## 【巴菲特智慧结晶】

巴菲特认为，投资者要特别关注那些业务与众不同的上市公司，看它们为什么不同，是否存在着“旱涝保收”的情形。投资者要特别善于发现它们中间的细微差别，例如投资银行和保险公司之间的差别就属于这种情况。

## 看由谁来运作这些业务

同样重要的是，我们的获利并不是来自像香烟或电视台这些拥有特殊经济形态的产业；相反地，它们是来自一些再平凡不过的产业，诸如家具零售、糖果、吸尘器，甚至是钢铁仓储等。这样的解释很明白：我们得来不易的报酬，主要是靠优秀杰出的经理人后天的努力，而非先天的产业环境优势。

——沃伦 · 巴菲特

### 【巴菲特现身说法】

巴菲特认为，投资者购买的股票，其经营业务要容易理解，业务过于复杂，其中就可能蕴藏着投资风险。与此同时，投资者还要看这些公司的业务是由谁来经营的，不同的经营者自然会带来截然不同的经营结果。

巴菲特在伯克希尔公司1990年年报致股东的一封信中说，从伯克希尔公司的非保险业务这一块来看，1990年的平均股东权益报酬率高达51%，如果与1989年的全球500强企业相比，大约可以排在20名之内。

巴菲特特别指出，伯克希尔公司之所以能取得这样的优异成绩，有两个因素值得一提：

一是这些业务完全不依靠融资杠杆，也就是通常所说的没有负债。所有的主要设备，如果不是自有的，就是从外面借来的。仅有的一点负债，也可以由现金完全抵销，实在不足挂齿。所以从这一点上看，如果扣除负债对经营业绩回报的影响，伯克希尔公司非保险业务这一块的平均股东权益报酬率甚至可以排在全球500强企业名单的前10名以内。

二是这样的经营业绩并不是来自像香烟、电视台这样具有特殊经济形态的产业；相反，却是来自一些最平常不过的产业，如家具零售业、糖果公司、吸尘器公司，甚至钢铁仓储运输行业等。

巴菲特的意思是说，在这种平凡的行业中取得不平凡的业绩回报，更容易看出杰出经理人后天努力因素在其中所起的作用。

巴菲特举例说，总体来看，1990年美国那些比较大的零售业经营都相当惨淡，尤其是单价昂贵的商品销售更是困难。可是请大家不要忘了，波仙珠宝公司在埃克·弗里德曼的领导下，销售量硬是逆势增长了18%。无论波仙珠宝公司的总店还是分店，销售量都达到了这样的增长速度；并且，波仙珠宝公司从过去到现在一直是这样，这就充分说明了埃克·弗里德曼具有高超的管理才能。

巴菲特非常感叹地说，他自己实在不敢相信这些事实。绝大多数最高级的珠宝店都是私人经营的，像埃克·弗里德曼这样的经理人为伯克希尔公司打理企业居然也能取得这样高的成长率，在巴菲特看来，除了纽约的蒂芙尼（Tiffany）外，美国所有珠宝店没有一家能比得上波仙珠宝公司。

那么，埃克·弗里德曼又是如何来经营波仙珠宝公司的呢？巴菲特介绍说，波仙珠宝公司在奥马哈当地的市场占有率一直非常高，可是奥马哈及其周围地区只有600万人口，所以它必须向外拓展市场。波仙珠宝公司把来自非洲中西部地区的业务作为开拓重点，许多客户都是慕名而来选购；当然，也有一部分是邮购的。这样，波仙珠宝公司基本上不用费力地去推销业务，所以可以大大降低成本，利润率也就有了切实保证。

这些客户通常都会自己指定一些品质和价位，比如选购单价一两万美元的绿宝石。而波仙珠宝公司接到这样的要求后，会送上5~10个不同的花色品种供他们挑选。1990年，波仙珠宝公司共寄出1500种这样的组合，每种组合的价格从1000美元到几十万美元不等。

在客户还没付钱的情况下，波仙珠宝公司又是凭什么把这些贵重的样品寄给那些从来没有见过面的顾客的呢？巴菲特介绍说，为了避免信用风险，伯克希尔公司通常会从熟人郑重推荐的名单中选择部分邮寄对象。而这种做法，埃克·弗里德曼在几十年前就采用了，这简直可以说是他的一种创举。

而对于大家最担心的珠宝寄出去后会不会存在收不回来的问题，巴菲特介绍说，至少到目前（1990年）为止，还没有出现因为客户不诚实而遭受损失的情形。

巴菲特自豪地说，波仙珠宝公司之所以能采取这样的营销方式，之所以能吸引全球范围内的高端客户，无疑是因为信誉高和价格低的缘故。

要知道，珠宝行业的平均成本在40%，而波仙珠宝公司只有18%，这些成本包括进货成本和仓库保管成本。基于这样的低成本，它能以同行无法达到的优惠价格进行销售，从而持续扩大市场占有率。

而销售价格的降低，又会吸引越来越多的消费者，迫使公司的采购数量进一步增加。相比之下，波仙珠宝公司的采购量相当于同行的10倍，这样，就使得它的进货成本能够进一步降低。进货数量庞大，种类齐全，再加上贴心服务，这样，波仙珠宝公司就在同行业中创出了名气。

不仅如此，而且除了埃克·弗里德曼，在公司业务忙的时候，他的老婆、儿子、女儿、女婿也会过来帮忙；另外他还不会忘记请高龄89岁的老祖母，让她每天都手里捧着《华尔街日报》，在那里坐镇。巴菲特由衷地说，相比而言，那些下午5点钟就打烊关门的企业，又怎么能和由埃克·弗里德曼家族如此投入经营的企业相比呢？

## 【巴菲特智慧结晶】

巴菲特认为，对于同样的业务经营来说，公司管理层，尤其是最高经营者是否投入以及如何投入，是决定该公司在同行中能否一枝独秀的重要因素。他以波仙珠宝公司独特的成功经营案例，充分证明了这一点。

# 亲自考察而不是道听途说

> 我和查理对《世界百科全书》特别感兴趣。事实上，我读他们的书已有25年历史，现在连我的孙子都有一套。它被所有的老师、图书馆与读者评为最有用的百科全书；而且，它的售价比同类型的书便宜。这种价美与物廉结合的产品，使得我们愿意以该公司提出的价格进行投资，尽管直销业近几年来表现并不出色。
>
> ——沃伦·巴菲特

## 【巴菲特现身说法】

巴菲特认为，投资者购买的股票，其经营业务要容易理解，业务过于复杂，其中就可能蕴藏着投资风险。他说，关于这一点，投资者应当有充分的了解，并且最好是亲自考察，而不是根据道听途说加以判断。

2016年4月30日，巴菲特在伯克希尔公司股东大会上说："华尔街分析师给公司的财报有预期，通常较低。公司公布了财报之后，好于预期，股价就会上涨，这种运作方式很傻。华尔街的专业推销员的表现比专业投资者要好得多。"他的意思是说，股评家的话不可信，他们更像推销员。

巴菲特在伯克希尔公司1985年年报致股东的一封信中说，1985年伯克希尔公司投入3.2亿美元收购了斯科特 · 费策公司，这桩购并案反映了伯克希尔公司收购企业的典型特征：业务易懂，规模够大，管理良好，很会赚钱。他特别指出，这是基于他对该公司业务了解的基础上进行的。

巴菲特说，他和查理 · 芒格都对斯科特 · 费策公司的《世界百科全书》业务很感兴趣。事实上，巴菲特阅读《世界百科全书》至此已有25年历史了；不但他自己读，而且现在连他的小孙子也有一套自己的《世界百科全书》。所有的老师、图书馆、读者都把它看作是最有用的百科全书，这就注定了该业务在同类市场中具有不可动摇的地位。更不用说，它的价格还比同类书籍更便宜。正是因为这些优势，使得伯克希尔公司很愿意按照对方提出的收购价格购并斯科特 · 费策公司，因为它值这个价。

巴菲特说，斯科特 · 费策公司除了《世界百科全书》外，另外还有16家企业，年销售额在7亿美元左右，其中很多业务是其所在行业的领导者，所以投资回报率相当高。例如克比家护系统、空气压缩机、瓦斯炉等，都是相应行业中的知名品牌。《世界百科全书》的销售额约占斯科特 · 费策公司总销售额的40%，属于该公司的主营项目。与同行相比，《世界百科全书》的销售额比其他4家同行加起来的销售额还要多。

对于巴菲特一直十分关注的公司管理层，他也感到很满意。他说，担任斯科特·费策公司总裁已经9年的拉尔夫·舒伊，当年他上任时公司一共有31项业务，是他大刀阔斧地把一些不合适或者不赚钱的业务合并处理掉的，显示出他在资本配置方面的非凡能力。

早在伯克希尔公司收购斯科特·费策公司之前的1984年，就传出该公司要对外出售的消息。为了吸引购买者，一家投资银行用好几个月的时间为斯科特·费策公司编制了一幅美丽的远景，后来终于在1985年的股东大会上通过。有意思的是，到了最后节骨眼上，却因为某种原因，该出售计划被搁置下来。而巴菲特在报上看到这条消息后，专门写了一封短信给拉尔夫·舒伊，问他有没有兴趣和伯克希尔公司接触一下。

巴菲特说，当时他并没有见过拉尔夫·舒伊，但是对斯科特·费策公司的业务经营却是非常欣赏的。关于这一点，可以从他前面所说的他已经读了25年《世界百科全书》，他的孙子也有一套属于自己的《世界百科全书》中得到证明。这实际上表明，巴菲特已经对该公司做了间接的企业考察，认为该公司完全符合伯克希尔公司的投资理念。

这封短信送出后不久，巴菲特和查理·芒格就在芝加哥与拉尔夫·舒伊见了面，并且在一星期后正式签订了购并合约。

巴菲特高兴地说，伯克希尔公司1985年收购斯科特·费策公司后，业务规模迅速膨胀，再加上保险业务的业绩增长，预计1986年的销售额将会超过20亿美元，相当于1985年的2倍。

巴菲特特别指出，伯克希尔公司收购斯科特·费策公司，充分说明了伯克希尔公司的投资具有随意性。因为在这方面，伯克希尔公司原来并没有任何特定的策略和计划，也没有专门的人来研究别人提供的购并方案，可谓一切顺其自然。不过，这种顺其自然并不是随心所欲，而完全是建立在巴菲特对该公司及其管理层认真考察基础之上的，所以这样的投资成功率必然很高。

巴菲特在伯克希尔公司1985年年报致股东的一封信中说，他可以用一则小故事来说明投资者考察投资对象，而不能道听途说的重要性。

他说，投资者如果认为企业高级管理人员、企业经验丰富的专业人员会成为金融市场稳定的理性力量，就大错特错了。要知道，由以上人群经营的股票价格通常偏高，投资价值已经大打折扣。

他说，他的老师本杰明·格雷厄姆早在40多年前就讲过这样一则故事：说是有一位老石油开发商去世后，在天堂门口遇到了上帝。上帝对他说："有一个好消息和一个坏消息，你要听哪一个？"他说："我两个都要听。"于是上帝就首先把好消息告诉了他——他有资格进入天堂；然后又把坏消息告诉了他——天堂里已经没有位置容纳他了，所以他只能下地狱。

老石油开发商说："既然这样，可以允许我在下地狱之前和住在天堂里的那些老朋友们打个招呼吗？"上帝想，这也没什么，反正天堂的门是锁着的，他也进不去，所以就答应了。

只见石油开发商对着天堂门口大喊一声："地狱里发现石油啦！"话音刚落，原来住在天堂里的那些石油开发商们争先恐后地往地狱奔去，天堂里一下子就有了许多空位。上帝对老石油开发商说："你真厉害，现在你可以住进去了。"可老石油开发商停顿了一下说："不，我还是跟他们一起去地狱比较好，既然他们都相信地狱里有石油，说不定会真的有呢。"

**【巴菲特智慧结晶】**

巴菲特认为，投资者投资股票一定要亲自考察，而不要像故事里的那些石油开发商们那样被无中生有的传言所迷惑。无论是考察企业还是考察产品，你都必须对它们的业务经营和产品服务有深入了解，这样这种投资才会让人感到踏实。

## 没有最好，只有更好

星辰家具的交易有个相当有趣的故事。每当我们涉足一个原本我们不熟悉的产业，我都会习惯性地问一问新加入的合作伙伴："除了你们以外，还有没有像你们一样的企业？"早在1983年我们买下内布拉斯加家具店时，我就问过罗丝·布拉姆金夫人这个问题。当时她告诉我，在美国其他地方还有 3 家不错的家具零售商可以考虑。不过很可惜，当时没有任何一家有出售的意愿。

——沃伦·巴菲特

## 【巴菲特现身说法】

巴菲特认为，投资者购买的股票，其经营业务要容易理解，业务过于复杂，其中就可能蕴藏着投资风险。不但如此，投资者在考察该公司经营的业务时还应当精益求精，因为任何事情没有最好，只有更好。

巴菲特在伯克希尔公司1997年年报致股东的一封信中说，1997年伯克希尔公司收购的星辰家具公司、国际乳品皇后公司完全符合预定标准，它们不但产业性质单纯、拥有绝对的竞争优势，并且都是由明星经理人来打理的。

当谈到收购星辰家具公司时，巴菲特掩饰不住内心的激动。因为这起收购案能够更好地反映他收购企业时的一着妙棋——永远追求最好。

巴菲特说，在收购星辰家具公司时有一个相当有趣的故事。大家都知道，伯克希尔公司每当进入一个原来不熟悉的行业时，巴菲特都会习惯性地问一问对方，在你们这个行业中，除了你们以外，还有没有像你们一样优秀的企业？

他说，这种做法早在1983年伯克希尔公司收购内布拉斯加家具店时他就用过了。当时他问罗丝 · 布拉姆金夫人这个问题时，罗丝 · 布拉姆金夫人告诉他说，在美国其他地方还有3家很不错的家具零售商，他可以考虑。不过很可惜的是，当时这3家公司没有任何一家想出售。

多年以后，罗丝 · 布拉姆金夫人家族得知上述3家公司中的一家——名叫威利家具公司（R.C.Willey）——有意出售时，马上就把消息转告给了巴菲特。而巴菲特也立刻抓住良机，促成了这笔交易。巴菲特因为不但看好该公司的经营业务，而且特别欣赏该公司明星经理人比尔 · 查尔德（Bill Child），所以对这次收购感到非常满意。

而当巴菲特收购威利家具公司后，他如法炮制，继续请比尔·查尔德推荐一家同行业内的优秀企业。结果，比尔·查尔德推荐的名单和过去罗丝·布拉姆金夫人推荐的一样，其中就有一家是位于休斯敦的星辰家具公司。遗憾的是，星辰家具公司当时没有出售的意愿。

又过去一年多，时间到了1997年上半年，在一个星期四，所罗门公司的董事长向巴菲特透露说，星辰家具公司的大股东兼首席执行官梅尔文·沃尔夫（Melvyn Wolff）想找他谈一谈。于是，巴菲特邀请梅尔文·沃尔夫到伯克希尔公司总部来考察，了解一下伯克希尔公司的经营理念。在这次会面中，巴菲特照例看了一下星辰家具公司的财务报表，发现完全和他原来想象中的一样优秀。

几天之后，巴菲特去纽约和梅尔文·沃尔夫见面，前后只用了2个小时会谈，就敲定了整个交易项目。正如伯克希尔公司原来收购内布拉斯加家具店和威利家具公司一样，巴菲特这一次也没有去星辰家具公司核实和检查各项具体工作。因为他坚信，企业如果有一位杰出的明星经理人在打理，并且这个人又很正直，那么这些就是多此一举。

巴菲特考察星辰家具公司后了解到，虽然梅尔文·沃尔夫家族和星辰家具公司的关系可以追溯到1924年以前；而实际上，星辰家具公司直到1962年梅尔文·沃尔夫和他姐姐接手时，公司业务才有真正的起色。

巴菲特说，现在35年过去了，星辰家具公司已经拥有12家分店，其中10家在休斯敦，还有2家在奥斯丁与布赖恩，另外还有1家正准备开张营业。看到这样的业务发展势头，他非常乐观地表示，如果该公司在未来10年内以成倍速度扩张，他一点也不会感到意外。

巴菲特为什么会有如此底气呢？他说，从下面的一则小故事中，你就能看出他们的经营理念和经营方式一定会保证其业务蒸蒸日上。

巴菲特介绍说，就在伯克希尔公司正式收购星辰家具公司的消息传出后，星辰家具公司公布了一则通知，将给所有过去帮助该公司取得成功的人士支付一笔巨额报酬，范围包括该公司所有员工。

这一举措让巴菲特十分感动。要知道，根据收购交易合约的规定，如果要给这些人发放巨额奖金，这笔钱将完全由梅尔文 · 沃尔夫和他的姐姐出，根本不可能由被购并前的星辰家具公司支付，更不可能由被购并后的星辰家具公司来负担。

1997年7月1日，伯克希尔公司正式收购星辰家具公司。而在接下来的几个月里，原来经营状况就非常不错的星辰家具公司销售额又有大幅度增长。而这一切在巴菲特看来，实在是没有一点悬念。

巴菲特在伯克希尔公司1989年年报致股东的一封信中说，伯克希尔公司1989年收购波仙珠宝公司，重要原因之一也是看中了埃克 · 弗里德曼这个明星经理人，他不但经营才能高超，而且品德高尚。有句老话说，“你不懂珠宝没关系，但一定要有认识的珠宝商”，这句话非常有道理。无论你是买下一颗小小的钻石还是整个珠宝店，道理都是一样的。

## 【巴菲特智慧结晶】

巴菲特认为，投资者考察公司经营业务和公司管理层时要精益求精，因为没有最好，只有更好。也就是说，当你准备投资某只股票时至少要问一问，还有没有和这家公司一样优秀，甚至比该公司更优秀的公司。

# 忠告 5　公司要有一条经济护城河

## 经济护城河是一种竞争优势

对于投资来说，关键不是确定某个产业对社会的影响力有多大，或者这个产业将会增长多少；而是要确定所选择的任何一家企业的竞争优势。而且更重要的是，要确定这种优势的持续性。那些所提供的产品或服务具有很强竞争优势的企业，能为投资者带来满意的回报。

——沃伦·巴菲特

### 【巴菲特现身说法】

巴菲特认为，投资者投资的上市公司最好要有一条经济护城河，只有这样，才能确保该股票获得超额的业绩回报。

巴菲特在1999年给《财富》杂志撰写的文章中认为：投资的关键是要看这家企业是否具有竞争优势，并且这种优势是否具有持续性。只有该企业提供的产品和服务具有很强的竞争优势，才能给投资者带来满意的回报。至于该公司所在行业对社会的影响力有多大、整个产业将会增长多少，倒不是最关键的。因为归根到底，你投资的是一家具体的上市公司，而不是整个行业。

巴菲特非常重视考察投资对象是否具有竞争优势，他把这种竞争优势壁垒比喻成保护企业经济城堡的护城河。

他毫不讳言地说："我们喜欢拥有这样的城堡：有很宽的护城河，足以抵挡外来的闯入者——有成千上万的竞争者想夺走我们的市场。我们认为所谓的护城河是不可能跨越的，并且每一年我们都让我们的管理者进一步加宽他们的护城河，即使这样做不能提高当年的盈利。我们认为，我们所拥有的企业都有着又宽又大的护城河。"

巴菲特在2000年举行的伯克希尔公司股东大会上，在回答企业竞争优势研究权威、哈佛大学商学院教授迈克尔·波特提问时说，对企业持续竞争优势的分析和判断，是股票投资中最关键的环节。

他说，长期的可持续竞争优势是任何企业经营的核心；而要理解这一点，最佳途径就是研究、分析那些已经取得长期可持续竞争优势的企业。

那么，巴菲特又是怎样做到这一点的呢？

有一次，他和一群学生交流时说，在某个时期内，他会选择某一个行业，对其中的六七家企业进行仔细研究。这种研究是通过独立思考来得出结论，而不是听取任何关于这个行业的陈词滥调。

例如，巴菲特要研究一家保险公司或纸业公司，通常的方法是把自己沉浸于想象之中。他想象自己刚刚继承了这家公司，并且这家公司是自己整个家族准备永远持有的唯一财产，那么这时候他就会想这些问题——如何管理这家公司、应该考虑哪些因素、自己主要的担心是什么、竞争对手是谁、客户在哪里……

为了找到这一系列问题的答案，他会走出办公室去与别人交流、探讨，然后从与别人的谈话中得出结论，发现该企业和其他同行相比优势在哪里，问题又在哪里。

他说，如果你能进行这样一番分析研究，那么完全可以说，你比这家公司的管理层更能深刻地了解该公司。

巴菲特最喜欢把可口可乐公司、吉列公司作为具有经济护城河企业的典范。他在伯克希尔公司1993年年报致股东的一封信中说，可口可乐公司和吉列公司近年来不断增加全球市场占有率，品牌的巨大吸引力、产品的出众特质、销售渠道的强大实力等都使得它们拥有超强的竞争力，这就好像在它们的经济城堡周围形成了一条护城河。

相比之下，其他公司由于没有这样一条经济护城河，所以不得不在没有任何保障的情况下浴血奋战，情况当然就要困难得多了。

可以说，巴菲特对价值投资理论的最大贡献，就是意识到了经济护城河的作用和价值。尤其是在1929年经济大萧条之后，当他的老师本杰明·格雷厄姆小心翼翼地寻找以资产价值为基础的安全边际时，他对经济护城河和特许经营权价值的挖掘，极大地拓展了价值投资内涵。

巴菲特在伯克希尔公司2005年年报致股东的一封信中说，伯克希尔公司旗下的那些经理人特别专注于拓宽经济护城河，并且乐此不疲，在这方面表现得才华横溢。究其原因在于，这些经理人对他们的企业充满热情。

要知道，在伯克希尔公司收购这些企业之前，这些经理人往往已经管理这些企业很长时间了。伯克希尔公司收购这些企业后，唯一要做的就是继续坚持它们原来的方向，让这些经理人继续拓宽经济护城河，从而使得这些投资对象的竞争优势越来越大。

巴菲特幽默地说，这些人的态度与一位成为商业大亨独生女儿的乘龙快婿的年轻小伙子截然相反——婚礼刚刚结束，这位商业大亨把女婿叫过来说："孩子啊，现在我们已经成为一家人了，你就是我一直在寻找的产业继承人。你看，这是我公司50%的股权，从现在开始，你就是和我平起平坐的合伙人了。"而这位乘龙快婿会说："谢谢你，岳父大人。"可是当商业大亨要他负责公司销售、人事管理等时，他一样也拿不起来，而是一味地催促岳父大人"买断"他那50%的股权。

巴菲特举这个例子是想说明，经济护城河这种竞争优势，主要应该依靠公司管理层来争取和扩大。伯克希尔公司旗下的那些经理人优秀，表现之一就是，他们善于不断扩大经济护城河，而不是躺在那里吃老本，这是巴菲特感到最满意的地方之一。

## 【巴菲特智慧结晶】

经济护城河理论是巴菲特对价值投资的最大贡献。巴菲特认为，经济护城河是企业主要竞争优势之一。谁投资股票不想投资具有竞争优势的企业呢？所以，寻找具有经济护城河的投资对象，应当作为投资者的首选。

# 经济护城河的实质是安全边际

你们不要忘记，经营企业如同守城，应当先考虑挖一条深沟，以便将盗贼隔绝在城堡之外。

——沃伦·巴菲特

## 【巴菲特现身说法】

巴菲特认为，投资者投资的上市公司最好要有一条经济护城河，只有这样，才能确保该股票获得超额的业绩回报。

巴菲特曾经多次介绍说，他的成功经验主要是避开投资风险。每隔两年，巴菲特就会给伯克希尔公司旗下的那些经理人写一封信，长度不超过两页，但其中必定会有这样一句忠告："你们不要忘记，经营企业如同守城，应当先考虑挖一条深沟，以便将盗贼隔绝在城堡之外。"

他进一步阐释说，我们不一定要具备杀死恶龙的本领，只要躲它远一点就很好了。虽然外界并不赞同巴菲特的这种论述，纷纷认为巴菲特的成功秘诀主要在于"价值投资"，而不是"价格投资"，因为他在投资股票时关注的只是企业的内在价值，而不是股票价格。毫无疑问，巴菲特投资那些拥有长期经济发展远景，并且具有很强竞争优势的企业，这样的股票投资确实是很安全的。

在巴菲特看来，经济护城河的实质就是安全边际。企业城堡如果有了一条护城河，那么"盗贼"也就比较容易被隔离在城堡之外了。

巴菲特当初投资可口可乐公司时，外界是颇有些非议的，因为当时可口可乐公司的股票价格已经太高，在一般人眼里，这样的股价已经没有多少投资价值。可是巴菲特看到的是该公司具有一条经济护城河，认为这时候投资该公司仍然是安全的，至少在今后相当长的一个时期内，可口可乐公司在全球饮料领域的霸主地位依然不可取代。事实证明，他的判断是正确的，同时也证明了他的经济护城河理论的正确性。

类似可口可乐公司这种具有经济护城河的投资对象，在伯克希尔公司还有康菲石油公司、吉列公司等一大批企业。

正因如此，伯克希尔公司在2008年的金融危机中虽然同样遭受了巨大的损失，可是与同行相比，与美国股市的整体下跌幅度相比，算是轻的。

举例说，在伯克希尔公司旗下的70多家控股企业中，除了政府雇员保险公司的赢利水平下降得特别厉害外，其他企业的经营业绩与美国华尔街上那些投资人的投资对象相比，仍然可以证明巴菲特无愧于“最伟大投资人”的称号。这也是2008年巴菲特以390亿美元的个人资产重新当选为全球首富的主要原因。

在巴菲特的老师本杰明·格雷厄姆眼里，安全边际是价值投资的核心概念，在整个价值投资体系中具有至高无上的地位。

本杰明·格雷厄姆曾经说，如果要对价值投资做最好的解释，大概只有“安全边际”这几个字最合适了。而在巴菲特看来，经济护城河的实质就是安全边际，这是他取得投资成功的三大法宝之一。

所谓“安全边际”，是指一只股票内在价值与价格相比，被低估的程度和幅度，或者叫该股票实质价值或内在价值与价格的顺差。就是说，只有当该股票的内在价值高于价格时，才有所谓的安全边际，这时候的投资才是安全的。相反，如果内在价值低于价格，这时候就没有所谓安全边际，或者说安全边际是负的。

明确了这一点容易看到，巴菲特在寻找投资对象时，总是千方百计寻找具有安全边际的投资对象，其主要依据之一，就是看它是否有一条经济护城河。这条经济护城河越宽，安全边际就越大，投资这样的股票就越安全。虽然安全边际不能保证投资者不受损失，但是这种情况下造成损失的概率要比获利概率小得多。

应当指出的是，经济护城河也好，安全边际也好，虽然它们本身是非常模糊的概念，却并不影响投资者对它们的判断。虽然这种判断和评估完全主观，更何况，经济护城河和安全边际本身也是处于动态变化中的，但它们依然是值得投资者重视的因素。

一般认为，安全边际在处理以下投资事项时比较有价值：一是投资一些比较稳定的证券，如债券、特别股时，比较方便分析和判断；二是在对两个或两个以上的投资对象进行比较时，比较容易甄别；三是如果股票内在价值和它的价格之间相差足够大，那么傻瓜也能看出来。

从理论上说，投资者投资股票，安全边际越大越好；但事实上，安全边际越大的股票越少，至少也可能被别人捷足先登了。怎样来解决这个矛盾呢？巴菲特的经验是，要有耐心，要沉得住气。

所以你容易看到，巴菲特的工作十分清闲，每年买卖不了几只股票，而不是像那些散户那样整天忙进忙出，到头来还是一场空。归根到底，他们的这种忙忙碌碌带有非常大的盲目性，根本没有考虑经济护城河问题。

巴菲特从他的老师本杰明·格雷厄姆那里学到两条原则：第一，永远不要亏损；第二，永远不要忘记第一条。巴菲特在选择投资对象时，把该股票是否拥有经济护城河和安全边际，摆在判断该股票是否优秀的前面。

他说，他的投资策略持续有效的前提，就是可以用具有吸引力的价格买到具有吸引力的股票。对于投资者来说，如果买入一家优秀公司所支付的价格过高，将会抵销这家优秀企业未来10年创造的价值。

可以说，巴菲特的这句话对中国投资者来说尤其具有警醒作用。

## 【巴菲特智慧结晶】

巴菲特认为，经济护城河的实质是安全边际，有安全边际才有投资价值。如果某股票不具备安全边际，这样的投资就是不安全的，也是不值得投资的。要做到安全投资，就需要具备极好的耐心，善于等待机会的出现。

## 安全边际比价格高低更重要

格雷厄姆在《聪明的投资者》的最后一章中，很强烈地驳斥了这种匕首理论。如果要将稳健的投资浓缩成四字箴言，那就是安全边际。在读到这篇文章的42年后，我仍然深深相信这四个字，没能注意到这个简单原则的投资者，从1990年代开始就会慢慢尝到造成损失的痛苦。

——沃伦·巴菲特

### 【巴菲特现身说法】

巴菲特认为，投资者投资的上市公司最好要有一条经济护城河，只有这样，才能确保该股票获得超额业绩回报。他认为，与买入股票的价格高低相比，该股票是否具有安全边际更重要。

巴菲特在伯克希尔公司1990年年报致股东的一封信中说，他的老师本杰明·格雷厄姆在《聪明的投资者》一书的最后一章中，把稳健的投资归纳为“安全边际”。在他读到这篇文章42年后的今天，他仍然非常相信这个观点。而那些不重视这个简单原则的投资者，从20世纪90年代开始就会慢慢品尝到投资造成损失所带来的痛苦了。

他介绍说，伯克希尔公司1990年主要的投资组合变动，就是增加了美国雷诺·纳比斯科公司（RJR Nabisco）的债券。对于伯克希尔公司来说，平时很少买银行股，很少买等级以下债券。因为伯克希尔公司的投资原则是，必须对自己即将投资的股票相当了解，同时股票价格和内在价值之间要有相当大的差距。

在这以前，伯克希尔公司曾经有过几次投资等级以下债券获得成功的先例，但这基本上是因为这些债券发行时等级并不低，只是因为后来公司出现了问题才被降低了等级。可是从20世纪80年代开始，各种各样的垃圾债券越来越多，最终变成了名副其实的“垃圾”。这时，伯克希尔公司对这些不具备安全边际的债券，就变得小心翼翼了。

有些投资者认为，这些垃圾债券正因为“垃圾”，存在着发生崩盘的危险，所以它们的经理人才会更加专注于经营，从而使得这些公司起死回生。

可是巴菲特说，这颇有一点像驾驶着一辆轮胎上插着一把匕首的破车。这时候你完全可以相信驾驶员一定会小心翼翼地开车，可是他却不能避免马路上有个小坑或一小块冰等这些微不足道的东西足以造成致命的车祸。

巴菲特的意思是说，无论你买入的股票价格是高是低，如果该公司不具备安全边际，没有经济护城河，那么它在与同行的激烈竞争中随时随地都可能败下阵来，从而给你的投资造成损失。所以，投资者千万要小心。

从历史上看，伯克希尔公司每年取得的投资业绩有这样一个规律：股市越是低迷，它的投资回报率越高；相反，当股市处于牛市时，其回报率反而跑不过大盘。这就源于巴菲特的小心谨慎，准确地说就是避免亏损的安全边际思想在起作用——在投资安全与成长性的把握上，他更注重成长性；在账面价值与未来现金流的把握上，他更注重未来现金流。

正因为这种不疾而速，他才取得了51年来年复合增长率高达19.2%的极致水平，全球无人能及。如果你也有这种小心谨慎的投资心态，那么你在中国股市的回报率将会很高。因为中国股市跌多涨少，熊市时间长，牛市时间短，这样就能确保你获利丰厚。巴菲特对旗下各公司首席执行官的要求就有，也唯有这样两条：一、永远不要让你的股东亏钱；二、永远不要忘记第一条。

从长远看，巴菲特的股市投资业绩无人能及，可是他却没有培养出多少杰出的徒弟，这与他的老师本杰明·格雷厄姆完全不同（要知道，在美国华尔街上，几乎所有知名的投资家都以自称是他的信徒为傲）。

历史上伯克希尔公司亏损最大的年份是2008年，而即使遇到如此大的全球金融危机，它也只亏损了9.6%。就在别人损失一半的时候，它不仅只"挨了1个跌停板"，并且还有钱抄底摊低成本，这才是巴菲特最牛的地方。

1984年，美国哥伦比亚大学为《证券分析》一书发行50周年举行了庆祝大会，会上巴菲特演讲时，举了这样一个例子：1973年，《华盛顿邮报》公司的内在价值高达4亿美元。就是说，当时《华盛顿邮报》公司旗下的《华盛顿邮报》《商业周刊》和其他几家重要的电视台，其资产合起来能卖到4亿美元以上。所以，愿意用4亿美元买下它的人并非疯子。可奇怪的是，当时它的总市值却只有8000万美元。不用说，“用8000万美元的价格买下4亿美元的资产，这笔交易基本上没有风险”。当然，你必须在粗略估计企业价值方面具备一定的知识，但也不需拥有多少高深的专业知识，这就是本杰明·格雷厄姆的安全边际理论。

巴菲特说，这样做的理由是，“你必须让自己保有相当的缓冲。架设桥梁时，你坚持载重量为3万磅，但你只准许1万磅的卡车穿梭其间。相同的原则也适用于投资领域”。

巴菲特在伯克希尔公司2007年年报致股东的一封信中又老生常谈说，2007年伯克希尔公司投资的股票，业绩表现总的来说令他满意。其中持有的市值最大的4家公司中，有3家公司的表现相当不错，它们分别是美国运通公司，每股收益增长了12%；可口可乐公司，每股收益增长了14%；宝洁公司，每股收益增长了14%。第四家公司富国银行，由于受次贷危机的影响，收益有所下降。但在巴菲特看来，它的内在价值仍然是增加的，虽然增加幅度可能并不是太大。

巴菲特说，虽然上述公司的每股收益增长情况不错，可是他依然坚持认为，任何时候都不要以投资对象的市场价格来衡量投资业绩。相比之下，他宁愿采用两条自己制订的标准来衡量投资业绩：一是在扣除整个行业的预期增长率后，看一看它的实际收益增长有多大；二是看看它的经济护城河在这一年里有没有变得更宽。

巴菲特特别强调，虽然后一条标准带有主观色彩，却非常重要。如果一家公司的经济护城河变得更宽了，表明它让竞争对手的日子变得更难过了；相对而言，它自己的竞争优势就更加明显了。

他说，如果用上述两条标准来衡量上面所提到的4只股票，它们无疑都是能得分的。

巴菲特说这番话，实际上从一个侧面告诉读者，他用来衡量股票的标准究竟是什么。

接下来，巴菲特又以投资中石油H股对此做了说明。他说，2002年和2003年，伯克希尔公司先后投入4.88亿美元买入中石油公司1.3%的股权。按照这个价格进行推算，中石油公司的价值应该在370亿美元左右。然而到了2007年，由于国际原油价格显著攀升，再加上中石油公司管理层在石油和天然气储备方面所做的工作，该公司的内在价值大大提高。据巴菲特估算，2007年下半年该公司的价值应该在2750亿美元。

如果是换了其他的投资者，手中拥有的中石油股票价格上涨了应该是好事；可是在巴菲特看来，这却使得它的经济护城河由此变得狭窄了。

所以，巴菲特当机立断，把手中拥有的中石油H股全部卖出，卖了40亿美元。这表明，伯克希尔公司投资中石油H股一共赚了35.12亿美元，投资回报率高达7.2倍（含税）。

巴菲特不无自豪地说，伯克希尔公司从这一笔交易中一共向美国税务局缴纳了12亿美元的税金，大约可以供应美国政府包括国防、社会保障等所有费用在内运作4个小时。

### 【巴菲特智慧结晶】

巴菲特认为，股票的安全边际大小比买入该股票的价格高低更重要。他以投资中石油H股为例证明，随着中石油H股价格的不断攀升，他认为该股票的安全边际也在不断缩小，所以这时候就到出货的时机了。

## 学会怎样考察经济护城河

一家真正伟大的公司，必须要有一道护城河来保护投资获得很好的回报。但资本主义的“动力学”使得任何能赚取高额回报的生意“城堡”，都会受到竞争者重复不断的攻击。因此，一道难以逾越的屏障，比如成为低成本提供者，像政府雇员保险公司或好事多超市，或者拥有像可口可乐、吉列公司、美国运通公司这样享誉世界的强大品牌，才是企业获得持续成功的根本。

——沃伦·巴菲特

## 【巴菲特现身说法】

巴菲特认为，投资者投资的上市公司最好要有一条经济护城河，只有这样，才能确保该股票获得超额业绩回报。

那么，怎样考察和评价经济护城河呢？巴菲特在伯克希尔公司2007年年报致股东的一封信中举例说，像政府雇员保险公司和好事多超市等成为低成本提供者，或者像可口可乐公司、吉列公司、美国运通公司等，拥有饮誉全球的强大品牌，这些就是一道道难以逾越的屏障，即经济护城河，是企业持续取得成功的根本。

经常阅读伯克希尔公司年报的读者容易看出，巴菲特眼里的经济护城河，与他每年在年报中提的伯克希尔公司的收购对象标准非常接近。换句话说，伯克希尔公司收购的企业都必须具有经济护城河。

巴菲特经常提到的收购标准是：经营业务要容易理解；要具有持续发展潜力；要有一个值得信赖、有能力的公司管理层；有一个具有吸引力的买入价格。而所有这些，实际上都是一家公司经济护城河的某种外在表现。

巴菲特在伯克希尔公司1998年年报致股东的一封信中说，随着通用再保险公司的加入以及政府雇员保险公司业务的突飞猛进，大家非常有必要增加一些对如何评估保险业务的了解。实际上，巴菲特在这里就提到了如何评估经济护城河的问题。在他看来，保险业在这方面具有天然的竞争优势。

巴菲特说，对于保险行业，最关键的因素主要是：一、保险行业能产生多少数量的浮存金；二、取得这些浮存金需要付出多大的代价；三、上述因素从长远来看，发展趋势如何。

所谓浮存金，是指保险公司首先会向客户收取保费，而这时候到客户产生损失真正需要保险公司理赔还有一段时间，所以在此期间保险公司可以把这笔资金暂时用作投资。

在巴菲特看来，浮存金多少及其成本高低，是衡量保险公司经济护城河大小的一个重要指标。所以，他每年在伯克希尔公司年报中都会重点谈到这个问题。

不过显而易见，保险公司在取得浮存金时必然要付出代价，而且有时候保险公司收取的保费还不够支付理赔费用和损失，这就形成了浮存金的成本。从长期看，只有当浮存金成本低于收入时才有价值。

巴菲特认为，不同上市公司的经济护城河是不同的，投资者的理解角度和能力也不一样。当你要投资一只股票时，你就要把其发行企业看作是一座城堡，而城堡四周要有一条护城河。当然，这条护城河越深越好，越宽越好，里面有鳄鱼就更好了，因为这样你的投资就更安全了。

巴菲特说，投资者对于自己所了解的所有企业，可以画一个圆圈把它们圈起来。重要的不是你的圆圈有多大，而是你对被圈在圆圈里的企业有多少了解。

他的意思是说，投资者不要追求圆圈有多大，而应该追求透彻了解被圈入圆圈中准备投资的股票。这样，这些股票有没有经济护城河、经济护城河究竟有多大、从长远来看它能否持续下去，这些就全都暴露在光天化日之下了。如果上面3个条件都符合，那么，它必定是一只非常具有投资价值的股票。

巴菲特在伯克希尔公司2007年年报致股东的一封信中说，在商业发展史上充满着“罗马烟火筒”（Roman Candle）般光彩炫目的公司。

意思是说，这样的企业看起来有深不可测的护城河，可是到最后事实证明，这只是一种幻觉，它们很快就被竞争对手跨越过去。这就引出了另一个话题，那就是对经济护城河的持续性如何进行评判。

巴菲特自己是怎么来判断的呢？在这里，他依然坚持他的一贯原则：只投资自己了解的企业。这样，许多处于迅速发展、不断变化中的行业和公司就都被他排除在外了。他的观点是，“一道需要不断重复开挖的护城河，最终根本就等于没有护城河”。

巴菲特虽然非常赞赏明星经理人在企业中所起的作用，可是他又特别担心这一点。他说，任何一个令竞争对手感到恐惧的明星经理人，对任何企业来说都是一笔巨大的无形资产；可是，如果一个企业只能依靠这位明星经理人，才能创造出巨大业绩来，那么这家企业也就称不上是好企业。这就好比有一家合伙型医疗机构，如果这家医疗机构的经营业绩非常好，可是经营收入的保证，主要是因为该院有一个当地最好的外科医生，那么这家医疗机构依然非常危险。

为什么？因为对于这家医疗机构来说，这位著名的外科医生就是一条经济护城河，他一旦跳槽，这条经济护城河马上就消失了。所以，巴菲特不会投资这样的股票，而是会寻找那些在稳定行业中具有长期竞争优势的企业。他觉得，这样的投资对象，其经济护城河相对可靠，不用年年去修。

## 【巴菲特智慧结晶】

巴菲特认为，投资者学会怎样考察经济护城河非常重要，而且一定要注意它是否具有持久性。当初他购买伯克希尔纺织公司这家烟蒂式企业时，就是因为缺乏对经济护城河的考虑，才最终导致它倒闭的，他从中得到了惨痛的教训。

# 成本过高往往是灾难的先兆

> 美国航空在营收因受到毫无节制的激烈的价格竞争而大幅下滑的同时，其成本结构却仍旧停留在从前管制时代的高档。这样的高成本结构若不能找到有效解决办法，将成为灾难的前兆，不管以前航空业曾经享有多么辉煌的历史。如果历史可以给人们所有的答案，那么《福布斯》400大富翁不就应该都是图书馆员了吗？
>
> ——沃伦·巴菲特

## 【巴菲特现身说法】

巴菲特认为，投资者投资的上市公司最好要有一条经济护城河，只有这样，才能确保该股票获得超额业绩回报。如果你投资的股票营运成本过高，那往往就是灾难发生的先兆。

巴菲特在伯克希尔公司1996年年报致股东的一封信中说，1989年伯克希尔公司投入3.58亿美元在美国航空公司年利率为9.25%的特别股上，满以为有足够的胜算了，可是没想到却犯了一个大错误。

巴菲特承认，过去他是非常喜欢并崇拜美国航空公司首席执行官埃德·克劳德尼（Ed Colodny）的，直到现在（1996年）。但由于他对美国航空业的研究过于肤浅，主要是没有充分看清该公司的经济护城河，并且又过分相信该公司历年来的赢利能力，甚至可以说是受到了蒙蔽，再加上迷信特别优先股对投资者的保护作用，结果他忽略了最关键的一点。

巴菲特在这里所说的“最关键的一点”，是指美国航空公司的成本结构仍然停留在以前管制时代的高水平，可是其营业收入却因为受到激烈的价格竞争而大幅度下滑。营业收入下滑是整个行业的事，美国航空公司无法独善其身；可是在这种情况下，如果不能降低运营成本，那么灾难也就无法避免了，而无论该公司以前有过多么辉煌的历史。

巴菲特引用维京亚特兰大航空公司创始人理查德·布兰森（Richard Branson）的话说：“有人问要怎样才能成为一名百万富翁，其实很简单，首先你要成为一名亿万富翁，然后买一家航空公司。由于航空公司会不断亏损，所以最终你的投资会慢慢变小，从亿万富翁变成百万富翁！”

巴菲特说，航空公司要想使成本结构合理化，就必须大幅度修改员工劳动合同，降低劳动工资，而这一点又是很难做到的。除非企业面临倒闭或者真的倒闭了，否则，很难找到合适的理由来修改劳动合同。

例如，就在伯克希尔公司投资美国航空公司特别股之后不久，该公司的营业收入和支出的缺口就突然开始大幅度扩大，在1990—1994年累计亏损24亿美元，几乎把所有普通股的股东权益损失殆尽。

而按照规定，即使这样，美国航空公司仍然需要继续向伯克希尔公司支付特别股股利。伯克希尔公司得到这样的特别股股利虽说是应该的，但看到美国航空公司如此吃力也不忍心；再加上不看好该公司的发展前景，所以在1994年后伯克希尔公司把账面上有关美国航空公司特别股投资的价值调减了75%——原来的账面价值为3.58亿美元，调整为0.895亿美元。巴菲特甚至一度考虑，准备以面额50%的价格出售这笔投资，当然最后并没有如愿出手。

巴菲特说，美国航空公司的成本过高是造成经营困难的主要原因。除此以外，整个航空业业务经营不理想也是重要因素。所以，当初伯克希尔公司投资美国航空公司的股票就是错误的。所幸的是，巴菲特在投资美国航空公司所发生的一连串错误中，有一件事算是做对了，那就是当初在签订特别股投资合约时增加了一条“惩罚股息”条款。

根据该条款，如果美国航空公司延期支付股息，就必须支付5% 的罚息。换句话说，美国航空公司如果在这两年困难时期不能如期支付9.25% 的股息，那么两年后的支付比率就要上升到13.25%~14%。这样，也就很好地保护了伯克希尔公司投资者的利益，不至于因为美国航空公司的落难连累伯克希尔公司也两手空空。

巴菲特说，虽然到1996年下半年时美国航空公司随着整个航空业开始复苏而扭亏为盈，可是它的成本结构问题依然没有得到解决。

不过，巴菲特到底是巴菲特。即使遇到这样的投资失误，可从总体上看，伯克希尔公司从1989年到1996年从美国航空公司身上陆续得到的股息总和也仍然高达2.4亿美元（其中包括1997年的0.3亿美元在内）。与3.58亿美元的初始投资相比，伯克希尔公司已经做到旱涝保收了。如果换了其他投资者，没有加上巴菲特这样“心狠手辣”的条款，就注定要造成损失了。

因为投资对象的经营成本过高存在着巨大风险，所以读者容易看到，巴菲特尤其喜欢投资那些经营成本低的股票。归根到底，就是因为他看中这样的投资对象具有更宽的经济护城河。

巴菲特在伯克希尔公司1990年年报致股东的一封信中说，内布拉斯加家具店的成功秘诀和波仙珠宝公司十分相近，主要表现在3点：

一是经营成本足够低。例如，1990年美国最大的家具零售商 Levitz 的经营成本占营业收入的40%，美国著名家用电器销售商 Circuit City 的经营成本占营业收入的25%，可是内布拉斯加家具店却只有15%。

二是产品价格比同行低得多。由于内布拉斯加家具店的经营成本低，所以它的销售价格可以比同行低许多，在企业竞争中处于非常有利的地位。巴菲特说，这一点实际上那些竞争对手也非常清楚，所以他们唯一的办法就是尽量让出这块地盘，不与内布拉斯加家具店竞争。

三是营业收入特别好。产品销售价格低，当然就会使销量大增，使进货成本更低，从而走上一条良性循环道路。

## 【巴菲特智慧结晶】

巴菲特认为，经济护城河的类型之一就是经营成本要低，从而实现良性循环。他从投资美国航空公司的案例中得到的教训是，如果投资对象的经营成本过高，一旦遇到经济不景气或竞争激烈，就可能造成灾难性后果。

## 要特别关注低成本经营模式

政府雇员保险公司的成功没有任何深奥的道理，该公司的竞争优势完全源于超低成本的经营模式。低成本代表低售价，低售价自然能够吸引并留住优良的保险客户，而整个营业流程在满意的客户向他们的朋友推荐政府雇员保险公司时画下完美的句点。靠着客户的推荐，政府雇员保险公司每年至少增加100万张保单，占新接业务量的半数以上，也使得我们新接业务成本大幅度下降，从而又进一步降低了我们的成本。

——沃伦·巴菲特

## 【巴菲特现身说法】

巴菲特认为，投资者投资的上市公司最好要有一条经济护城河，只有这样，才能确保该股票获得超额业绩回报。而确保经济护城河的方式之一，就是低成本经营。

巴菲特在伯克希尔公司1996年年报致股东的一封信中说，政府雇员保险公司的成功没有任何深奥的道理，它的竞争优势完全是由其超低成本的经营模式所带来的。低成本代表着低价格，低价格自然而然就能吸引住优质客户。依靠客户之间的推荐和口碑效应，政府雇员保险公司每年至少增加100万张保单，占新增业务的一半以上。这样，就使得它与同行相比，其新增业务成本有了大幅度下降，从而使得总成本也有了进一步的降低。

巴菲特介绍说，自从伯克希尔公司1996年完全取得对政府雇员保险公司的所有权后，就对它寄予了很高的希望。而现在看来，这些希望不但全部实现了，甚至还有点超出预期的味道。

归根到底，政府雇员保险公司的成功归功于其低成本经营模式，而这种经营模式在1996年大放异彩。例如在过去的20年里，政府雇员保险公司的主动上门客户最高的一年增长了8%，可是在1996年却增长了10%。要知道，由于这些顾客是自动上门的，所以公司没有任何推广成本。更重要的是，这些自动上门的业务正是政府雇员保险公司的薄弱环节，是该公司今后开拓市场的重点区域。

巴菲特特别指出这一点很重要。因为保险公司和其他企业一样，有些业务量的增长并不能带来利润的增长，这样的业务实际上可有可无。而这一块业务则截然不同，它在业务增长的同时，能够给企业带来相应盈利，这才是他更看重的。

不过话又说回来，巴菲特的目标绝不是仅仅增加一点利润，而是要通过利润的增加来进一步降低服务价格，让利于客户，进一步扩大业务规模，降低运营成本，拓宽经济护城河，最终实现良性循环。

巴菲特清楚地知道，这种低成本经营模式只是一种暂时的优势，必须不断拓宽经济护城河，才能一步领先、步步领先。

因为你的这种经营模式会引来竞争者效仿，其他保险公司也同样可能加入直销行列。政府雇员保险公司只有建立起相当大的规模，才能确保现在的经济堡垒牢不可破。为此，该公司采取的策略是，在市场占有率最高的地区进一步降低运营成本。因为在这样的地区开展业务，由于业务具有规模，所以更容易降低运营成本，实现良性循环。

巴菲特自豪地说，其实，政府雇员保险公司的这种低成本经营模式早在1951年就引起他的注意了。当时政府雇员保险公司的整体市场价值还只有700万美元；而45年过去后，1996年伯克希尔公司收购半个政府雇员保险公司的代价就已经高达23亿美元。

巴菲特透露说，伯克希尔公司完全收购政府雇员保险公司后，为了更好地发挥这种低成本经营模式的优势，必须充分调动公司管理层的积极性。为此，政府雇员保险公司几位主要经理人的报酬所得，主要会看两大因素：一是主动上门的业务保单的增长率；二是一年以上的常规性保单的获利水平。由此及彼，伯克希尔公司准备在旗下其他子公司也推广这种做法，推出每年的员工盈余分配计划。所以，几乎所有员工都知道对于他们来说什么事情最重要（怎样做才能得到更多的奖赏）。

巴菲特非常赞赏的内布拉斯加家具店，同样是低成本经营模式的典范。巴菲特在伯克希尔公司1990年年报致股东的一封信中说，美国艾奥瓦州首府得梅因地区的一份调查报告表明，当年内布拉斯加家具店在该地区所有20家家具零售商中销售量排名第三。

巴菲特说，乍一听，这好像没什么了不起，可是如果你知道其他19家家具零售商都位于当地，只有内布拉斯加家具店一家距离该地区130多英里远，就知道它有多么了不起了——得梅因地区的客户本来没必要跑那么远去专程选购内布拉斯加家具店产品的，而现在他们宁愿大老远开车前往，就是因为它的价格具有极大的吸引力。

巴菲特认为，发生这样的奇迹，有明星经理人的功劳在内。1990年年底内布拉斯加家具店在店内摆设喜斯糖果公司的产品，本来也只是一种试销，结果没想到，在那里销售出去的糖果比喜斯糖果公司在加利福尼亚州的旗舰店销售的还要多，这简直是零售业的一个创举。只要有罗丝·布拉姆金夫人在，内布拉斯加家具店就没有什么不可能做到的事。

在这里，巴菲特称道的仍然是低成本经营模式。因为这种在家具店内销售糖果的做法，并不需要额外增加任何店铺费用和销售员费用。通俗地说就是"卖出去就是赚到的"，至少能摊低店面租金费用。

## 【巴菲特智慧结晶】

巴菲特认为，谁的成本更低，谁就能在市场上拥有更多的价格竞争主动权。为此，伯克希尔公司投资的许多家企业都有一个共同特征，那就是低成本经营。在巴菲特看来，这样的上市企业，在其周围都有一条经济护城河。

# 不要被账面利润所迷惑

> 接下来是忏悔时间。如果当初我当机立断关掉通用再保证券部门，我确信可以为大伙省下税前 1 亿美元的损失。查理跟我当初在购并通用再保时，就知道其证券部门很令人讨厌；只是当时账面上的盈余数字误导了我们。虽然我们总觉得这部分有极高的风险，且无法有效地衡量或限制；更有甚者，我们知道这部分所可能产生的任何重大问题，无论是金融还是保险方面，皆与伯克希尔公司其他营运隐含某些关联。
>
> ——沃伦·巴菲特

## 【巴菲特现身说法】

巴菲特认为，投资者投资的上市公司最好要有一条经济护城河，只有这样，才能确保该股票获得超额业绩回报。不过要注意的是，经济护城河和赢利之间并没有等同关系，投资者不要受赢利水平的误导。

巴菲特在伯克希尔公司2003年年报致股东的一封信中说，当初伯克希尔公司在投资通用再保险公司时，就知道该公司的证券部门很令人头疼。只是看到当时其账面上有那么多盈余，他们才被误导了。要知道，该部门具有极高的经营风险，而且这种经营风险无法有效地加以制衡和限制。更有甚者，该部门无论是金融方面还是保险方面一旦产生重大问题，都会影响到伯克希尔公司其他部门的营运。

如果不是因为被这种盈利数字误导，而是当初就当机立断关掉通用再保险公司的证券部门，据估计，伯克希尔公司可以减少1亿美元的损失（税前）。

巴菲特回顾说，他自己分管的伯克希尔公司财务及金融商品部门，就管理着一些AAA级固定收益证券，过去几年来它们的获利状况还不错，这部分收益约占资产负债表上已实现收益的24%。从近年来的情况看，总体上巴菲特感觉还是比较满意的。可是，谈到清理通用再保险公司的证券部门，巴菲特就不那么轻松了。归根到底，都是金融衍生产品害的。

2002年年初，伯克希尔公司开始着手清算通用再保险公司证券部门时，该部门流通在外的合约有23218份，交易对象多达884位。许多合约和交易对象连听都没有听说过，就更谈不上对它们的信用进行评估了。经过2年时间的清理，直到2003年年末，伯克希尔公司仍然有7580份合约流通在外，涉及453个交易对象。

巴菲特介绍说，清理通用再保险公司证券部门的代价相当大。即使根据一般公认会计准则来进行评估，并且还是在这两年市场波动很少的情况下，2002年和2003年清理通用再保险公司证券部门所造成的损失依然达到1.73亿美元和0.99亿美元（税前）。如果市场波动较大或者发生金融危机，导致许多金融衍生产品无法兑现的话，那就更惨了。

所以巴菲特总结说，投资者如果看到伯克希尔公司在处理金融衍生产品方面的经验，并且发现它从房地美公司被揭发有大规模舞弊行为后不再对会计准则过于迷信了，就表明他变得聪明了。

因为归根到底，会计报表上列明的多少盈利，你并不知道究竟是怎么算出来的。如果你非常了解这些金融衍生产品包括的格式化文件给你带来的信息非常有限，你就不容易被账面利润迷惑了。

巴菲特在伯克希尔公司2004年年报致股东的一封信中说，与一般保险公司相比，再保险公司有没有一条经济护城河特别重要。

这是因为，再保险公司是保险公司分散风险的一项机制。对于普通保险公司来说，政府通常会向其征收规费；一旦保险公司倒闭，无法支付理赔金，政府就会用这笔规费来承担责任。

可是，对于再保险公司来说，普通保险公司所承担的经营风险就是小巫见大巫了。如果再保险公司倒闭，将会波及一连串保险公司。20世纪80年代，政府雇员保险公司就是因为选择再保险公司不慎，因为再保险公司倒闭，而被连累损失几千万美元的。

巴菲特断言说，在今后一二十年中，完全有可能发生天大的灾难，从而导致再保险公司破产倒闭。到目前（2004）为止，对于再保险公司来说，有史以来最大的损失产生在2001年，因为发生了“9·11”恐怖袭击事件，这一年所有保险公司一共支付了350亿美元的理赔费用。排在第二位的是1992年发生的安德鲁飓风，所有保险公司一共支付了155亿美元的理赔费用。今后即使发生1000亿美元以上的灾害损失，也是有可能的。

所以，投资者千万不要仅仅看到账面利润就高兴，每个行业、每个企业是不同的。对于具体企业来说，只要该企业有一条真正、持续、不断拓宽的经济护城河，就能保证其今后的赢利水平。对于具体行业来说，同样应该考虑到这个问题。

巴菲特介绍说，就伯克希尔公司来说，先人一步的是总能未雨绸缪。举例说，如果伯克希尔公司的保险业务承担损失的平均比例为3%~5%，那么伯克希尔公司每年从投资和其他项目中所赚取的盈利就绰绰有余了。换句话说，无论遇到多大的灾难，伯克希尔公司的保险业务都能兑现原来的承诺。

巴菲特的言外之意是，这就是真正的经济护城河。也正因如此，詹·阿杰才敢接下其他再保险公司不敢接的超大规模的再保险单。从这一点上看，詹·阿杰堪称是伯克希尔公司的无价之宝。

## 【巴菲特智慧结晶】

巴菲特认为，投资者千万不要被账面盈利所迷惑。在他看来，比账面利润数额更重要的是内在价值，而内在价值就包括经济护城河在内。他以自己当初投资通用再保险公司证券部门为例，很好地证明了这一点。

## 名气和广告不能说明问题

> 去年我很兴奋地向各位报告我们2000年在广告行销上的大笔投入，并强调每一美分都确确实实花在了刀口上。事实证明我错了，我们额外投入的经费并没有为我们相对增加询问的电话，而且平均每通询问电话最后成交的比率几年来也首度下滑。这些不利的发展，使得我们平均每张保单的取得成本大幅增加。
>
> ——沃伦·巴菲特

### 【巴菲特现身说法】

巴菲特认为，投资者投资的上市公司最好要有一条经济护城河，只有这样，才能确保该股票获得超额业绩回报。经济护城河和企业的广告投入、名气有关，但不完全是一回事，所以不要把两者等同起来。

巴菲特在伯克希尔公司2000年年报致股东的一封信中说，2000年他曾经很兴奋地向各位股东报告政府雇员保险公司在广告营销上的大笔投入，并且再三强调每一美分都确确实实花在了刀口上。可事实证明他错了。因为这种额外的广告投入，并没有增加顾客电话咨询的数量；不但如此，每个咨询电话的成交比例几年来也首次出现了下滑。

这种情形的最终结果是什么呢？一方面是广告投入大幅度增加了；另一方面是每笔业务的成本大大提高了。换句话说，这时候政府雇员保险公司的经济护城河不是拓宽了，而是变窄了。

所以巴菲特总结说，投资者千万不要简单地把企业的广告投入和名气与经济护城河画等号，否则很容易受蒙蔽。一般来说，这种错误的投资决策产生后，会计核算上会把它列作“非常损失”一次性摊销的。所以，投资者如果看到会计报表中这个项目数字特别大，就要提高警惕了，就要看一看这究竟是什么原因造成的。

例如，就2000年政府雇员保险公司成本大幅度提高的问题，巴菲特分析认为：

首先，是广告频率过高。这些媒体上的广告曝光率过高，造成了资源浪费，抬高了投入成本。

其次，虽然愿意通过直销方式接受政府雇员保险公司业务的客户分布很广，但暂时来看“所有的软柿子可能都已经被我们拣光了”，培养新的客户需要一定的时间。

再次，2000年事故发生频率和严重性都在提高，从而使得政府雇员保险公司对客户的投保资格审核越来越严，这也在一定程度上降低了业务量。这种严格审核，使得客户投保政府雇员保险公司时，原来能省200美元，现在可能只能省50美元，吸引力有所下降。

最后，整个保险行业的竞争态势发生重大变化。例如，以19%的市场占有率在美国排名第一的州立农业保险公司，1999年的承保损失率，包括回馈给客户的退佣金比率高达18%，而2000年更是高达23%。这表明，这个行业中的老大也不得不忍受如此之高的经营成本了，可想而知，其他经营者，包括政府雇员保险公司在内，处境会如何了。州立农业保险公司可是美国最大的一家互助保险公司，整个美国1/5以上的汽车都在该公司投保。

一提到州立农业保险公司，巴菲特就来劲，因为这是一家他非常赞赏的具有经济护城河的保险公司。当然，该公司的经济护城河并不是一开始就有的；而是恰恰相反，它在1922年创立时一无所有。

当时，美国伊利诺伊州一位45岁的农夫看到纽约、费城等地的保险公司长期处于垄断地位且态度傲慢，才成立了该公司。

与原来那些势力强大的保险公司相比，州立农业保险公司可以说什么优势都没有。由于州立农业保险公司是合作互助性质，所以它的董事会和经营管理层都不能拥有股份。在业务高速发展的早期，它根本无法从资本市场上筹集资金，而且也没有非常具有吸引力的薪酬待遇来吸引明星经理人，所以一般人都不看好该公司的发展远景。

可结果怎么样呢？州立农业保险公司居然击败了所有对手，到1999年时公司净值已经排在美国各大企业的第5位。

所以，巴菲特非常赞赏该公司，称之为“美国企业最伟大的传奇故事之一”，并且屡屡建议各商学院把该企业的成功做法列作课堂案例。

容易看出，州立农业保险公司从小到大不断发展的过程，同时也是其经济护城河不断拓宽的过程。它的早期发展过程，同样与广告和名气无关。

在巴菲特眼里，与州立农业保险公司相比较，政府雇员保险公司在2000年虽然广告投入过大，成本过高，可是总体来看，它仍然是低成本经营模式的典范。只要过去那种盲目的广告投入行为紧急刹车，它仍然可以维持并拓宽经济护城河。

巴菲特高兴地说，事实上，政府雇员保险公司的明星经理人东尼 · 奈斯利已经在这样做了。从2000年开始，他大幅度砍掉了那些不具备成本效益的广告投入。今后该公司虽然依然会维持大量的媒体曝光率，但一旦没有成本效益，相应的广告投入就会削减，或者通过提高保率来对此成本加以弥补。在此，投资者也应当从中悟出一个道理，那就是公司的名气和广告投入与经济护城河实在是没什么必然的联系。

### 【巴菲特智慧结晶】

巴菲特认为，政府雇员保险公司的经济护城河主要来自它的低成本经营模式。不过他也承认，该公司2000年的广告投入带有某种盲目性。由此，他提醒投资者，千万不要把企业的名气和广告与经济护城河混为一谈。

## 经济护城河是会变化的

现在的柯达已经不再独占人们的心。它的城墙变薄了，富士用各种手段缩小了差距。柯达让富士成为奥林匹克运动会的赞助商，一个一直以来由柯达独占的位置。于是在人们的印象里，富士变得和柯达平起平坐起来。与之相反的是，可口可乐的城墙与30年前比变得更宽了。你可能看不到城墙一天天的变化；但是，每次你看到可口可乐的工厂扩张到一个目前并不赢利，但 20 年后一定会赢利的国家，它的城墙就加宽了一些。企业的城墙每天、每年都在变，或厚或窄。10 年后，你就会看到不同。

——沃伦·巴菲特

## 【巴菲特现身说法】

巴菲特认为，投资者投资的上市公司最好要有一条经济护城河，只有这样，才能确保该股票获得超额业绩回报。不过应当注意的是，企业的经济护城河是会变化的，或者变宽，或者变窄。

巴菲特在美国佛罗里达大学演讲时说，30年前，柯达公司的城墙和可口可乐公司的城墙一样难以逾越。假设你想为自己6个月大的孩子拍一张照片，并且希望在20年或者50年后这张照片看起来依然很好，你显然不会像专业摄影师那样去过分关注胶卷质量的好坏，而是会更多地考虑这家胶卷公司在你心目中的地位如何。而柯达公司就能向你做出这样的保证，在20年或者50年后，当你再看这张照片的时候，它依然会栩栩如生，这一点对消费者来说是最重要的。也就是说，柯达公司的产品在消费者心目中是“最好”的，大家都这么认为。

可是现在的柯达公司已经不再独占消费者的心。这表明，它的城墙变薄了。或者说，是富士胶卷采用各种各样的手段缩小了两者之间的差距，从而使得柯达公司的经济城墙相对来说变薄了。

长期以来，奥林匹克运动会赞助商一直是柯达公司，现在它却把本该属于自己的机会拱手给了富士胶卷。于是乎，富士胶卷在消费者心目中变得和柯达公司平起平坐起来。

可以说，这是柯达公司的经济护城河变窄、富士公司的经济护城河变宽的一个典型例子。与富士公司相类似的是，可口可乐公司的城墙与30年前相比，同样变得更宽了。

巴菲特说，所谓“城墙变宽”只是一种比喻，消费者是不会看到城墙在一天天变宽的。但是你容易看到，当可口可乐公司的生产厂商扩张到那些暂时还不能赢利，但将来一定会赢利的国家，就表明它的势力范围在不断扩张。10年一个变化，10年后，你就会看到它的不同了。

巴菲特说，众所周知，他只喜欢投资他看得懂的业务。按照这一标准来衡量，90%的投资对象已经被他排除在外，因为他有太多的东西不了解。幸运的是，总还是有那么一点投资他是看得懂的。这时候，他举起手中的樱桃可乐瓶说，例如这个我就懂，当然你也懂，每个人都懂，因为它从1886年开始到现在没什么变化。

不过，这个业务看起来很简单，却绝不是一件容易的事。他看到的是它的核心价值，即他通常所说的经济护城河。在这里，他把它称之为“企业的城墙”，道理是一样的。

他说，在这道坚固的城墙里面，是一座价值不菲的城堡。对于他来说，这样的城墙多种多样，例如汽车保险领域的政府雇员保险公司，它的城墙就是低成本。一般人都知道，保险公司开展的业务和服务方式、收费标准不是相同的，就是相近的，这就决定了它们的区别主要在于成本高低。巴菲特当初投资并最终完全收购这家公司，看中的就是其低成本运营，这就是他所要的城墙。

政府雇员保险公司与竞争对手相比成本越来越低，就表明它在不断加固自己的城墙。毫无疑问，当一座城堡越来越漂亮时，肯定会有人对它发起攻击，所以这时候你必须在城堡周围修建一面城墙，越牢越好。

巴菲特介绍说，他对伯克希尔公司旗下的那些明星经理人的最大要求，简单地说就是要他们不断加固城墙，保护好这个城堡，把竞争者拒之墙外，其途经包括服务、产品、价格、成本、专利、地理位置等。

巴菲特说，他终生都在寻找这样的企业。为了能更清楚地看清企业的城墙是由什么材料筑成的，他总是从最简单的产品中去寻找这样的企业。而对于甲骨文公司、莲花公司、微软公司等高科技企业，就因为他看不清它们的城墙是由什么构成的，从而对它们10年以后的发展远景无法预料，所以才不敢投资它们。

相反，虽然他不拥有口香糖制造企业，可是却能预料到它们10年后的发展会怎么样，因为他相信“没有人能够改变我们嚼口香糖的方式，互联网的出现也做不到这一点”。如果有人给他10亿美元，让他进入口香糖行业，并要求他从中打开一个缺口，他会说自己做不到。

巴菲特说，平时在衡量企业的经济护城河时他是这样考虑的：给他10亿美元，他能不能把竞争对手打垮？或者他能够在多大程度上给竞争对手造成冲击？或者，给他100亿美元，他能够让可口可乐公司在全球造成多大的损失？这是他考虑问题的一个基本原则。如果投入这些钱都没用，就表明对方的企业城墙和经济护城河牢不可破，这才是投资者投资时需要充分考虑的。要知道，有了这样的保护，里面的企业城堡必定稳如磐石。

## 【巴菲特智慧结晶】

巴菲特认为，企业的经济护城河是会随时发生变化的，只是肉眼看不到而已。但如果以10年为期，就能看到该企业的经济护城河是变宽还是变窄了。在他看来，根据股价涨跌来判断昨天的投资是否正确是很可笑的。

# 忠告 6　公司负债率一定要低

## 真正的好企业不需要负债

先前提到的《财富》杂志的研究，可以充分支持我的论点。在1977—1986 年，总计 1000 家企业中，只有 25 家能达到连续 10 年平均股东权益报酬率 20%，且没有一年低于 15% 的双重标准。而这些优质企业同时也是股票市场上的宠儿，在所有 25 家企业中有 24 家的表现超越标准普尔 500 指数。这些《财富》500 强可能让你大开眼界，首先是相对于本身支付利息的能力，它们所运用的财务杠杆极其有限，一家真正好的公司是不需要借钱的。其次是除了有一家是所谓高科技公司，另外少数几家属于制药业以外，大多数公司的产业相当平凡普通，大部分现在销售的产品或服务与 10 年前大致相同。

——沃伦 · 巴菲特

### 【巴菲特现身说法】

巴菲特认为，投资者购买的股票，其负债率一定要低。公司负债率越高，你的投资风险就越大。

巴菲特在伯克希尔公司1987年年报致股东的一封信中说，实践表明，能够不断刷新盈利纪录的上市企业，现在的经营方式与其5年甚至10多年前并没有多少差异。公司管理层虽然应当明白学无止境的道理，但也绝不可以盲目变革，否则反而容易增加犯错误的机会。巴菲特把它比喻为：在一块动荡不安的土地上，不太可能建造一座固若金汤的城堡。

他说，美国《财富》杂志的研究就可以支持他的这种论点。该杂志研究表明，在1977—1986年的10年间，在美国1000家上市企业中，只有25家能够连续10年保持20%的平均股东权益报酬率，并且没有一年低于15%的记录。毫无疑问，这些企业都是股票市场上的宠儿。在这25家企业中，有24家的表现超过标准普尔500指数的增长幅度。

进一步研究还发现，这些《财富》500强企业具有以下两大特征：

一是它们相对于本身能够支付利息的能力而言，负债很少。巴菲特由此得出结论，“一家真正好的公司是不需要借钱的”。

二是从所在行业看，这些企业中只有一家是所谓的高科技企业，另外少数几家属于制药行业，其余大多数企业的产品和业务都相当普通，并且大多数企业销售的产品和提供的服务与其10年前相比没有多少不同。如果一定要说有什么不同的话，也仅是销售数量、产品价格变化而已。这表明，充分利用现有产业的地位或者专门在某个单一品牌上努力，是这些企业创造高额利润的主要秘诀。

巴菲特骄傲地说，伯克希尔公司的经验也能证明这一点。伯克希尔公司旗下的那些部门，创造了优异的业绩，可是它们从事的业务同样相当平凡而普通。最关键的是，它们把业务做到了极致，公司管理层致力保护企业本身，千方百计控制成本，并且通过现有能力寻找新产品、发展新市场，来巩固原有优势，从来不受外界的诱惑。当然，与此同时的一个突出特点是，它们的负债率相当低。

巴菲特在伯克希尔公司1987年年报致股东的一封信中说，伯克希尔公司当年的内在价值比上年增加4.64亿美元，增长幅度为19.5%，经济护城河比过去又加宽了一点，旗下7家公司当年实现的税前利润（含利息）高达1.78亿美元。如果单纯看这样的数字，可能还不足以说明伯克希尔公司有多少特殊性；可是如果你知道伯克希尔公司仅仅利用了多少资金就取得这样的业绩，就知道它有多么了不起了。

巴菲特介绍说，由于这7家公司的负债很少，当年合计支付的利息只有200万美元，所以在扣除这笔负担后，这些公司的税前利润仍然高达1.78亿美元。如果把它与这7家公司账面上所反映的历史投资股本1.75亿美元相比，相当于1元钱的历史投资当年取得了超过1元钱的税前利润！

巴菲特说，如果把这7家公司看作是1家公司，那么，在缴纳所得税后的净利润约为1亿美元。由此可见，股东权益投资报酬率约在57%。即使财务杠杆再高，你也很难在一般企业看到有这样高的投资报酬率。

“57%”是一个什么概念呢？如果根据最新（1988年）出版的《财富》杂志排行榜，在美国500家最大的制造企业和500家最大的服务企业中，只有6家企业在过去10年中股东权益报酬率超过30%，最高的也不过只有40.2%，没有任何一家达到57% 的水平。

不过巴菲特也承认，由于伯克希尔公司当初收购这些企业时付出了溢价，所以在扣除这部分溢价后，伯克希尔公司从这7家公司身上所得到的投资报酬率实际上并没有这么高（资料表明，伯克希尔公司当初收购这7家企业所付出的溢价合计是2.22亿美元）。但巴菲特认为，对于一家盈利不断创新高的企业来说，无论多高的溢价收购都是合算的。

巴菲特说，上面所提到的数字代表着3项重要指标：

一是这7家公司的内在价值要高于账面净值，当然更要远远高于伯克希尔公司当初的投资成本。

二是这些企业的运营成本都不是太高，本身所赚取的盈利就足以支付业务发展的需要，所以负债率很低。

三是这些企业都有一个精明能干的公司管理层在打理。

所有这些，都令巴菲特感到非常满意。也正因如此，巴菲特才会得出“一家真正好的公司是不需要借钱的”这种容易遭人反驳的结论来。

## 【巴菲特智慧结晶】

巴菲特认为，“一家真正好的公司是不需要借钱的”。他的话虽然说得有些绝对，与借鸡生蛋、负债经营的现代理念相悖，但这是他在总结伯克希尔公司及其旗下诸多公司的实际情况后得出的结论，具有很强的说服力。

## 没有负债的波仙珠宝公司

在波仙珠宝加入伯克希尔的第一年，它就达到了我们所有的预期目标，营业额大幅成长，较4年前刚搬到现址的时候要好上1倍。事实上，在搬来这里的6年前，它的业绩早已成长了1倍。波仙珠宝的管理天才埃克·弗里德曼只有一种速度，那就是全速前进！如果你还没有到过那里，那你一定就没有看过有珠宝店像波仙那样。由于销量非常大，所以在那里你可以看到各式各样、各种价格的珠宝。同样的理由，它的营业费用开销大概只有一般同类型珠宝店的1/3。

——沃伦·巴菲特

## 【巴菲特现身说法】

巴菲特认为，投资者购买的股票，其负债率一定要低。公司负债率越高，那么你的投资风险就越大。巴菲特当初收购波仙珠宝公司的主要原因之一，就是该公司居然没有负债。

波仙珠宝公司是巴菲特所在奥马哈市的一家珠宝商，珠宝库存量高达10万件，价值6000万~7500万美元，占当地市场份额的55%左右。伯克希尔公司在1989年收购了该公司80%的股权，后来又购买了一部分，从而使得持股比例上升到85.72%。从此，波仙珠宝公司就成了伯克希尔公司每年股东年会上人们疯狂购物和举行鸡尾酒会的场所。

巴菲特虽然在这里并没有提到波仙珠宝公司的负债，但波仙珠宝公司高级管理人员唐纳德·耶鲁透露说，巴菲特当时收购该公司的主要原因之一，就是看中该公司没有负债。

波仙珠宝公司是1870年由刘易斯·波仙创办的。1947年，刘易斯·弗里德曼和他的妻子买下了该公司。他妻子的名字读者可能不一定记得，可是只要一提到内布拉斯加家具店的那位B太太——罗丝·布拉姆金夫人，读者就非常熟悉了，而刘易斯·弗里德曼的妻子正是罗丝·布拉姆金夫人的妹妹。

请注意，巴菲特很看重这一点。他在收购波仙珠宝公司时说，他忘了问罗丝·布拉姆金夫人一个所有小学生都喜欢问的简单问题："你家里是否还有像你这样的人？"

刘易斯·弗里德曼的儿子埃克·弗里德曼原来在内布拉斯加家具店上班，后来子承父业，接管了波仙珠宝公司。

波仙珠宝公司每年都要为伯克希尔公司股东举办一场特别的展览会，非常引人注目。1991年感恩节和圣诞节期间，该公司一共接待顾客58500人，平均每天2250人，共销售珠宝38500件。

在1996年举办的那次展览会上，公司展出了全球最大的一颗打磨过的钻石。这枚"50周年金钻石"重545克拉，是全球最大的抛光钻石，打磨之前的重量高达755.5克拉。这原是泰国人送给他们国王的一份厚礼，而这位国王在位时间长达50多年，堪称全球在位时间最长的帝王之一。

埃克·弗里德曼介绍说，该公司与其他同行不同的是，销售的商品中有百分之七八十要比其他商店的同类产品便宜，而赢利的主要秘诀是薄利多销。

很有意思的是，波仙珠宝公司出售的一些珠宝，会用伯克希尔公司的股票来进行标价。例如在1991年的鸡尾酒会上，有的钻石上写着"伯克希尔公司股票2股"，有的项链上写着"伯克希尔公司股票3股"，等等。

更有意思的是，波仙珠宝公司通常会把一些产品寄给那些值得信赖的顾客，例如把价值4万美元以上的手表寄到顾客家里，供顾客仔细挑选，让他们自己决定，把需要的商品留下来，把不需要的退还给公司。

1988年圣诞节期间，波仙珠宝公司管理层的唐纳德·耶鲁，看到巴菲特在那里仔细观察一枚戒指，于是开玩笑说：“不要把这枚戒指卖给他，就把整个商店卖给他吧！”

波仙珠宝公司以前基本上不做广告，但从1989年之后，它开始给全国2.3万名美国人寄送产品目录，消费者可以据此享受折扣优惠。这些产品目录就像今天中国顾客坐在家里经常能收到的大型超市的海报一样。

巴菲特正是从这种产品目录中发现了购并机会，然后打电话去了解是否具有收购该公司的可能。

然后，巴菲特在埃克·弗里德曼的房间里，和他以及他的女婿唐纳德·耶鲁进行了一次简单的谈话。随后不久，巴菲特就收购了该公司。

波仙珠宝公司高级管理人员唐纳德·耶鲁介绍说，双方这次谈话一共只用了短短10分钟，巴菲特一共问了5个问题，分别是销售量、毛利率、费用、库存以及他们是否愿意留下来经营管理。埃克·弗里德曼没有翻看账本，就流利地回答了巴菲特的所有提问；然后巴菲特就要求埃克·弗里德曼开个价，紧接着就对他们说：“现在，请你们忘掉刚才发生的事情，还像以前那样努力工作吧。”

不久以后，3人在巴菲特的办公室里见面时，签订了一份内容非常简单的收购合同。怎么个简单法呢？巴菲特形容说，合同的内容甚至还没有他们3个人的签名长。

根据约定，他们不能公开这次收购一共花了多少钱，不过可以肯定的是，数额要超过6000万美元。巴菲特非常满意波仙珠宝公司没有任何负债。当他开了一张现金支票给对方时，说：“我只和少数几个人以这种方式做生意，它们没有一家属于《财富》500强企业。”

## 【巴菲特智慧结晶】

巴菲特认为，一家好的企业不需要负债。当初他收购波仙珠宝公司的主要原因之一，就是看中它没有负债。并且他认为，该公司和内布拉斯加家具店具有相同的成功模式，这就是他在1989年年报中归纳的5大特点。

## 债务比率过高必然导致失败

在债务恐慌达到最高点的时候，资本结构注定导致失败的发生，有些公司的融资杠杆高到即使是再好的企业也无法负担。有一个特别惨、一出生就夭折了的案例，就是坦帕湾地方电视台的购并案。这个案子一年的利息负担甚至要超过它一整年的营收。也就是说，即使所有的人工、节目与服务都不需要成本，且营收也能有爆炸性成长，这家电视台还是会遭遇倒闭的命运。（许多债券都是由现在大多倒闭的储贷机构买进，所以身为纳税义务人的你，等于间接替这些愚蠢的行为买单。）

——沃伦·巴菲特

### 【巴菲特现身说法】

巴菲特认为，投资者购买的股票，其负债率一定要低。公司负债率越高，那么你的投资风险就越大。当财务杠杆比率达到一定程度的时候，这样的企业经营必然会导致失败。

巴菲特在伯克希尔公司1990年年报致股东的一封信中说，有些企业的负债经营比率居然高到即使再好的企业也无法承受的地步，这种企业的唯一出路就是破产倒闭。

他举例说，有一个特别惨、一出生就夭折了的案例，就是坦帕湾地方电视台的购并案。由于该电视台负债过多，一年所需要支付的债务利息甚至能超过它全年的营业收入。也就是说，即使该电视台的所有人工、节目、服务都没有成本费用，这家电视台仍然注定是要亏损的，最终仍然要走上破产倒闭的道路。

当然，这种情况非常特殊，也很少能碰到，但它非常明显地表明一条朴素的真理——债务比率过高必然会导致经营失败。

那么，为什么会出现这种情形呢？巴菲特介绍说，美国华尔街上的那些投资机构，通常关心的不是投资对象有什么优缺点，而是它们可以产生多少收入。

投资者明白了这一点，就容易理解，为什么成千上万的垃圾债券会轻而易举出笼了。

巴菲特认为，即使证券市场上那些垃圾债券的市场价只有发行价的一点点，它们也是一个雷区。伯克希尔公司从来不投资新发行的垃圾债券，就是因为它们的债务比率过高，稍不留神就会有去无回。

巴菲特在伯克希尔公司2001年年报致股东的一封信中说，伯克希尔公司的一贯原则是少负债，所以信誉良好；而这种可靠信誉，又使得它能够轻而易举地得到借款。从这一点上看，企业和银行双方进行的是一种良性互动。

例如，巴菲特入主伯克希尔公司的1965年，当时伯克希尔公司的主要往来银行是波士顿第一国家银行、纽约花旗银行。而在此以前，巴菲特和这两家银行并没有什么往来。后来，到了1969年，伯克希尔公司准备买下美国伊利诺伊州国家银行和洛克福信托公司时，当时还存在1000万美元的资金缺口，巴菲特这才开始联络上述两家银行。

当时的情形是，纽约花旗银行没有任何回应；而波士顿第一国家银行则截然相反，马上就派两位代表到奥马哈与巴菲特洽谈，明确表示愿意提供这1000万美元资金，至于细节过后再谈，完全不是问题。

自从这次向银行借款后，伯克希尔公司在以后的几十年里基本上没有向银行借过钱。直到2001年2月，因为一项投资并购案存在资金缺口，巴菲特才再次打电话给佛雷特·波士顿银行（Fleet Boston，其前身就是波士顿第一国家银行）说明情况。该银行总裁的回答与33年前的那位银行总裁的回答一模一样：没关系，钱嘛，你先拿去用，具体细节过后再谈。

就这样，巴菲特从该银行取得了60亿美元的信贷额度。当然，他最终并没有用这么多，马上就得到了全球17家银行的超额认购。巴菲特不无自豪地说，如果各位需要60亿美元贷款的话，可以打电话给佛雷特·波士顿银行，但前提条件是你的信用等级必须是AAA的最高级。

有人说，巴菲特特别青睐负债率低的上市公司，这种做法并不适合大多数投资者，尤其是个人投资者。以政府雇员保险公司、通用再保险公司为例，伯克希尔公司投资这两家企业时，表面上看是因为这两家企业的负债率非常低，可实际上巴菲特看中的不止如此，他更看重这两家公司手上拥有200多亿美元的闲散资金可供他使用。而对于其他个人投资者来说，这种闲散资金放在手上就没什么用，除非去控股该公司。

应该说，这种说法有一定道理，但也不全然是这样。

之所以说“有一定道理”，是因为企业负债的确不是越低越好，而应当强调适度。对此，巴菲特也不持异议。他在伯克希尔公司1989年年报致股东的一封信中检讨似的说，伯克希尔公司一贯保守的财务政策可能是一个错误，因为只要稍微增加一点负债比率，所能得到的投资回报率就可能会远远超过目前的年平均水平23.8%。不过在他看来，虽然提高负债比率有99%的把握能够提高投资报酬率，但只要有1%的可能导致破产，他也不会去冒这个险，以后也是如此。

之所以说“不全然是这样”，是因为对于任何一家企业来说，负债率过高都是非常危险的。一般来说，如果企业的资产负债率长期维持在50%，甚至70%以上，是很麻烦的。可是如果长期低于10%也不完全是好事，因为这很可能说明该公司安于现状，不敢投入，或者没有投入机会，其未来的成长性就值得怀疑。一般认为，投资对象的资产负债率长期保持在20%~50%应该是一种比较不错的选择。

## 【巴菲特智慧结晶】

巴菲特认为，企业的债务比例过高，必然会导致经营失败，所以他宁愿选择负债率低，甚至完全没有负债的投资对象。可是平心而论，这种看法过于保守，也不失偏颇。一般认为，企业负债率在20%~50%较好。

# 不同行业的负债率不同

现金就是现金，不管今天它是靠经营媒体事业还是钢铁工厂得来的，都一样。而过去同样是1美元的获利，大家之所以看重媒体事业，是因为预期它会继续成长（股东不需要再投入额外资金）；而钢铁业很明显会落入那类打摆子的族群。不过现在大家对媒体事业的看法也逐渐改为后者，而如我们刚刚所举的简单的例子，评价的结果可能因为这样的修正而有很大改变。

——沃伦·巴菲特

## 【巴菲特现身说法】

巴菲特认为，投资者购买的股票，其负债率一定要低。公司负债率越高，那么你的投资风险就越大。不过他也承认，不同行业的企业负债率高低完全不一样，他以他熟悉的媒体行业为例来对此加以说明。

巴菲特在伯克希尔公司1991年年报致股东的一封信中说，现金就是现金，不管它是通过经营媒体得到的，还是通过经营钢铁制造业得到的，都一样。在过去，人们之所以看重经营媒体，在于预期媒体的经营业绩不需要投入额外的资金就能继续增长；而钢铁制造业则属于那种具有周期波动规律的类型。不过，现在大家的看法已经有所改变了，认为媒体行业同样也具有这种周期波动性。

巴菲特解释说，媒体行业转为弱势，除了短期内其赢利水平下降外，更会对其长期价值产生深远影响。具体地说，投资者过去通常认为电视、新闻、杂志行业的获利能力能够永远以每年6%的增长速度发展，而不必完全依靠额外资金投入，并且它们所需要的营运资金也相当少，因此一般不需要负债经营。可是从这些年的情况看，这种情形改变得比较厉害。

那么，这种深远影响表现在哪里呢？他说，媒体行业过去账面上的盈利（在扣除无形资产摊销前）水平，基本上就相当于“自有资金”的概念。如果它每年能够增加6%的现金流，而这种现金流又能以10%的折现率进行折现；那么，

100万美元的税后净利润，就相当于一次性投入2500万美元所得到的收益。

现在的问题是，如果一家企业不能每年稳定提供6% 的现金流，这100万美元的税后净利润只是个平均数，每年都会在此上下波动；那么，该企业就必须通过利润分配方式保留一部分资金用于重新投入。这样，同样是这100万美元的税后净利润，却只能相当于一次性投入1000万美元所得到的收益。

两者比较，同样是6% 的现金流，在能稳定提供该现金流的行业和不能稳定提供该现金流的行业，其税后盈余本益比居然要相差2.5倍（2500 ÷ 1000），差别就是这么大。显然，如果一家企业每年能稳定提供6% 的现金流增长率，那么该企业不但不需要负债，而且还有闲散资金；相反，如果是后者，每年只是围绕6% 的现金流增长率波动，那么该企业就必然要负债，以补充流动资金之不足。

巴菲特说，伯克希尔公司在媒体行业有着相当大的投资，包括100% 控股的《布法罗日报》公司以及《华盛顿邮报》公司、资本城 / 美国广播公司等。正是因为这些媒体企业受景气循环指数业绩影响，所以连累伯克希尔公司的赢利水平大受影响。虽然这一情况还不至于降低整个伯克希尔公司的内在价值，但已经促使巴菲特出售了一些规模较小的媒体企业。

让巴菲特感到欣慰的是，资本城 / 美国广播公司和《华盛顿邮报》公司两家企业的负债都很少，两家公司账面上的现金余额足以偿还所有债务，所以这种行业周期性不景气形势并没有导致公司资产大幅度缩水。

更值得一提的是，在美国所有主要媒体企业中，只有这两家企业因为负债较少，能够轻松地渡过危机。要知道，现在整个媒体行业比其他一般行业更具有竞争力；可是，媒体企业由于前期举债过多，导致赢利水平出现大幅度缩水，有的负债总额甚至要超过年赢利能力的5倍！也就是说，该企业把今后5年内的所有利润全部用来还债还不够。巴菲特的言外之意是说，后者的经营风险有多大，可想而知了吧？

他在伯克希尔公司1996年年报致股东的一封信中说，这方面查理 · 芒格有一句格言说得非常幽默："我们都希望知道自己最后会死在哪里，这样，打死我都不去那里就行了！"

巴菲特的意思是说，有些企业明明知道负债率过高会给企业造成严重后果，那为什么还要那样做呢？伯克希尔公司旗下的那些子公司就不是这样的，即使是霹雳猫保险业务，其损失理赔上限金额很大，可与伯克希尔公司本身的价值相比，比率还是非常低的。

巴菲特在伯克希尔公司1998年年报致股东的一封信中说，大家绝对可以为伯克希尔公司旗下的那些明星经理人感到自豪，因为他们几乎能在各行各业中找出最好的获利业绩来，并且继续保持企业的长期竞争优势。

例如，1994年他就向各位股东提到斯科特·费策公司明星经理人的杰出表现，可是他万万没想到，那还只能算是斯科特·费策公司的“热身”阶段。该公司1998年在没有任何借款的情况下，依靠1.12亿美元的资产净值，竟然创造出惊人的0.965亿美元的税后利润来，简直让人不可思议。

### 【巴菲特智慧结晶】

巴菲特认为，不同行业的企业负债率是不同的；即使在同一行业的相同企业中，过去和现在的负债率也会发生变化。有鉴于此，投资者在考察公司负债比率高低时，一定要具体问题具体分析，与同行对照起来看。

## 负债率高低与会计准则有关

> 受限的投票权，使得我们仅能以相当简略的方式将中美能源的财务数字列入财务报表，而无法将该公司所有的资产负债以及营收损益列入伯克希尔公司报表。依照会计准则，我们只能按投资比例认列该公司的投资金额及损益。或许在不久的将来，《公用事业控股公司法》会被取消，或是会计准则有重大改变；那么，届时中美能源所有的财务数字就都会被列入伯克希尔公司的合并报表之中，当然也包含其大量的融资负债在内。
>
> ——沃伦·巴菲特

## 【巴菲特现身说法】

巴菲特认为，投资者购买的股票，其负债率一定要低。公司负债率越高，那么你的投资风险就越大。不过巴菲特提醒说，由于受会计准则规定的影响，在评判负债率高低时需要懂一点会计核算制度。

巴菲特在伯克希尔公司2003年年报致股东的一封信中说，伯克希尔公司投资中美能源公司，就是因为受会计准则规定的影响，所以只能把其相关财务数据的一部分列入自己的年报，而不能把它有关营业收入、负债、经营利润等全部数据并入自己的年报。或许等到不久的将来，《公用事业控股公司法》( Public Utilities Holding Company Act ，PUHCA ) 被取消后，会允许这么做，但现在显然还做不到这一点。

巴菲特的意思是说，既然如此，投资者就有必要关心有下属公司的上市公司，其会计报表中的负债是否已经完全包括子公司的数据在内。弄清楚这一点很重要，因为对于同一数据来说，由于会计准则要求的核算方法不同，最终结果可能会相差好几倍。

他举例说，通过中美能源公司，伯克希尔公司持有许多公用事业的股份。按照除权后的比例看，伯克希尔公司所占权益为80.5%，其主要项目包括英国第三大电力公司约克夏电力公司、北方电力公司，美国艾奥瓦州中美能源公司，肯特河及北方天然气管道输送线等在内；其余19.5% 的股份由伯克希尔公司的3位个人合作伙伴所持有。

也就是说，从实际情况看，在伯克希尔公司的报表上，同样应该反映上述公用事业股份80.5% 的比率，包括营业收入、经营利润、负债。而实际上呢，根据美国《公用事业控股公司法》规定，伯克希尔公司的投票权最多只能达到9.9%，这就决定了能够反映在伯克希尔公司年报上的数据，只能是其中的一小部分。由此可见，出现在伯克希尔公司年报上的负债数据实际上被大大缩小了。当然，与此一起缩小的还有营业收入、经营利润、债权等相关数据。

巴菲特说，如果投资者了解上述会计准则对核算的有关规定，就容易更清楚地掌握真实情况。

不过对于中美能源公司来说，该公司的债务规模目前不是，将来也不是伯克希尔公司的责任。更何况，该公司的债务规模还算适当。由于该公司实行多元化经营，并且所从事的公用事业运营非常稳定，所以即使遇到最严峻的经济形势，也能用自己的累计利润支付所有债务。所以关于这一点，伯克希尔公司股东大可放心。

例如，截至2003年年末，在中美能源公司的所有负债中，15.78亿美元是欠伯克希尔公司的债务，不会像欠其他公司的债务那样被逼着还。

中美能源公司也有一些业务是属于竞争性的，例如美国第二大不动产中介商美国居家服务公司，就不属于公用事业类企业，而且这个行业的景气指数波动相当大。但如果没有过多的对外负债，其经营风险同样小得多。事实上，美国居家服务公司2003年的营业额高达486亿美元，比上年增长117亿美元，增长的部分主要来自4项新的购并案。

巴菲特在伯克希尔公司2005年年报致股东的一封信中说，自从伯克希尔公司合并了中美能源公司后，由于会计准则的限制，大家会以为伯克希尔公司对负债经营的容忍度比过去有所增加了，但事实并非如此。一般来说，伯克希尔公司出于以下3种原因才会考虑负债：

一是偶尔需要利用回购协议来作为某种短期投资策略。

在这种情况下，由于短期回购债券需要大量的资金，所以伯克希尔公司会考虑负债。需要指出的是，这种回购协议收益很高，当然投资风险也很大，所以只投资那些流动性最好的证券。从前几年的情况看，伯克希尔公司在这方面的投资做得很漂亮，所借债务在短时间内就全部还清了。

二是为了清楚地了解具有风险特征的带息应收账款组合而借债。

例如，2001年伯克希尔公司与人合作，一起收购破产了的某公司的许多种类的应收账款，为数额高达56亿美元的银行借款提供了担保。2005年，伯克希尔公司又为某家预制房屋应收账款组合提供财务支持。作为回报，它从中得到了应收账款证券化条件。也就是说，它有权把这些应收账款对外出售。这种操作方式平时很常见，可是在资产负债表上却不会反映由此造成的债务。

三是中美能源公司的债务虽然出现在伯克希尔公司合并它后的资产负债表上，但这依然是中美能源公司的债务，而不是伯克希尔公司的，因为它们是两家不同的法人企业。更重要的是，伯克希尔公司并没有为中美能源公司的债务提供担保，所以两者井水不犯河水。

不过必须指出的是，即使如此，中美能源公司的债务规模仍然是十分安全的。无论遇到什么情况，它都可以用稳定的公用事业收入来支付债务利息，并且绰绰有余，只是这一点在其会计报表上不一定能看出来。

### 【巴菲特智慧结晶】

巴菲特认为，由于会计准则规定的核算方法不同，所以导致反映在会计报表上的负债与实际情况有很大差距。但无论是表面还是实际，伯克希尔公司及其旗下公司在这方面的表现都是非常保守的，股东大可放心。

## 有些负债本来是可以省掉的

更重要的是，并不是中小企业才可以利用到这种服务，目前已经有一些大企业利用 Netjets 来补充本身机队调度的不足，这让它们可以不必因为应付高峰时间与避免飞机必须长时间停留地面而增加成本，从而省下一大笔开支。当一架飞机被私人使用，一个很大的争议就是不是由现在的客户买单，而是由后辈子孙来买单。这也是我最敬爱的阿姨 Alice 在 40 年前问我是否应该买一件貂皮大衣时，我回答她的话："阿姨，你花的不是自己的钱，而是你的继承人的。"

——沃伦 · 巴菲特

## 【巴菲特现身说法】

巴菲特认为，投资者购买的股票，其负债率一定要低。公司负债率越高，那么你的投资风险就越大。从道理上讲，企业有许多费用和负债本来是可以省掉的，而如果省掉了这部分，企业业绩也会有相应的提高。

巴菲特在伯克希尔公司1998年年报致股东的一封信中说，伯克希尔公司旗下的企业主管飞行公司出售部分飞机所有权，它的许多客户（包括单位和个人）都同时拥有几种不同种类飞机的部分所有权，以应付不同场合的旅行需要。

举个例子来说，一个客户如果同时拥有3种飞机各1/16的所有权，就表明他每年可以拥有每架飞机50个小时（合计150个小时）的飞行权。这说明什么呢?这说明，这个客户只要花费一笔数量不多的钱，就可以同时拥有“一群”飞机。

巴菲特说，更重要的是，并不是中小型企业和个人才有必要购买这种业务，许多大企业也同样向企业主管飞行公司购买这种业务。虽然这些大企业都有自己的专用飞机，可是这样做，有助于它们在业务繁忙时合理使用飞机，同时也可避免在空闲时期飞机闲置不用，从而省下了一大笔开支。要知道，当一架飞机专门供个人使用时，人们有理由相信，其费用开支不是由现在的企业负担，而是由其继任者来买单的。巴菲特的言外之意是说，这种行为造成了浪费，而这种浪费又必然会影响到公司业绩，最终转嫁到后面的人头上去。

巴菲特说，企业主管飞行公司现在（1998年）正在以爆炸性速度成长，1997年的企业专机订单比例超过31%。成千上万的美国企业家认为有必要每年飞行350~400个小时，如果基于此数据，这个市场的饱和度还远远没有达到，今后将会有更多的人需要拥有部分飞机的所有权。

显而易见的是，越来越多的人拥有部分飞机所有权，对那些购买部分飞机所有权的企业来说，实际上它们是在减少自己的费用开支和浪费。换句话说，这些企业会因此降低负债率。

巴菲特在伯克希尔公司2000年年报致股东的一封信中说，伯克希尔公司旗下的专门从事飞行员训练的国际飞安公司和出售部分飞机所有权的企业主管飞行公司，依然在各自行业内处于霸主地位。

2000年，伯克希尔公司投资2.72亿美元购买了飞行仿真器，2001年又差不多投入了同样规模的资金。伯克希尔公司为什么这样做呢？目的就在于保证有相当大的投资用于更新设备，以维持原有的竞争优势。而企业主管飞行公司越是这样做，就越能为购买其飞行权的企业节省费用，降低它们的负债率。

就拿巴菲特本人来说，不但巴菲特，包括他的妻子、孩子、姐妹、94岁的阿姨以及伯克希尔公司的所有董事（除了一位以外），都是该公司客户，这也是巴菲特节省个人开支的秘诀之一。

所以，了解伯克希尔公司经营历史的读者知道，如果某公司正在解决某些难题，或者因为以前的计划不成功要改变经营方向，巴菲特是绝不会投资该公司的。因为在他看来，这表明该企业正处于剧烈的变革之中，不但会费用猛增，而且投资回报没把握。

这个道理看起来显而易见，可是从中国股民特别青睐于资产重组股就可以看出并非人人赞同这种观点。

巴菲特一贯认为，以合理的价格买入优秀公司的股票，要比用便宜的价格购买有问题公司的股票更能保证投资收益。对于资产重组企业来说，或许无法摆脱最终破产的命运，可是投资者却完全可以不投资这样的股票。要知道，这样的企业在重组过程中所发生的每一笔费用，最终都会被分摊到每一位投资者头上去，而这是投资者本可以节省的费用。

巴菲特在伯克希尔公司1993年年报致股东的一封信中，呼吁公司董事会应该负起责任来。他认为，公司董事会的行为举止，时刻都要像背后有一位因为有事不能前来监督的虚拟大股东一样，无论遇到何种情况，都要确保这位虚拟大股东的长期利益不受损害。

实际上，巴菲特在这里所说的这位“虚拟大股东”就是广大投资者，而投资者自己也完全可以把自己当作这位“虚拟大股东”来看待。

公司管理层如果真的做到总想着背后有这位“虚拟大股东”存在，那么就会千方百计压缩费用、降低公司负债率了。而投资者如果把自己设想成这位“虚拟大股东”，那么即使无法像巴菲特那样控股所投资公司，直接行使否决权，也会用脚来投票的——我不买这样的股票总可以吧？

巴菲特幽默地说，这些公司管理层应该像一位年轻的辣妹在嫁给85岁的亿万富翁时常常被问到的那样：“如果我身无分文，你是否还会依然爱我？”年轻的辣妹回答说：“虽然我依然爱你，但我会更想念你！”

巴菲特的意思是说，如果一只股票负债率过高，那么作为投资者的你，虽然也可以爱这只股票，但还是不拥有它、只想念它为好。

### 【巴菲特智慧结晶】

巴菲特认为，许多上市公司因为成本费用过高而引发的高负债率，实际上是不应该发生的，因为其中有相当一部分成本费用原本是可以节省的。普通投资者即使喜欢这样的股票，也最好是敬而远之，以“想念”它为好。

## 零息债券是一把双刃刀

大部分的债券当然需要按时支付利息，通常是每半年一次；但是零息债券不需要马上支付利息，而是由投资人在以相当大的折价幅度取得债券时预先扣除，实质的利率则取决于债券的发行价格、到期面值与发行时间的长短。

——沃伦·巴菲特

### 【巴菲特现身说法】

巴菲特认为，投资者购买的股票，其负债率一定要低。公司负债率越高，那么你的投资风险就越大。他从减少税赋负担角度出发，特别提到了伯克希尔公司发行零息债券的案例。

巴菲特在伯克希尔公司1989年年报致股东的一封信中说，1989年9月伯克希尔公司发行了9亿美元的零息可转换债券。一般来说，大部分债券是需要按时支付利息的，通常是每半年支付一次。而所谓零息债券却不需要马上支付利息，因为在买入它时投资者就已经得到了一个很大的折扣。也就是说，在债券价格、面值一定的情况下，买入的价格越低，就表明它的利息越高。

巴菲特说，以这次伯克希尔公司发行的零息债券为例，它的发行价是面额的44.314%，期限15年，面额1万美元，可以申请转为0.4515股伯克希尔公司股票。由于每张债券的发行价是4431美元，所以转换成伯克希尔公司股票后，相当于4431 ÷ 0.4515 = 9813.95美元，其中大约包含了该股票市场价值15% 的溢价在内。也就是说，核下来相当于比伯克希尔公司当时的股票价格高出15% 左右。

投资者买入该债券后，如果不换成伯克希尔公司的股票，大约每年可以从中获得5.5% 的投资报酬率。伯克希尔公司扣除发行债券的950万美元发行费用后，实际募集资金4亿美元。

按照规定，伯克希尔公司有权在债券发行3年后的1992年9月28日后，通过加计每年5.5% 的利息，赎回这些债券；而投资者也有权从1994年至1999年9月28日，要求伯克希尔公司在加计每年5.5% 的利息后赎回这些债券。

巴菲特为什么要如此不厌其烦地介绍零息债券呢？因为在他看来，从税收角度看，由于伯克希尔公司没有马上支付债券利息，可是却每年可以从中享受5.5% 的利息支出的所得税抵扣；所以伯克希尔公司因减少了一笔税收支出，现金流量就增加了。也就是说，表面上看，伯克希尔公司需要支付的年利率是5.5%，可是由于减少了税赋支出，实际上的债券成本就没这么高了。虽然具体地说能够减少多少费用很难精确计算，但毫无疑问，这是一种节税方式。

巴菲特高兴地说，这次零息债券的发行和承销是由所罗门公司负责的，该公司为伯克希尔公司提供了“宝贵的建议和完美无缺的执行结果”。

巴菲特特别指出，其他公司，尤其是Loews公司和摩托罗拉公司发行的债券，与这种零息债券具有很大的区别。对于后者发行的这种债券，巴菲特和查理 · 芒格一直有很大的意见，认为“看不懂”。巴菲特说，这些债券的发行隐藏着欺骗行为，投资者购买这种债券是有风险的。

要了解这一点，就必须先了解一下美国的债券发行史。

第二次世界大战期间，当时美国最流行的债券是E系列美国储蓄零息债券，几乎每家每户都会买。当然，当时还没有“零息债券”这个名称，但实际上这些就是零息债券。

当时的这种债券，面额最小的是18.75美元，10年后可以从美国政府那里得到25美元，年投资报酬率约为2.9%，这在当时已经算是非常高的了。更何况，这种债券由国家信誉担保，随时随地可以变现，所以是一种典型的“金边债券”。后来，美国又出现了另一种国库零息债券，同样很受投资者欢迎。

可接下来问题来了，这种由国家信誉担保的债券面额较小，不适合机构投资者购买。这样，一贯善于创新的银行家就出现了，他们把标准的政府债券分拆成普通投资者和机构投资者想要的零息债券。

举例说，如果某长期国债的期限是20年，每半年支付1次利息，那么银行家就会把它分拆成40张债券，到期日分别是半年到20年不等。如果原来的债券复利率是10%，那么这时候半年期的债券买入价格大约为95.24%，20年期的债券买入价格大约为14.20%。然后，再把这些债券中到期日完全相同的债券合并起来对外出售。这样，所有购买债券的投资者就都非常明确自己手中持有的债券将来的报酬率了。

可是巴菲特说，无论什么样的好东西到最后都会变质的。发展到后来，这种零息债券因为从债券发行后一直到债券到期日之前不必付出任何资金，所以就出现了一大批垃圾债券，给投资者造成了极大的风险。而且，只要该债券还没到期，任何人都不能指责它还不出钱来，当然更没有任何债券发行企业承认自己还不出钱来了。只有到将来该企业出不了效益，缺乏现金流，问题才会暴露在光天化日之下。而就算到了那个时候，债券发行企业也可以借新债还旧债，进一步推迟风险的到来。

据此巴菲特认为，零息债券这种工具对企业来说确实是好东西。对于这种债券，要是能够按时兑现，也能起到节税作用；但它们如果被没有信誉的企业所利用，便成为欺骗的工具了。从购买者角度来看，要特别警惕这种债券到期不能支付的风险。

## 【巴菲特智慧结晶】

巴菲特认为，发行零息债券这种方式确实有助于公司降低负债率，但潜藏着到期无法兑现、借新债还旧债的巨大风险。所以，对于投资者来说，购买这样的债券时，应当擦亮眼睛，避免使自己陷入其中而不能自拔。

# 银根紧缩时的投资机会更多

> 这项融资案的主要承销商 Donaldson 自始至终皆给我们提供一流的服务。不像大部分的公司，伯克希尔并不会为了一些特定的短期资金需求而去融资。我们借钱反而是因为我们觉得在某一期间（约略短于融资年限）将有许多好的投资机会出现。最佳的投资机会大多是出现在市场银根最紧的时候，那时候你一定希望拥有庞大的火力。
>
> ——沃伦·巴菲特

## 【巴菲特现身说法】

巴菲特认为，投资者购买的股票，其负债率一定要低。公司负债率越高，那么你的投资风险就越大。当然，同样是负债，企业在什么时候借钱，结果也是不一样的。巴菲特在伯克希尔公司1980年年报致股东的一封信中说，伯克希尔公司在1980年8月发行了6000万美元的债券，利率为12.75%，发行期限为25年（2005年到期）。按照规定，公司将于1991年开始提存备偿基金。

他特别指出，伯克希尔公司和其他大部分公司在借款方面的不同是，主要目的在于看到今后一个时期内将会有大量的投资机会出现，需要拥有庞大的火力来追加投资，而不是为了短期资金需求。在巴菲特看来，最佳投资机会大多出现在市场银根最紧的时候。

实际上，这个道理大家都懂。市场上银根收紧，这时候的钱就会更值钱。巴菲特介绍说，同样是负债经营，银根收紧时的负债经营对提高经营业绩的帮助作用更大，因为这时候的投资机会很多——大家资金都很紧张，想投资而没钱，这时候的“火药”就更有杀伤力了。

在分析投资对象的类型时可以发现，巴菲特特别偏爱那些会产生现金流，而不是消耗现金流的企业。从主观上看，巴菲特是想把掌握的这些现金投资于其他方面，获取更大的业绩回报；而从客观上看，对于企业经营来说，现金是王，谁有现金，谁就能在机会来临时勇敢地抓住投资机会。如果投资者届时缺乏资金，即使负债经营，这时候的资金使用率也是最高的。

巴菲特曾经说过：“由于高通货膨胀的影响，越来越多的公司发现它们必须将所赚得的每一美元再投入才能维持其原有的营运规模。就算这些公司账面数字再好看，除非看到白花花的现金，否则我们对之仍需保持高度警戒。”这已经说得够明白的了。

巴菲特在伯克希尔公司1980年年报致股东的一封信中说，每年他们都要研究上百件企业购并案，其中只有极少数能引起他们的兴趣。无论如何，伯克希尔公司都希望投资对象是那种能够保持适当的资金流动性、负债比例结构适当，并且保持充足的资本实力的企业。虽然这样的标准在有些人看来比较保守，也会造成实际投资回报率打折扣，却是唯一能够保证投资安全的方式。

可是谁都知道，对于伯克希尔公司来说，它旗下有那么多公司，它们如何经营、如何负债，巴菲特基本上不管。说实话，他也管不过来。一方面他没有那么多的精力；另一方面他也不可能样样都懂，他最擅长的还是投资企业。在这种情况下，他又如何来促使旗下的那些企业控制负债规模呢？

他的秘诀有两条：一是要求旗下公司的那些明星经理人，把企业当作是自己唯一的资产一样来长期经营；二是认真考察公司管理层是否优秀。他说，这有点像谈恋爱：母亲在女儿恋爱时总是会告诉她要“睁大眼睛”；而当女儿结婚以后，母亲则要她学会“睁一只眼，闭一只眼”——说穿了，人的性格是很难改变的，你可以了解他，但是很难改造他。

在巴菲特看来，企业经营亦是如此。他说，当你向某个人买下一家企业后，然后又让他以伙计而不是老板的身份继续经营这家企业，在此前后他的心态是非常微妙的。你唯一能做的，就是要对这个人有更多的了解。要知道，对这个企业了解更多的是他而不是你，他如果心术不正，就会有太多的机会欺骗你。而到那个时候，你后悔也来不及了。对此，巴菲特的经验是，这个人一定要优秀，并且乐意留任，否则他就不会收购该企业。

巴菲特介绍说，伯克希尔公司长期投资的罗克福德银行（Rockford）的创始人吉恩·阿贝格（Gene Abegg）1980年7月去世了，终年82岁，他就是一位非常值得信赖的人。

巴菲特回忆说，当初他们两人第一次见面时，吉恩·阿贝格就非常坦诚——他把公司的所有不利因素全部都摊在桌面上，即使几年过去后，他还会谈到当时交易时漏掉的细节。

要知道，当初吉恩·阿贝格把银行卖给伯克希尔公司时，他已经71岁高龄了，可是依然那样辛勤地工作。他在工作中极少发生失误，一有失误就会立刻报告，因为他永远记得自己是在为别人处理钱财。像他这样的为人，伯克希尔公司还能要求什么呢？果然，这家早在1933年便足以用所持现金立刻清偿所有客户存款的银行，业绩表现在全国一直名列前茅。

巴菲特在伯克希尔公司1983年年报致股东的一封信中强调说，伯克希尔公司很少负债；如果真的要负债，也会比较保守，宁愿放弃一些非常有吸引力的投资机会，也不愿意过度融资。其衡量标志是，每1美元至少要能发挥1美元的市场价值。从历史经验看，每当银根收紧时，非常吸引人的投资机会便会更多一些。

## 【巴菲特智慧结晶】

巴菲特认为，在全社会银根紧缩的背景下，这时候举债的企业所面临的投资机会会更多。伯克希尔公司的原则是，宁愿保守一些，也不过度负债。而对于旗下的那些独立企业，巴菲特则倾向于通过公司管理层人品考察来加以把握。

## 检验经营管理层的一杆标尺

伯克希尔的经营团队在许多方面与众不同。举个例子来说，这些先生、女士大部分都已经相当有钱，靠着自己经营的事业致富。他们之所以愿意继续留在工作岗位上，并不是因为缺钱，或是有任何合约上的限制；事实上，伯克希尔并没有跟他们签订任何契约。他们之所以辛勤工作，完全是因为他们热爱自己的事业。而我之所以用“他们”这个字眼，是因为他们对这些事业完全负责，不需要到奥马哈做演示文稿，也不需要编预算送交总部核准，对于他们的任何开支伯克希尔也没有繁复的规定。我们只是简单地要他们像经营自己祖传百年的事业一样来对待即可。

——沃伦·巴菲特

### 【巴菲特现身说法】

巴菲特认为，投资者购买的股票，其负债率一定要低。公司负债率越高，那么你的投资风险就越大。他认为，企业负债究竟是因为业务发展所需不得不产生的，还是带有某种个人恩怨和企图不负责任地大肆扩张，实际上是检验管理层的一杆标尺。

巴菲特在伯克希尔公司1999年年报致股东的一封信中说，伯克希尔公司的经营团队在许多方面与众不同。例如，他们中的大部分都已经相当有钱，之所以愿意继续留下来工作，并不是为了养家糊口，或者不得不这样做；恰恰相反，他们完全是因为热爱自己的事业。正因如此，伯克希尔公司对他们的要求是，要把自己经营的企业当作是自己祖传百年的宝贝一样来对待，并且完全负责，而不用到公司总部汇报。

在巴菲特看来，如果经营管理层能够把企业当作“自己的”企业来对待，就一定能尽心尽力。相反，如果总部通过各种各样的“制度”对他们加以制约和规范，则总有百密一疏的地方，反而没有前者效果好。

所以，巴菲特和查理 · 芒格与伯克希尔公司旗下的那些明星经理人经常保持这种互动方式，这种互动方式与他们和伯克希尔公司股东之间保持的互动模式相一致。归根到底一句话，就是要站在对方的立场上看问题。巴菲特认为，经营管理层如果总能从股东角度考虑问题的话，就不会出现赌徒式的负债经营，负债率就会降到最低。

俗话说："冷，冷在风上；穷，穷在债上。"一家企业如果没有不必要的负债，相反还有充裕的现金，这个企业的业绩就差不到哪里去。

巴菲特在伯克希尔公司1999年年报致股东的一封信中说，伯克希尔公司1995年收购了犹他州家具行业的龙头老大威利家具公司（R.C.Willey）。该公司原来的明星经理人比尔 · 查尔德以及大部分经营团队都是摩门教徒，根据他们的宗教习惯，星期天是不做生意的。按理说，星期天正是销售旺季，比尔 · 查尔德领导该企业后依然坚持星期天不营业的惯例，让巴菲特多少有些不爽。可是，巴菲特又不便过多地进行干涉，因为归根到底该企业是由比尔 · 查尔德在具体经营管理的。但是，让巴菲特感到欣慰的是，比尔 · 查尔德是真心实意地把企业看作是自己的来经营管理的，不但负债很少，而且业绩蒸蒸日上。一个最有说服力的数据是，自从1954年比尔 · 查尔德接手管理该公司以来，其年销售额从当时的25万美元一直增长到了1999年的3.42亿美元。

比尔 · 查尔德认为，既然威利家具公司能够在犹他州取得成功，那么也应当可以在其他地区开拓市场，所以1997年又在爱达荷州首府博伊西（Boise）设立了一家分店。巴菲特说，说实话，当时他是为该公司的这一举措捏了一把汗的，他非常怀疑这种星期天不营业的做法怎么能去抵挡对手全年无休的竞争？不过他还是坚持不干预原则，心里虽这么想，嘴上却依然没有说出来，因为他必须尊重比尔 · 查尔德的商业判断和宗教信仰。

为了打消巴菲特的顾虑，比尔 · 查尔德主动提出了一个非常特别的方案——他愿意自己先投资900万美元，以个人名义买下这块土地建造建筑物，等到生意走上正轨后，再以成本价把该建筑物卖给伯克希尔公司；如果生意没有原来想象的那么好，那么将由他个人承担全部损失，伯克希尔公司不必承担一分钱损失，更不用说背上巨额债务了。

巴菲特很感激比尔·查尔德的提议，但明确表示，既然伯克希尔公司想要获取投资报酬，理所应当承担可能造成的风险，没有理由让他一个人承担风险。但比尔·查尔德坚持认为，如果是因为他个人的宗教信仰问题而使得企业经营不善，那么就应当由他个人来独自承担这个苦果。

后来，这家分店于1999年8月顺利开业，立刻在当地造成轰动。而比尔·查尔德也信守诺言，完全以成本价把两年来建造的该物业移交给伯克希尔公司，没收一分钱利息。

巴菲特感慨地说，从来没有哪一家上市公司的经理人会这样做，至少他从来没有听说过。他说，与这样的公司管理层进行合作，还有什么不能放心的呢？值得一提的是，当一个月后这家分店正式开业时，其业务就已经十分火爆了，规模在当地首屈一指，把同行远远抛在了脑后。

读者知道，企业中有一些负债是因为财产损失引发的，然而优秀的公司管理层却能有效避免这种无谓的财产损失。

巴菲特在伯克希尔公司1989年年报致股东的一封信中说，1989年9月他邀请波仙珠宝公司的埃克·弗里德曼为一个聚会讲解珠宝知识。为了加深印象，埃克·弗里德曼特地从奥马哈携带2000多万美元的珠宝来到现场。当天晚上，巴菲特提出为这些价值不菲的珠宝如何安全过夜感到担忧，这时候埃克·弗里德曼悄悄地把他拉到一边说，你看到这个保险柜了吗？这里面放的全是假的，真的早已调包了。

## 【巴菲特智慧结晶】

巴菲特认为，公司负债率能够在一定程度上反映公司管理层的为人、经营水平和管理技巧。如果公司管理层真是一心一意为股东着想，把企业当作自己的，就不会过度举债，把企业推向危险边缘了。

# 忠告 7　自由现金流要持续充沛

## 二鸟在林不如一鸟在手

奇迹之一就是在《伊索寓言》里，那历久弥新但不太完整的投资观念，也就是“二鸟在林不如一鸟在手”。要进一步诠释这项原则，你必须再回答 3 个问题：你如何确定树丛里有鸟儿？它们何时会出现，同时数量有多少？无风险的资金成本是多少（这里我们假定以美国长期公债的利率为准）？如果你能回答以上 3 个问题，那么你将知道这个树丛最高的价值有多少，以及你可能拥有多少鸟儿。当然，小鸟只是比喻，真正实际的标的还是金钱。

——沃伦·巴菲特

### 【巴菲特现身说法】

巴菲特认为，投资者购买的股票，其自由现金流要持续充沛，这是考察该股票是否值得投资的很重要的一个方面。他最喜欢引用的一句格言是《伊索寓言》中的“二鸟在林不如一鸟在手”，翻译过来就是中国人通常所说的“现实惠”“现到手”。在他看来，企业产生的自由现金流，才是投资者所能拥有的最实在的东西。

巴菲特在伯克希尔公司2000年年报致股东的一封信中说，伯克希尔公司评价股票和评价事业的方法没什么两样。而实际上呢，从古到今这个评估所有金融资产投资方式的方法，就从来没有改变过。追根溯源，还要回到公元前600年的《伊索寓言》那里去。

他说，《伊索寓言》里有一个历久弥新，可是又不是很完整的投资观念，那就是"二鸟在林不如一鸟在手"。为什么这么说呢？要弄懂这个简单的道理，你必须回答3个问题：首先是这个树林里究竟有几只小鸟？其次是它们什么时候会同时出现在你的面前？最后是捕捉这些小鸟，你需要花费多大的代价？

巴菲特在这里说这个寓言故事的真正用意是，告诉投资者，在上市公司这片"树林"里，只有搞清楚一共有多少只"小鸟"，你才能知道该股票具有多大的投资价值；只有搞清楚同时会出现在你面前多少只"小鸟"，你才能知道你能获得多大的投资报酬；与此同时，你还应当用美国长期公债利率来比较你的投资成本，看能否超过平均投资回报率。

否则，即使你能捕捉到这些"小鸟"，可是由于投资成本过高，最终你的所得报酬率甚至也会低于长期国债，这样的"捕鸟"行为是不合算的。

巴菲特说，这一投资理念不但适合于股票投资，还可以扩大到农业、油田、彩票、企业投资等方面。即使是蒸汽机的发明、电力设备的运用、汽车的问世、互联网的应用，都无法改变这样的定律。

他说，你无法想象有谁只要在电脑上输入正确的数字，就能轻轻松松地获得资金运用的最佳途径！

巴菲特认为，投资者一定要注重自由现金流这个指标，这才是投资者能够实实在在拥有的东西。至于其他的投资原则，如股利报酬率、本益比、成长率，除非能够提供该企业未来现金流流入流出的任何线索，否则这些指标就和股票内在价值的评估没有一点关系，有时甚至还会起反作用。

为什么会起反作用呢？他解释说，许多证券分析师和投资家把"成长型""价值型"列作两种截然不同的投资类型，这简直不可思议。在他看来，成长是股票的基本要素之一；如果该股票不属于"成长型"，那为什么还要投资它呢？但是，"成长"并不一定就会增加企业内在价值。

巴菲特的意思是说，某家企业如果在成长，那它当然会获得相应的业绩增长，可是这应当和《伊索寓言》中捕捉小鸟所付出的成本相比较。更不用说树林里有多少只小鸟、它们什么时候会出现，其中充满变数，谁也无法精确计算出来。可是，如果真的根本无法精确计算出这些来——尤其是那些变化大的行业和企业，要做到这一点更不容易——那么无论如何，它们最终得出的相关数据都很玄乎。既然这样，自由现金流就是一个比较容易衡量的指标。

巴菲特说，虽然现在无论一只股票的价格是否物有所值，只关心别人会不会以更高价格把自己手中的股票买走这种“投机主义”广泛盛行，而且谈不上不道德，更不能说违法，并且这还是一个全球性的问题；可是，这却不是他和查理·芒格喜欢玩的游戏。

他们的观点是，自己如果两手空空地参加聚会，那又怎么能希望聚会结束后自己满载而归呢？

巴菲特的意思是说，投资股票必须考察该公司的自由现金流有多大，而不是盲目投资。如果该股票根本就没有投资价值，你又怎么能希望它给你创造丰厚的业绩回报呢？

巴菲特说，许多投资者对股市回报拥有不切实际的想法。与之相应的是，有一种荒唐的说法叫“价值创造”。他说，打死他也不相信，那些从来就不赚钱，甚至亏钱的企业，能够创造出什么价值来。

就好比说，在一片树林中根本就没有一只鸟，你又怎么能从中捕捉到鸟儿呢？那些利用市场泡沫创造出来的泡沫公司，最终的目标不是让投资者赚钱，而是赚投资者手中的钱。说穿了，这是过去那种“连锁信”骗局的现代版，因为这些企业根本就不产生自由现金流。

巴菲特实事求是地说，他从来就没有从一堆不成气候的上市公司中找到幸运儿的超能力，而是在学习2600多年前古老的《伊索寓言》中所教导的方法后，从比较保守的角度去估算每一只股票每年的现金流入和流出状况。虽然无法做到很精确，但这样做确实是投资股票所必需的。

## 【巴菲特智慧结晶】

巴菲特认为，投资者投资的股票，其自由现金流是否持续充沛，是一项很重要的考察指标，因为自由现金流是投资者能够实实在在拥有的东西。就好比说，如果树林中根本就没有鸟，你又怎么能期望从这里捕捉到鸟儿呢？

# 有了金刚钻才能揽到瓷器活

当保险公司购买再保险时，它们买下的只是一纸承诺，而其有效性可能要在几十年后才会受到考验。在再保险世界中，没有任何一家公司可以比通用再保险及国家产险更具保障性。此外，不像其他大部分的再保业者，我们几乎将所有承担的风险自留下来，因此我们的理赔能力不必再依赖其他再保公司的能力或意愿。这种独立的财务实力，对可预期一定会发生重大灾难的保险世界来说尤其重要。

——沃伦·巴菲特

## 【巴菲特现身说法】

巴菲特认为，投资者购买的股票，其自由现金流要持续充沛，这是考察该股票是否值得投资的很重要的一个方面。在再保险领域，伯克希尔公司就以其强大无比的自由现金流，接下了许多别人不敢接的大订单。

巴菲特在伯克希尔公司2003年年报致股东的一封信中说，在保险公司购买再保险时，它们买到的实际上是一纸承诺。因为购买再保险后，究竟会不会遇到需要理赔的事，往往要在横跨几十年的时间段中才能反映出来。与其他再保险公司相比，没有哪家公司可以比通用再保险公司和国家产险公司更具有保障性的了。

除此以外，与其他大部分再保险公司不同的是，伯克希尔公司由于有强大的自由现金流做保证，所以即使遇到所有的承保风险一起发生，它也可以不依赖于其他再保险公司的能力，而是独自承担理赔业务。这种实力对于预期今后一个时期内一定会发生重大灾难的投保业务，显得尤其重要。

巴菲特承认，自从伯克希尔公司1998年购并通用再保险公司后，该公司就一直是伯克希尔公司的“问题孩子”。并且由于该公司规模庞大，所以它对伯克希尔公司的连累也尤其大。巴菲特说，真的要感谢通用再保险公司经营管理层的正确领导，所有的核保纪律和损失准备提列2003年都已经到位，这些问题全都解决了。

通用再保险公司虽然不能保证说今后就不会出问题了，但显而易见，该公司强大的自由现金流将成为伯克希尔公司未来获利成长的重要推动力，它的财务实力是其他同行所无法比拟的。更不用说，就在2003年其他同行的信用等级纷纷被降低时，该公司的实力又更上一层楼——它以及它的姊妹公司国家产险公司，一跃成为全球主要再保险公司中唯一具备AAA最高信用等级的企业。

巴菲特特别指出，这里尤其要感谢詹·阿杰，在过去18年中，他连续为伯克希尔公司做出了巨大的贡献，同时在处理超大型特殊风险方面也做出了卓越的成绩。这种超大型特殊风险，通常是其他再保险公司无法承担的灾难性风险，如加州大地震以及其他一些非常特别的保单等。

例如，2003年百事可乐公司就曾经举办过一次摸奖活动，每位参加者都有机会获得10亿美元的大奖。10亿美元当然不是一个小数字，百事可乐公司理所当然想要分散风险，而它首先想到的便是实力强大的伯克希尔公司。就这样，伯克希尔公司独立承担起了这次摸奖活动的所有风险。

按照协议，如果真的有顾客抽到10亿美元的奖金，因为要实行分期支付方案，所以伯克希尔公司实际承担的马上要掏出现金的风险是2.5亿美元。2003年9月14日摸奖活动正式举行，大家屏住呼吸等待着这一时刻的来临，所幸的是大奖并未被抽出。所以，2004年百事可乐公司还准备再次举办这样的摸奖活动。

为此，巴菲特提醒公司股东说，大家最好要有这样的心理准备，万一类似于这种活动需要伯克希尔公司理赔的话，公司的业绩就可能会受到较大的影响。不过从长期看，公司实力还是堪称无虞的。

巴菲特在伯克希尔公司2005年年报致股东的一封信中说，2005年年初伯克希尔公司控股80.5%的中美能源公司，收购了为美国西部6个州提供电力服务的亚太集团（Pacifi Corp）。由于后者是一家公共服务机构，所以需要经过许多监管部门的批准。更重要的是，为了收购亚太集团，伯克希尔公司专门为此购买34亿美元的中美能源公司普通股股票，然后把这些股票交给中美能源公司，再加上17亿美元的银行贷款，一起完成这笔收购交易。

容易看出，这里一下子要拿出51亿美元资金来收购该集团，实在是一笔不小的交易。而这样庞大的收购业务，也只有伯克希尔公司能够啃下来。

巴菲特客观地评价说，对于这种政府监管的公用事业来说，伯克希尔公司投资这样的企业是不能指望从中获得特别高的盈利的，但这样的投资能够为伯克希尔公司用巨额资金创造合理收益提供机会。也就是说，这种数额庞大的社会业务，对于资金规模同样庞大的伯克希尔公司来说，堪称是门当户对。今后，伯克希尔公司将继续寻求更多这种投资机会。

巴菲特说，伯克希尔公司旗下的公司中有许多企业由于自由现金流充沛，所以能够承接到同行不敢承揽的业务，从而创造出较高的投资获利来。

他举例说，伯克希尔公司2003年收购专门生产预制房的克莱顿预制房屋公司后，许多同行都在亏损，只有克莱顿预制房屋公司盈利丰厚。究其原因在于，该公司的专业能力和伯克希尔公司的财务实力相结合，能够从银行买到银行认为无利可图，又很难提供服务的预制房屋贷款。买入贷款时，该公司的预制房屋贷款规模只有54亿美元，而短短一年后就增加到170亿美元，被伯克希尔公司收购后的新增贷款服务资产组合约有96亿美元。

## 【巴菲特智慧结晶】

巴菲特认为，自由现金流持续充沛的上市公司必然具备强大的财务实力，从而构成特殊竞争优势。因为这种财务实力反过来会促进该企业承接到实力较小的同行不敢承接的业务，显示出强者恒强的马太效应来。

## 自由现金流代表着真金白银

1985 年我们买下斯科特·费策，买到的不但是一家公司，还附带一位优秀的经理人拉尔夫·舒伊。当时拉尔夫·舒伊 61 岁，对大部分注重年龄而非能力的公司来说，他为其服务的时日可能已不多。但是在伯克希尔正好相反，拉尔夫·舒伊之后又在斯科特·费策公司待了 15 年，直到 2000 年年底他正式退休为止。在他领导期间，相较于当初 2.3 亿美元的买进成本，该公司前前后后总共贡献了 10.3 亿美元的盈余给伯克希尔，而我们又利用这些资金再买进其他企业。算下来，拉尔夫·舒伊为伯克希尔贡献的价值可能超过数十亿美元。

——沃伦·巴菲特

### 【巴菲特现身说法】

巴菲特认为，投资者购买的股票，其自由现金流要持续充沛，这是考察该股票是否值得投资的很重要的一个方面。他以伯克希尔公司投资斯科特·费策公司为例，充分说明了这一点。

巴菲特在伯克希尔公司2000年年报致股东的一封信中说，1985年伯克希尔公司买下斯科特·费策公司时，买到的不仅仅是一家公司，还附带一位优秀经理人拉尔夫·舒伊。当时他已经61岁了，对于大多数注重年龄而不是个人能力的企业来说，这个年龄可能已经太大了，可是伯克希尔公司不这么看。后来，拉尔夫·舒伊又在斯科特·费策公司待了15年。在此期间，斯科特·费策公司一共上交了10.3亿美元的利润，而伯克希尔公司当初的投入成本才只有2.3亿美元。伯克希尔公司把这10.3亿美元继续投资了其他企业。广义地说，拉尔夫·舒伊为伯克希尔公司所贡献的价值已经达到几十亿美元。

巴菲特兴奋地说，别小看这些数据，这些可都代表着真金白银啊。所以，作为一名明星经理人，拉尔夫·舒伊绝对可以进入伯克希尔公司的名人排行榜。

读者知道，巴菲特历来十分重视公司管理层队伍建设，或者说，十分重视对这支队伍的发掘。在他看来，他们是创造自由现金流的主要推手。

巴菲特在伯克希尔公司1990年年报致股东的一封信中说，伯克希尔公司投资的那些企业，“之所以能够拥有这么多额外的价值，完全要归功于经营它们的这批优秀经理人”。而他和查理·芒格对这支经理人队伍历来非常满意。

要知道，这些人从过去到现在一直如此，他们高超的管理才能和高尚的人格品质并不是伯克希尔公司培养出来的。伯克希尔公司只是挖掘到了他们，并且给他们提供了一个良好的工作环境，让他们能够充分发挥自己的主观能动性。而他们呢，则把现金源源不断地送回伯克希尔公司，从而使得他和查理·芒格能够把这些资金更有效地运用在其他领域，使得雪球越滚越大。

为什么说自由现金流是真金白银呢？巴菲特说，因为只要拥有自由现金流，不用投资者后续投入，也不用企业举债经营，就能实现业绩和现金流的增长，至少也能保持在过去的相对水平上。毫无疑问，这样的企业股票当然就是投资者眼里的好股票了。

一个比较典型的例子是，1999年巴菲特投资TCA电信公司时，该股票的内在价值已经很高了，但巴菲特看到它每年都能产生1亿美元以上的自由现金流，还是禁不住诱惑买下了它。如果按照巴菲特一贯的投资原则，该企业怎么都不符合他买便宜股的投资思路，所以这个案例可以看作是特例。后来，COX电信公司巨额收购了TCA电信公司，巴菲特成功脱手，从中狠狠地赚了一笔。

巴菲特在美国佛罗里达大学演讲时说，他并不关心宏观经济形势的发展变化，并且告诫同学们说，投资领域最主要的是要搞清楚那些最重要的、自己能够搞懂的东西；对那些既不重要，又难以搞懂的东西，忘了它们才对。就伯克希尔公司而言，它从来就不会根据宏观经济形势的变化来决定买或者不买某家企业。

举例说，1972年伯克希尔公司购买喜斯糖果公司后不久，政府就实施了价格管制。可是这又怎么样呢？如果当初伯克希尔公司因为政府要实行价格管制而没有购买喜斯糖果公司，那就会错过一笔大生意——当初它购买喜斯糖果公司时的价格是2500万美元，而现在该公司的税前利润已经高达6000万美元。

巴菲特在伯克希尔公司1987年年报致股东的一封信中说，当年伯克希尔公司旗下7家非金融企业的获利水平，在扣除利息和所得税之前高达1.8亿美元，扣除区区200万美元的利息后，税前利润高达1.78亿美元。即使上缴了所得税，它们的净利润还有1亿美元，股东权益投资报酬率平均高达57%！要知道，这些可都是真金白银啊！

更不用说，这7家企业过去10年来的内在价值增长率都要高于账面价值增长率，这是巴菲特感到更满意的地方。

毫无疑问，内在价值增长率高于账面价值增长率，与这些企业能够源源不断地提供自由现金流是分不开的。

**【巴菲特智慧结晶】**

巴菲特认为，企业的自由现金流代表着真金白银，这是企业内在价值高于账面价值的主要表现形式之一。巴菲特根据企业内在价值来投资股票，自然而然就会注重考察自由现金流这个外在指标，它比账面价值更实在。

## 伟大的公司必须现金流充沛

我们要寻找的生意，是在稳定行业中具有长期竞争优势的公司。如果它成长迅速更好，但是即使没有成长，那样的生意也是值得的。我们只需简单地用从这些生意中获得的可观收益去购买别处类似的企业，这里没有什么规定说钱是从哪儿挣来的你就必须花在哪儿。事实上，这样的做法通常是一个错误：真正伟大的生意，不但能从有形资产中获得巨大回报；而且在任何持续期内，不用拿出收益中的很大一部分再投资，就能维持其高回报率。

——沃伦·巴菲特

## 【巴菲特现身说法】

巴菲特认为，投资者购买的股票，其自由现金流要持续充沛，这是考察该股票是否值得投资的很重要的一个方面。一家真正伟大的企业，自由现金流必然充沛。

巴菲特在伯克希尔公司2007年年报致股东的一封信中说，伯克希尔公司所寻找的投资项目，就是那些在稳定行业中具有长期竞争优势的企业。如果这些企业具有迅速成长性当然更好，可即使没有这种成长性，只要能产生可观的自由现金流，这样的投资也是非常值得的。因为伯克希尔公司可以把从中获得的自由现金流重新投入其他领域。

巴菲特由此总结说，真正伟大的生意不但能够从有形资产中获得巨大回报，而且在任何持续期内，不用拿出收益中的很大一部分用于再投资，就能维持其原有的高回报率。

巴菲特为什么这样说呢？道理很简单，因为谁都知道现金流是一家企业的血液，血脉旺盛当然比贫血要好啦。

以伯克希尔公司为例，就能很好地说明这一点。伯克希尔公司的股票价格在全球最高，之所以会这样，与其始终拥有相当比例的现金是分不开的。

正如巴菲特自己说过的那样："充足的现金流能让我在这个市场犯错误的时候买到价廉物美的好东西。"伯克希尔公司拥有大量的自由现金流，所以它能在市场最低迷时抄底股市。这些庞大的自由现金流，主要来自伯克希尔公司旗下70多家企业中的30多家大大小小的保险公司。巨大的自由现金流，为提升伯克希尔公司股票价格拓展了想象空间。

巴菲特在伯克希尔公司2010年年报致股东的一封信中说，投资者从他们的毕生积蓄中拿出很大一部分来购买伯克希尔公司的股票，所以他绝不会为了追求额外的一点利润而让投资者面临风险，否则就是不负责任。不但如此，伯克希尔公司还承诺，会随时随地维持最少100亿美元的现金储备以应对风险。而实际上，它通常会持有最少200亿美元的现金，主要形式是美国国债，而不是利率略高几个基点的其他短期证券。为此，伯克希尔公司永远都会远离杠杆操作，即中国人熟知的融资融券。

他语重心长地说：“毫无疑问，有些人会通过借钱投资成为巨富，但此类操作同样可能使你一贫如洗。杠杆操作成功的时候，收益会成倍放大，配偶觉得你很聪明，邻居也对你艳羡不已。但它会使你上瘾，你一旦从中获益，就很难再回到谨慎行事的老路上去。而我们在三年级时就学到，不管多大的数字一旦乘以0都会化为乌有。历史表明，无论操作者多么聪明，金融杠杆都很可能会带来‘0’。对于企业来说，金融杠杆也可能是致命的。许多负债累累的公司认为债务到期时可以靠继续融资来解决，这种假定通常是正常的；可一旦企业本身或者全球信用出现危机，到期债务就必须如约清偿，届时只有现金才靠得住。信贷就像氧气，供应充沛时，人们甚至不会加以注意；而一旦氧气或信贷紧缺，那就成了头等危机，即使短暂的信贷危机，也可能使企业崩溃。”

关于这一点，经历过2015年中国股市暴涨暴跌，尤其是那些因为融资融券被爆仓的投资者，应该有切肤之痛。

巴菲特在伯克希尔公司2008年年报致股东的一封信中说，上市公司可以分成3大类：伟大的公司、优秀的公司、糟糕的公司。

在他眼里，“伟大的公司”在于投资者投资这样的股票，能够得到非常可观的利息，并且这些利息还会随着时间的推移不断增长；“优秀的公司”在于当你在不断增加存款的时候，利息依然会很具有吸引力；“糟糕的公司”在于投资者投资这样的企业，不但利息收入令人失望，并且还要不断掏钱才能维持这种少得可怜的回报。

如果按照这样的标准来衡量投资对象，读者很容易发现某只股票究竟是属于“伟大的”“优秀的”，还是属于“糟糕的”一类。

为了帮助读者更好地理解，巴菲特又举了几个实例来加以说明。他说，在他心目中，伟大的上市公司的理想原型是喜斯糖果公司。

喜斯糖果公司所在的盒装巧克力行业，由于美国巧克力人均消费量非常低，所以其上升速度缓慢。巴菲特1972年收购喜斯糖果公司时投入的资金是2500万美元，当时它的税前利润还不到500万美元。之后，伯克希尔公司又另外投入3200万美元对它进行改造。如今，它的税前利润已经达到13.5亿美元。而美国的其他企业，实现利润从500万美元增长到8200万美元，平均需要4亿美元资本的投入。这样一对比，你就知道喜斯糖果公司有多么伟大了。

更不用说，伯克希尔公司收购喜斯糖果公司后，除了返回给它的3200万美元的投入外，其余的自由现金流全都留在了伯克希尔公司，被巴菲特用来收购其他非常有吸引力的企业。用中国读者熟悉的词语来说，那就是喜斯糖果公司成了伯克希尔公司的“皮夹子”。

巴菲特眼里的优秀公司的原型，是伯克希尔公司旗下的国际飞安公司。伯克希尔公司1996年收购该公司时，它的税前利润还只有1.11亿美元，固定资产净值5.7亿美元。而在伯克希尔公司收购该公司后的10年间，该公司资产折旧9.23亿美元，资本投入16.35亿美元，其中绝大部分是用来配置那些飞行模拟器的。2007年，该公司的税前利润为2.7亿美元，比1996年增加1.59亿美元，不过与喜斯糖果公司相比还是逊色多了。

巴菲特眼里的糟糕公司，是那种成长速度很快，可是却需要大量资本投入才能维持其原有发展速度、利润很少甚至根本不赚钱的企业。美国航空公司就具有这种典型性。从第一架飞机诞生的时候开始，就决定了美国航空公司需要源源不断地投入资金，有时候根本就不创造利润。

除了上面这3种类型，更糟糕的要算是亏损投资了。对于这样的投资，投资者不但别想得到投资利息，甚至还会赔了老本。巴菲特也有过这样的教训。

例如，伯克希尔公司用4.33亿美元价值的股票买下了德克斯特鞋业，结果呢，最终造成30.5亿美元的亏损。尤其让巴菲特痛心的是，他当初投资这个项目用的还不是现金，而是比现金更值钱的伯克希尔公司股权。这些股票要是放在今天的话，仅仅自然增值就不知要增长多少倍了。

## 【巴菲特智慧结晶】

巴菲特认为，自由现金流是否充沛，是衡量一家企业是否属于“伟大的企业”的主要标志之一。而这个观点，是他在总结经验教训的基础上得到的。在他看来，自由现金流比成长性更重要，因为它能以钱生钱。

## 有没有利润上交是不一样的

> 一般的人可能无法体会，我们众多旗下事业的表现到底有多杰出。虽然相较于其他已上市的同业，《布法罗日报》公司或是斯科特·费策公司的获利表现看起来并不突出；不过大家要了解，大部分上市公司通常会将 2/3 以上的盈余保留不分配以支应内部的成长，但是伯克希尔大部分的子公司将所赚取的盈余分毫不差地缴回母公司。是它们贡献的资金，促成母公司伯克希尔进一步成长。
>
> ——沃伦·巴菲特

## 【巴菲特现身说法】

巴菲特认为，投资者购买的股票，其自由现金流要持续充沛，这是考察该股票是否值得投资的很重要的一个方面。不过在考察自由现金流时，投资者要特别注意该公司有没有向母公司上交利润，这里有着巨大的差别。

巴菲特在伯克希尔公司1997年年报致股东的一封信中说，一般人可能体会不到伯克希尔公司旗下的那些公司表现有多么杰出。虽然与其他同行相比，《布法罗日报》公司和斯科特·费策公司的业绩表现看起来并不十分突出；可是要知道，大部分上市企业通常会把自己2/3以上的利润留在企业内部，而伯克希尔公司的大部分子公司却会把所赚取的利润全部上交给母公司。正是它们的利润上交，促成了伯克希尔公司的进一步成长。

巴菲特说，千万不要小看这一点。如果上市公司把利润留在自己内部，用于自身发展，这对该公司今后的业绩表现会有累积作用。可是伯克希尔公司旗下的公司却把所有利润上交给母公司，这样，本该属于这些公司的业绩表现，就有相当一部分转移到了伯克希尔公司。考虑到这一因素，再把这些公司与同行企业相比，即使它们的业绩表现看起来不那么突出，但事实上也已经够突出的了。

举例来说，《布法罗日报》公司、喜斯糖果公司、斯科特·费策公司这3家企业，在1997年以前的几年中，上交给伯克希尔公司的利润高达18亿美元。而伯克希尔公司利用这些资金收购其他优秀企业，创造出了良好的业绩回报。所以巴菲特实事求是地说，伯克希尔公司感谢下属公司的这些明星经理人，不仅仅局限于账面上所能看到的业绩，实际数字要比这大得多。

巴菲特始终认为，会计账簿上的盈利数据很难反映某些公司的实际状况。所以，他每年在伯克希尔公司年报中都要首先按照一般会计准则编制详细的分部门信息，然后再按照他自己的理解，重新编制一份能够完整体现伯克希尔公司整个营运状况的相关数据。他这样做，就是从投资者角度出发，便于投资者更多地了解相关信息。当然，这两种编制方法的最终结果应该是一样的。

例如，每年列在伯克希尔公司旗下公司账面上的投资利润，就是其中的一部分。在伯克希尔公司经营早期，他并没有要求旗下公司一定要上交利润，进行重新分配。事实上，巴菲特历来很重视没有进行分配的那部分利润，因为这部分利润很可能会为伯克希尔公司创造出更高的价值来。

巴菲特的意思是说，这部分盈利如果不分配，保留在旗下公司的账面上，可能会比上交给伯克希尔公司更能创造出高业绩回报来。那既然如此，伯克希尔公司又为何要它们上交这部分盈利呢？

在这里，巴菲特引入了一个“完整透视盈余”的概念。意思是说，与会计准则要求不同的是，通过某种数据改编，更方便普通读者完整理解总公司和子公司之间的业绩完成情况。

完整透视盈余的具体数据，是在账面利润基础上，加上被投资对象的保留利润（按照会计准则规定，这部分利润无法反映在母公司账面上），然后扣除这部分利润上交给母公司时估计要缴纳的所得税。

巴菲特认为，经过如此这般调整，投资者就容易看出伯克希尔公司及其被投资企业，实际上取得多大的业绩回报了。

对于伯克希尔公司来说，巴菲特手中可以运转的资金除了旗下公司上交的利润外，还有相当一部分是旗下各保险公司集中起来的浮存金。之所以要把浮存金单列出来，就是因为浮存金虽然可以随时随地供伯克希尔公司投资之用，却不属于公司盈利。

伯克希尔公司旗下公司中，目前有近一半属于保险公司。巴菲特之所以如此青睐保险公司，原因之一就在于他看好浮存金。

他在伯克希尔公司2005年年报致股东的一封信中说，浮存金虽然不属于伯克希尔公司，可是却能暂时被伯克希尔公司所使用。从发展趋势看，伯克希尔公司手中拥有的浮存金数量在不断增加，究其原因有两方面：一是在保险业务中通常是先收取保险费用，然后在一年左右才提供保险服务；这样，这部分资金就被闲置了下来，可以另外派用场。二是目前发生的财产损失并不表明保险公司马上就要进行理赔。一般来说，从发生损害到调解，到问题的最终解决，总要相隔一段时间，有时候这个过程需要好几年，这样浮存金也会被沉淀下来。

巴菲特回顾说，1967年伯克希尔公司的保险浮存金数额为0.2亿美元，而如今（2005年年末）已增长到490亿美元之多。最新数据是，2015年年末，该数额已经升至877.22亿美元。

很明显，巴菲特手中拥有的保险浮存金越多，对提高伯克希尔公司的业绩增长就越有利。可是为了保证业务正常运转的需要，浮存金却不能上交太多。尤其是当保险公司遇到很大的意外损失时，这种做法很可能会付出毁灭性代价，而这正是大多数保险公司的写照。

## 【巴菲特智慧结晶】

伯克希尔公司旗下公司把所有利润上交给母公司后，它们的经营业绩仍然与其他同行相差不大，但其性质已经发生改变：一方面，表明这些公司能够产生大量的自由现金流；另一方面，表明它们的实际赢利水平极为可观。

# 资金分配是最重要的管理行为

> 我们最希望能透过直接拥有会产生现金且具有稳定的高资本报酬率的各类公司来达到上述目的。否则退而求其次，由我们的保险子公司在公开市场买进类似公司的部分股权，保险公司资金的需求会决定年度资金的配置。
>
> ——沃伦·巴菲特

## 【巴菲特现身说法】

巴菲特认为，投资者购买的股票，其自由现金流要持续充沛，这是考察该股票是否值得投资的很重要的一个方面。在他看来，资金分配是企业最重要的管理行为，所以不能不引起投资者的高度重视。

他在伯克希尔公司1983年年报致股东的一封信中说，他最希望能够通过直接拥有会产生现金，并且具有稳定的高资本报酬率的各类公司来达到上述目的。很简单，这种会直接产生现金，并且具有稳定的高资本报酬率的公司，必定会产生持续、充沛的自由现金流。

那么，巴菲特在这里所说的“上述目的”指的又是什么呢？他特别提到，此目的就是从长远来看要实现内在价值年复合增长率达到极大值，最低限度是不能低于美国大企业的平均水平。为此，伯克希尔公司从来不以企业规模大小来作为衡量标准，更谈不上重要标准。

如果做不到这一点怎么办呢？巴菲特说，那就退而求其次，由伯克希尔公司旗下的保险公司，部分收购具有这种特征的投资对象。而这时候这些保险公司的资金配置情况，就会直接影响到这种投资和收购行为。

容易看出，巴菲特仍然在用30多年前他说过的这句话指导他的投资行为，并且做得非常好。事实上，巴菲特的投资理念坚定而简单，几十年来一贯如此。

他认为，企业最重要的管理行为就是资金分配，因为资金分配能够在很大程度上反映公司管理层的理性程度。

举例说，如果企业对于利润的再投资，其报酬率能超过股权资本成本，那么这时候企业就应该把所有利润全部用来进行再投资。相反，如果再投资的报酬率要低于股权资本成本，那么这时候的这种再投资实际上就是低效益的。换句话说，这样的投资越多，效益就越差。当然，这里的“差”是相对而言的，并不一定表明就会发生亏损。但无论如何，这种投资行为都是不够理性的。

对于一家企业来说，如果它产生了自由现金流，并且这种自由现金流的再投资效益低于平均水平，那么这时候它依然有以下3种选择：一是扩大现有业务，二是投资其他企业，三是将获利分配掉。

仔细考察其投资结果，按照第一种选择，继续扩大现有业务，只会使这种现金投入的内在价值越来越低。随之而来的是，该公司的股票价格会越来越低，最终有可能被其他企业所收购。采用第二种选择，如果能购买到一家成长型公司，理论上说会对本公司的投资者有激励作用，但巴菲特对此持怀疑态度。他的理由是，这种做法代价太高，并且要将新老公司重新整合成一家新公司，有可能会侵犯原有股东的利益。

相比而言，巴菲特认为第三种做法，即把公司获利返回给股东，是最明智的。既然该公司没有本事把再投资的业绩回报维持在社会平均水平之上，那还不如把它们返回给投资者，让投资者自行处理。

当然，这种返回又可以分为两种方式：一是给股东直接派发现金红利；二是回购公司股份，变相提高股票的内在价值。

在这两种方式中，巴菲特特别青睐于回购股份。他认为，如果这时候该公司的股票价格低于内在价值，那么这种回购股票对原有股东就是有利的；更不用说，这一举措能够更好地表明公司管理层以股东利益最大化为目的，反过来又会促使公司股票价格回升。

巴菲特在伯克希尔公司1980年年报致股东的一封信中说，他完全赞同政府雇员保险公司经营管理层把当年1700万美元利润保留下来不分配的做法。正是因为政府雇员保险公司在两年内陆续回购股票，才使得该公司流通在外的股份，从原来的3400万股减少到2100万股。总股本减少了，也就变相增加了原有股东的权益。

巴菲特特别指出，政府雇员保险公司之所以能在同行业中取得骄人业绩，原因之一就在于把自己定位于低经营成本的企业。由于低成本运营，它才能够在为客户创造价值的同时，创造大量的自由现金流。它几十年来一直如此，即使在20世纪70年代中期发生危机，其这方面的竞争优势也没有被削弱。

巴菲特高兴地说，他非常幸运自己当初能以4700万美元的代价买入政府雇员保险公司的股份。要知道，如果是购买一家同样能够每年创造2000万美元利润的企业，至少需要投入2亿美元，有些行业可能还要更高。

巴菲特对可口可乐公司的看法也是这样。正是因为自由现金流不断增加，才使得可口可乐公司有能力派发现金红利和回购股票。

可口可乐公司第一次回购股票发生在1984年，当时的回购数量是600万股。从此以后，该公司每年都回购，一共回购了4.14亿股，总金额高达53亿美元。在这9年间，该公司静态投资53亿美元的股票，到1992年年末总价值已经达到185亿美元。正是从中尝到了甜头，1992年7月，可口可乐公司继续宣布到2000年前还将回购1亿股，占总流通股本的7.6%。

## 【巴菲特智慧结晶】

巴菲特认为，投资者购买的股票，不但自由现金流要持续充沛，而且还要看它把这些现金流用在了哪些方面，即看其投资项目的获利回报率高低，至少要超过社会平均水平。这是衡量公司管理层资金配置能力的标准之一。

## 现金流不能只看账面数字

会计数字并不会影响我们经营或资金配置的决策。当购并成本接近时，我们宁愿去买依会计准则不列示在账面的两美元盈余，而非那种完全列示在账面的一美元盈余。这也与我们购买整家企业（盈余可完全列示）的价格要比购买部分股权（盈余不可列示）贵上一倍而常常面临的选择类似。但就长期而言，我们可期望这些不可列示的盈余透过长期资本利得反映在公司账面之上。

——沃伦·巴菲特

### 【巴菲特现身说法】

巴菲特认为，投资者购买的股票，其自由现金流要持续充沛，这是考察该股票是否值得投资的很重要的一个方面。不过需要注意的是，一个企业自由现金流的大小，不能仅仅看会计账本上的数字。

巴菲特在伯克希尔公司1983年年报致股东的一封信中说，会计数字并不会影响伯克希尔公司经营管理和资金分配的决策。当两家企业的购并成本相近时，如果一家企业会计报表上有1美元的利润，可是另一家企业有2美元的利润，只是没有反映在会计报表上，这时候他宁愿购并后一家企业。这也是有时候伯克希尔公司明明可以以较低价格购买某家公司的一部分，却要以较高价格购并整个公司的原因所在。

巴菲特的意思是说，如果你购买某个企业的一部分，那么很可能会有部分盈利较高的项目被原企业保留下来，而卖给你的很可能是“质次价高”的部分。道理很简单，俗话说“卖的比买的精”，既然不在账面上反映，那么真正了解底细的还是非本企业自己莫属。

所以他说，伯克希尔公司最希望能够直接拥有那些直接产生自由现金流的企业；如果做不到这一点，就会退而求其次，通过旗下保险公司在公开市场上买进拥有这种特质的企业的部分股权。当然，具体怎么买，还要看保险公司当年的资金配置情况。

巴菲特强调，他和查理·芒格一再认为，他们作为伯克希尔公司的股东和经营者，实际上并不是十分重视会计报表上所反映的数字。正因如此，所以在每年伯克希尔公司的年报中，巴菲特都会根据自己的理解来分门别类地反映旗下公司中每个主要经营项目的获利情况，以帮助股东有一个更加明确的判断，而不仅仅是看获利数字比去年增加还是减少了。

正如巴菲特在伯克希尔公司2005年年报致股东的一封信中所说的那样，对旗下公司的考察，他更关心的是经济护城河是不是变宽了。而考察经济护城河是变宽了还是变窄了，一个很重要的考察点就是看自由现金流是否持续、充沛。

本书认为，如果做个不恰当的比喻，自由现金流可以看作是一种“水流”，当这种“水流”充足时，经济护城河自然也就变宽了；如果这种“水流”断流了，河床暴露，经济护城河当然也就变得窄而又窄了。

当然，这时候无论你看到的经济护城河是宽是窄，都是一种表面现象，除此以外还要看是不是有“暗河”“地下河”。有时候“暗河”“地下河”比“地上河”的“水流”更湍急也说不定。

巴菲特说，伯克希尔公司旗下公司的竞争力每天都在发生变化，要么变得更加强大，要么变得更加弱小。让客户更加高兴，减少不必要的成本支出，改善产品和服务，这些都是提高竞争力的途径；相反，如果对客户冷淡，或者容忍不必要的费用支出上升，竞争力就会减退。从每一天来看，这种行为很微小，很难察觉到；可是其天长日久所造成的后果之严重就难以估计了。他强调说，如果这些企业的长期竞争地位不断得到改善，那么经济护城河就会不断加宽，而这对于想要打造10年、20年品牌的企业来说至关重要。

请特别注意他以下这段话：“当然，我们总是想在短期内赚到更多的钱，但当短期与长期目标冲突时，加宽护城河应该优先加以考虑。如果一个公司管理层做出糟糕的决策以实现短期盈利目标，并因此置成本、客户满意度、品牌吸引力于不顾；那么，以后再出色的努力也难以弥补由此造成的损害。”他举例说，美国汽车业、航空业的那些公司管理层在处理前任留下的问题时所面临的进退两难，就是一个最好的证明。

正是有了这样的指导思想，巴菲特才会重视会计报表，却又不会被会计报表所蒙蔽。在考察企业自由现金流时，他也是这样，把已经反映在会计报表上的数字和没有反映在报表上的数字两部分结合起来考察。

巴菲特在伯克希尔公司2005年年报致股东的一封信中说，没有人能够精确地知道到底需要多少资金，才能足够支付保险公司所承保的保单的索赔。例如，医疗过失责任保险就是一种“长尾”（long-tail）型保险，保险索赔往往要在好几年后才能处理完毕，更不用说还会有其他损失发生，而保险公司对此往往一无所知。

巴菲特的意思是说，对于保险公司这样的行业来说，不要看到会计报表上的盈余比较可观就忘乎所以，说不定危险就在眼前。

他提醒说，保险公司通常会对迫在眉睫的损失处理过于乐观。这就好比说，你和一个手持弹簧小折刀的家伙搏斗，当你向他喉咙上猛刺一刀后，他还在那里高喊：“你别想靠近我！”因为他手里也有刀。而你的回答是：“等你摇摇脑袋以后，再喊喊试试看。”

巴菲特的意思是说，对方虽然看上去很厉害，但是终究快要血流殆尽了。而有些企业就不是这样。例如，伯克希尔公司旗下的医疗保护保险公司（Medical Protective Company，Med Pro）由于提取了充足的损失准备金，所以这方面就堪称安全无患。

## 【巴菲特智慧结晶】

巴菲特认为，考察企业的自由现金流，不仅要看会计报表上反映的数字，还要看会计报表上没有反映或无法反映、不敢反映的数字。有时候，后者的数字很可能会大于前者，这就是中国人常说的那种“树枝大于树干”。

## 政府的自由现金流也是这样

最近大家都在谈论主权财富基金，以及它们在如何购买大量美国公司的股份。这是我们自己造成的，并不是外国政府有什么邪恶的阴谋。实际上，我们的贸易平衡仰仗在美国的巨额外国投资。当我们每天将20亿美元强加给世界其他地区时，他们必定会在这里投资点什么。当他们选择股票而不是债券时，为什么我们要抱怨呢？

——沃伦·巴菲特

### 【巴菲特现身说法】

巴菲特认为，投资者购买的股票，其自由现金流要持续充沛，这是考察该股票是否值得投资的很重要的一个方面。一个企业是这样，一个国家也是如此。如果把国家看作是企业的话，政府的自由现金流也必须持续充沛才能保证国强民富。

巴菲特在伯克希尔公司2007年年报致股东的一封信中说，最近大家都在讨论主权财富基金，以及它们在如何大量地购买美国公司的股份。实际上这并不是外国政府有什么邪恶阴谋，而是美国政府自己造成的。

巴菲特说，2007年，美元兑其他世界主要货币进一步走弱，原因在于美国人对其他国家产品的喜欢程度，超过了其他国家人民对美国产品的喜欢程度，从而使得美国每天大约要输给其他国家20亿美元的“现金”。

这样，久而久之，美国的自由现金流就严重不足了，从而对美元造成了严重的压力，不得不贬值。

一方面，美国人大量购买其他国家的廉价商品，会使得美元大幅度贬值；另一方面，美元大幅度贬值，又会相应缓解贸易赤字。

但巴菲特指出，这种情形并不绝对。他举例说，数据表明，2002年欧元兑美元的汇率平均为1：0.946，当年美国对第五大贸易伙伴德国的贸易赤字是360亿美元。而到了2007年，欧元兑美元的汇率平均降到1：1.37，美国对德国的贸易赤字却上升到了450亿美元。

同样的情况，也发生在美国对加拿大的贸易中。2002年，美元兑加拿大元的汇率平均为1：0.64，当年美国对加拿大的贸易赤字为500亿美元。而到了2007年，美元兑加拿大元的平均汇率降到1：0.93，美国对加拿大的贸易赤字则上升到640亿美元。

巴菲特用这组数据是想说明，美元的大幅度贬值确实对缓解美国的贸易赤字有帮助，但不是决定因素。所以，伯克希尔公司2007年只拥有一种直接的外汇头寸，那就是巴西货币雷亚尔。

他说，还是在不久以前，谁要是把美元换成雷亚尔那简直是不可思议的事。因为在20世纪末，雷亚尔陷入了发行、贬值、退出流通领域的周期性循环。数字表明，如果2002年雷亚尔兑美元的外汇指数为100，那么5年后的2007年年末就变成了199。这表明，在过去的5年时间里，富有的巴西人至少损失了一半净资产。

巴菲特说，伯克希尔公司一直在努力提高直接和间接来自国外的收益，但毫无疑问，伯克希尔公司的资产和收益仍然主要集中在美国。实际上，这也是为补充美国的自由现金流做贡献。

补充说明一下，什么是巴菲特上面提到的“主权财富基金”呢？所谓“主权财富”（Sovereign Wealth）是与“私人财富”相对应的一种说法，指的是一个国家政府通过特定的税收与预算分配渠道，以及可再生自然资源收入和国际收支盈余等方式，逐步积累起来的、由政府控制和支配的、以外币形式持有的公共财富。

也就是说，主权财富基金是国家以外汇形式持有的一种公共财富。毫无疑问，它代表的是国家政府的理财方式。

从历史上看，主权财富的理财方式总是非常保守，因为它追求的是保值而不是增值，所以对本国和国际金融市场的影响非常有限。但是近年来随着国际油价大幅度振荡和国际贸易扩张的急剧增加，如何经营管理主权财富已经成为各国政府的一件大事。

目前最流行的做法是，成立主权财富基金，设立一个独立机构来单独管理这些基金，该机构通常独立于中央银行和财政部。

2008年年末，全球主权财富基金管理的资产高达3.9万亿美元，比上年增长18%。

从构成看，全球主权财富基金64%来源于石油等资源类商品出口收入，其余的才是官方外汇储备、政府财政预算结余、养老金储备等。

从规模看，中国国家外汇管理局旗下的华安投资管理公司拥有资产3471亿美元，位列2008年全球主权财富基金第3位；中国投资有限责任公司拥有资产1900亿美元，位列全球第8位。

主权财富基金和官方外汇储备虽然都是国家拥有的，可是两者之间也有区别，主要表现在：前者不反映在中央银行的资产负债表中，并且与该国政府的国际收支和汇率政策没有必然联系，不会使该国政府的货币供给量产生增减变化。所以，政府在经营主权财富基金时通常胆子较大，为了实现回报最大化的目标，敢于承担一定的风险，不像官方外汇储备那样追求稳妥。

不难看出，规模庞大，并且还在迅速增长的主权财富基金如何投资，将直接影响到各国政府的自由现金流。

## 【巴菲特智慧结晶】

巴菲特认为，规模越来越庞大的全球主权财富基金，实际上在一定程度上影响着每个国家的自由现金流。作为个人投资者来说，则可以通过买卖外汇，在追求投资收益的同时，帮助政府调剂这种自由现金流的投向。

## 自由现金流有赖于优秀经理人

> 费切海默在 1988 年进行了一项规模颇大的购并案，查理·芒格跟我对他们相当有信心，所以我们连看都没有看就同意了这项交易。很少有经营阶层，即便是《财富》500 强企业也好，能得到我们这样的信任。因为这项购并案与内部本身的成长，费切海默的营业额可望大幅成长。
>
> ——沃伦·巴菲特

### 【巴菲特现身说法】

巴菲特认为，投资者购买的股票，其自由现金流要持续充沛，这是考察该股票是否值得投资的很重要的一个方面。而要做到这一点，就必须要特别关注该企业管理层是否足够优秀。

巴菲特在伯克希尔公司1988年年报致股东的一封信中说，费切海默兄弟公司在1988年进行了一项规模庞大的购并案，出于对该公司管理层的高度信任，巴菲特和查理·芒格连有关协议都没看就同意了这项交易。即使是《财富》500强企业的经营管理层，也很难得到他们这般待遇。巴菲特预计费切海默兄弟公司的业务量会因此有大幅度增长。

那么，巴菲特为什么会如此信任他们呢？他解释说，费切海默兄弟公司的赫尔德曼家族，就像是内布拉斯加家具店的罗丝·布拉姆金夫人家族。无论是家具业还是服装制造业等不是十分有吸引力的行业，只要他们经营，都会让股东获得好的投资报酬率。而这，就是赫尔德曼5位家族成员为伯克希尔公司所做的贡献。

巴菲特对购并对象管理层的考察和重视众所周知，他甚至会因为公司管理层不愿意继续留下来而放弃购并该企业，这可是真正的重视人才，是标准的人才一票否决制。具体涉及自由现金流，巴菲特当然认为，某企业自由现金流是否持续充沛，会与该公司管理层有莫大关系了。

巴菲特在伯克希尔公司1995年年报致股东的一封信中说，1995年年末伯克希尔公司完成了掌握政府雇员保险公司100%股权的动作。政府雇员保险公司是当时美国第7大汽车保险公司，接受投保的汽车数量高达370万辆。至此，巴菲特与政府雇员保险公司的关系维持了长达45年以上，可以说对该公司的发展历史和业务经营非常了解，这是影响他做出如此巨大动作的主要因素之一。

巴菲特说，他自从1950年就读美国哥伦比亚大学商学院研究生，利用某个星期六坐火车去拜访政府雇员保险公司后，就对该公司的业务有了非常透彻的了解。他不但认识到该公司的直销形式具有强大的竞争优势，而且了解到该公司管理层非常优秀，从而把该股票确定为他有生以来最心动的第一只股票。

1951年，巴菲特一共4次购买政府雇员保险公司的股票。最早买入该股票，是因为刚刚担任股票经纪公司业务员的他，向别人推荐该股票时，却没有人买，所以他只好自己吃下来。当时为了购买该股票，他动用了自己一半以上的积蓄。当年他一共买入350股该股票，总成本为10282美元；到了年末，这些股票的市值就已经上升到13125美元。

遗憾的是，1952年，巴菲特就以15259美元的价格把这些股票全部抛了出去，然后买入了西方保险证券公司的股票。他之所以会有这一举措，关键是因为他看到西方保险证券公司的股价相当诱人，市盈率只有1倍左右。可是他说，20年过去后他才发现，这是一个多么大的错误——由于政府雇员保险公司低成本运营，自由现金流持续充沛，当时他卖掉的那些政府雇员保险公司的股票，这时候的市值已经增加到了1300万美元。

巴菲特承认，政府雇员保险公司的业绩发展也不是一帆风顺的，而这就与其公司管理层密切相关了。尤其是在20世纪70年代初，该公司新任管理层犯了一连串的严重错误，几乎把该公司推上破产倒闭的边缘。

当时，这种错误的主要表现是，过于低估了保险理赔成本，从而使得公司对外销售的保单价格过低。这种不赚钱的生意，业务量越大，亏得越多，从而使得该股票的价格也节节走低。

后来，当1976年杰克·伯恩（Jack Byrne）执掌该公司，并且采取了一系列的紧急补救措施后，才使得该公司幸免于难。

正是在这种情况下，伯克希尔公司于1976年下半年开始大量买入政府雇员保险公司的股票，然后陆续加仓，到1980年年末共投入4570万美元取得该公司33.3%的股权。在接下来的15年里，伯克希尔公司一直持股不动，也没有增加股票。但由于该公司不断回购股票，伯克希尔公司原有的这些股份在其总股本中所占的比重达到50%左右。

容易看出，20世纪70年代末，伯克希尔公司大量买入政府雇员保险公司的股票，主要理由之一就是看中了以杰克·伯恩为首的公司管理层能够把该公司带出困境，实现业绩的稳定增长和自由现金流的持续充沛，事实上也的确如此。

政府雇员保险公司在15年间不断回购股份，需要具备两个条件：一是公司管理层能够创造优良的业绩，这样才能把这种业绩转变为自由现金流；二是公司管理层勇于回购股票。这两个条件缺一不可，但都反映了优秀经理人在其中所起的重要作用。

正是看准了这些因素，巴菲特才在1995年毅然以23亿美元的代价买下政府雇员保险公司另一半原本不属于伯克希尔公司的股份。要知道，这可是天价！

## 【巴菲特智慧结晶】

巴菲特认为，持续充沛的现金流有赖于公司管理层的正确领导和英明决策。伯克希尔公司之所以会以23亿美元的天价买下政府雇员保险公司的另一半股份，除了巴菲特非常了解该公司外，这也是主要因素之一。

# 忠告 8　净资产收益率指标要高

## 衡量赢利能力的最佳指标

除非是特殊情况（比如说负债比例特别高，或是账上持有重大资产未予重估），否则我们认为“股东权益报酬率”应该是衡量管理当局表现比较合理的指标。1977 年，我们期初股东权益报酬率约为 19%，这比去年同期稍微好一点，但远高于本身过去长期以及当年美国企业整体平均数。

——沃伦·巴菲特

### 【巴菲特现身说法】

巴菲特认为，净资产收益率（ROE）是衡量一家企业赢利能力大小的最常用指标。所以，毫无疑问，要选择净资产收益率指标高的企业作为投资对象。

巴菲特在伯克希尔公司1977年年报致股东的一封信中说，除非遇到负债比率特别高，或者账面上有重大资产需要重新评估的情况；否则，股东权益报酬率是衡量企业经营业绩比较合理的指标。

股东权益报酬率，也叫净资产收益率或权益资本收益率。净资产收益率在衡量一家企业赢利能力大小方面的作用很大，所以，投资者不能单纯地看每股收益有没有增加。把关注重点放在净资产收益率指标上，会比只看每股收益高低更能了解公司的真实情况。

所谓净资产收益率，是指股东每投资一元钱最终能赚到多少净利润，即公司收益与期初股东权益的比率。当然，这里的股东权益应当以原始成本来计价；并且，在衡量长期经营业绩时，应当包括资本所得（无论是否已经实现）及非经常损益项目等在内。

巴菲特认为，即使不懂上述概念也没关系，至少你能看出一条基本标准，那就是净资产收益率越高越好，或者起码要高于竞争对手。他曾经直截了当地表明自己的观点："我宁愿要一个收益率为15%、资本规模为1000万美元的中小企业，也不愿意要一个收益率为5%、资本规模为1亿美元的大企业。"

他认为，投资者关注净资产收益率的年度变化是必要的，但更重要的是，从长期角度来看该指标的变动情况。

巴菲特在伯克希尔公司1983年年报致股东的一封信中说："我们从来不会过于认真地关注单一年度的业绩数字。毕竟，我们凭什么非得认为企业经营活动形成盈利所需的时间与地球围绕太阳公转一周的时间相同呢？相反，我们建议应该至少以5年为周期，来大致检验企业的长期经营业绩表现。如果公司5年的平均收益水平大大低于美国产业总体平均水平，警报就应该拉响了。"

为了证明这种长期考察观点的正确性，巴菲特举例说，据美国《财富》杂志1988年出版的《投资人手册》中的相关数据，在整个美国500家最大的制造业、500家最大的服务业上市公司中，过去10年中股东权益报酬率超过30%的只有6家，最高的只有40.2%；连续10年平均股东权益报酬率达到20%，并且没有1年低于15%的公司只有25家。要知道，这1000家企业可都是股市中的超级明星，在这25家企业中有24家企业的股价上涨幅度超过标准普尔500指数。

认真研究这些超级明星企业，可以看到它们具备这样两个显著特征：一是其中的大多数企业，只使用了相对于其利息支付能力很小的财务杠杆；说得更通俗一点就是，这些企业通常并不需要从外部借款，或者借款数额很小。二是其中除一家企业是高科技企业、另外几家是制药企业外，绝大多数上市公司的业务都非常平凡而普通，这正是巴菲特平常喜欢的类型。它们出售的产品和10年前完全相同，除了销售量更大、价格更高以外，就再也没有什么特别引人注目的地方了。

巴菲特由此得出结论说，这25家超级明星企业的业绩表明，上市公司如果能专注于一项遥遥领先的核心业务，或者不断增强原来就已经相当强大的经济特许权，就能在与同行的竞争中保持优势。这就是从一个相当长的历史时期看（上述例子中的时间跨度是10年，即1977—1986年），这些企业的净资产收益率指标很高的原因。

除此以外，巴菲特还用伯克希尔公司本身的相关指标来证明这一点。他说，从1983年开始，伯克希尔公司的业绩衡量标准就转移到内在价值增长率上来了。公司经营的长期目标是每股内在价值的年复合增长率最大化，而不是考察企业的经营规模、利润总额。

巴菲特设想，虽然伯克希尔公司未来的内在价值增长率会有高有低，但其目标应该是超过美国大型股份公司的一般水平，否则就是“不及格”。事实上，1983年后伯克希尔公司内在价值增长率的年平均水平超过25%，这张成绩单令他和查理·芒格感到喜出望外。

要知道，伯克希尔公司的资本规模越来越大，这表明要保持原有的净资产收益率指标就已经很不容易。显而易见的是，用1万元成本去赚取1万元利润，比用100万元成本赚取100万元利润要容易得多。

所以，当初在制订这一计划时，巴菲特的设想是伯克希尔公司的年平均内在价值增长率如果能达到15%就很不错了。因为从一个相当长的时期来看，美国股市中几乎没有哪家大企业能够达到15%的年复合增长率。而现在它的年复合增长率居然超过25%，这说明什么呢？这就很好地说明了公司股东所得到的实际报酬具有稳定而高速的保障。

他说，投资者如果投资这种净资产收益率高的上市公司，一定会获利颇丰。而事实上，这一结果也是巴菲特集中投资几家净资产收益率特别高的上市公司，并且长期持股不动所得到的。这再次从一个侧面证明了集中投资和长期投资的正确性。

## 【巴菲特智慧结晶】

巴菲特认为，净资产收益率指标是衡量公司赢利能力的最佳指标。投资者如果能买入净资产收益率指标高的股票，然后集中投资、长期持股，就能尽可能多地获取高额回报，伯克希尔公司的实践就能证明这一点。

## 净资产收益率不是孤立的

今年的营业利润约为3100万美元，期初股东权益报酬率（持有股权投资以原始成本计）仅约9.8%，较1979年的15.2%下滑，亦远低于1978年近年度的新高19.4%，主要原因包括：①保险承销成绩大幅恶化。②在股权资本大幅扩张的同时，由我们直接控制的事业并未同步成长。③我们持续增加对不具控制权股权投资的投入，但我们依比例可分得的盈余照会计准则却不能认列在账面上。

——沃伦·巴菲特

## 【巴菲特现身说法】

巴菲特认为，净资产收益率是衡量一家企业赢利能力大小的最常用指标，所以毫无疑问，投资者要选择净资产收益率指标高的企业作为投资对象。不过，净资产收益率虽然重要，却不能把它孤立起来看。

巴菲特在伯克希尔公司1982年年报致股东的一封信中说，1982年伯克希尔公司的经营利润大约为3100万美元，期初净资产收益率大约为9.8%，远远低于1979年的15.2%和近年来的最高点19.4%。

究其原因主要有3条：一是保险业务大幅度下降；二是在公司收购规模不断增加的同时，具有控股权的比重并没有同步增长；三是因为不具备控股权的投资比重在增加，所以按照会计准则的规定，从这些企业中分得的利润无法列入伯克希尔公司的会计报表中。

从中不难看出，净资产收益率的高低受多种因素影响，既有主观因素，也有公司经营的客观因素，还受会计准则的制约。其实，问题的复杂性还远远不限于此。

具体地说，根据美国会计准则的规定，如果控股权在20%以上，那么母公司从子公司中所分得的利润就应该反映在母公司的会计报表上；如果控股权在20%以下，则只能把实际收到的收入列作现金股利，而对没有分配的利润部分则完全不做计算。

当然，也有少数情况例外。例如，当时伯克希尔公司拥有政府雇员保险公司的股票比重高达35%，由于伯克希尔公司已经把投票权委托给了别人，所以1982年就只能按照成本法来进行计算了。也就是说，伯克希尔公司这时候只能把自己收到的350万美元的红利列作股利收入，其他2300万美元未分配利润则完全不能反映在会计报表上。

相反，如果当年政府雇员保险公司分配给伯克希尔公司的红利增加100万美元，变成450万美元，而未分配利润减少到2000万美元；很显然，后者的实际业绩没有前者好，可是反映在伯克希尔公司会计报表上的“业绩”和净资产收益率却反而要高。

在具体考察净资产收益率时，巴菲特更关注那些未来10年以上该指标相对稳定的企业，尤其是其中不需要继续追加资本就能扩大再生产、提高经营业绩、提高净资产收益率的企业。

例如，巴菲特20世纪70年代初投资的《华盛顿邮报》公司，该公司多年来的净资产收益率就均在15%以上，相当于行业平均水平的2倍。

巴菲特之所以乐意投资报业公司，除了《华盛顿邮报》公司经营有方外，还有就是因为该行业普遍具有的赢利模式的共性，即报纸发行量的扩大并不需要增加许多投资；而报纸发行量的扩大，却会带来广告收入的大幅度增长。而这两条正符合巴菲特之意。

不过巴菲特也深深地知道，由于净资产收益率的计算公式是净利润与净资产的比值，而净利润中既可能包括主营业务收入，也可能包括非主营业务收入，甚至还有一部分是偶然发生的一次性收入，所以它的指标高低具有某种不确定性。

怎么样来防止这种不确定性呢？巴菲特的窍门是，以5年以上的考察期来衡量。因为任何“一次性收入”都不可能连续发生；如果真的“连续发生”了，那么它也就成了一种“非一次性收入”了。

仍然以《华盛顿邮报》公司为例。在互联网阅读的冲击下，纸质媒体的发行量大大萎缩，这是一种必然趋势，在考察《华盛顿邮报》公司的净资产收益率时就不能不重视这一点。相比而言，兄弟企业《华尔街日报》就把网络版搞得有声有色，订户数量和广告收入都在大幅度增长。如果《华盛顿邮报》公司固守传统模式，不能与时俱进，那么以后的净资产收益率就很难维持在过去的较高水平上。

巴菲特认为，净资产收益率指标应该是一个动态概念，投资者既要看到它的发展过程和趋势，又要看到它受哪些因素影响。只有这样，才能更好地把握该指标的可靠性和稳定性。

那么，怎样才能做到这一点呢？巴菲特认为，必须综合考虑以下各项财务指标：

一是主营毛利率。主要是考察产品的赢利能力。该指标不求最高，但求略高。从长期角度看，只要能略高于同行平均水平就行了。

二是持续稳定的赢利能力。至少要连续考察四五年，看其长期平均业绩如何。

三是留存收益赢利能力。这是指未分配利润的投资回报率高低，这代表公司管理层运用新增资本能力的大小。

四是资源垄断性。巴菲特认为，独特的经济特许权是企业持续获得超额利润的关键所在。

**【巴菲特智慧结晶】**

巴菲特认为，净资产收益率受主营毛利率、持续获利率、留存收益赢利率、经济特许权等因素影响。具体考察该指标时，应当关注究竟有哪些因素在起关键作用。尤其是要从一个相当长的时期来考察，至少5年以上。

## 净资产收益率要做相应调整

> 所以，我们判断一家公司经营好坏的主要依据，取决于其股东权益报酬率（排除不当的财务杠杆或会计做账），而非每股盈余的成长与否。我们认为，如果管理当局及证券分析师能修正其对每股盈余的关注，则股东及一般投资大众将会对这些公司的营运情况有更深入的了解。
>
> ——沃伦·巴菲特

**【巴菲特现身说法】**

巴菲特认为，净资产收益率是衡量一家企业赢利能力大小的最常用指标，所以毫无疑问，投资者要选择净资产收益率指标高的企业作为投资对象。不过由于净资产收益率受多种因素影响，所以要得到正确结果，就可能需要对有关因素进行调整，去伪存真。

巴菲特在伯克希尔公司1979年年报致股东的一封信中说，伯克希尔公司判断一家企业经营好坏的主要依据是股东权益报酬率（即净资产收益率），而不是股票业绩的增长与否。当然，这种净资产收益率应当排除不适当的财务杠杆和会计做账。换句话说，这种净资产收益率应该是实实在在的，里面没有虚假的因素在内，同时负债比率不能过高。

巴菲特在考察净资产收益率时，历来认为必须对会计政策、资产原值、财务杠杆与产业状况等因素有相当的了解，才能对该指标做出合理的解释和调整。

在这些因素中，最主要的是有价证券计价、非经常损益项目、财务杠杆比率这3大因素。

他的具体观点是：

**有价证券计价**

巴菲特认为，在衡量年度经营业绩时，有价证券应该按成本价而不是市场价来计算。究其原因在于，证券市场的价格波动会使得净资产收益率失真，从而失去比较意义。

例如，如果股票价格大幅度下跌，那么作为净资产收益率的市场价值也会大幅度下降。这时候，由于计算公式中的分母变小了，就会使得原来应该很平庸的经营业绩，在这时候根据计算得到的净资产收益率反而显得相当不错；相反，如果股票价格大幅度上涨，这时候作为净资产收益率的市场价值也会相应得到大幅度增长，由于作为分母计算的股东权益相应增大，本该是较高的净资产收益率这时候反而会大大下降。显而易见，这两种情况都与实际结果背道而驰，所以应当剔除按市场价计算的方法，改按成本价计算。

**非经常损益项目**

巴菲特认为，衡量上市公司经营业绩时，应该排除所有资本性收入和损失，以及有可能影响经营业绩增减的其他特殊项目。

也就是说，投资者应该考察的对象，简简单单的就是上市公司由于经营所得实现的每股收益。这个数据能够表明该公司利用现有资本、通过业务经营，尤其是主业经营产生多少利润。

容易看出，巴菲特的这一招能够达到一箭双雕的目的：一方面，能够引导投资者在考察目标公司时，把目光集中于公司的经营业务，尤其是主营业务是否具有持续竞争优势和经济特许权；另一方面，实际上也是警告公司管理层不要因为业绩不好就要什么花招，蒙蔽投资者。

**财务杠杆比率**

巴菲特认为，上市公司的收益应当是在没有负债或很少负债的背景下实现的，这才能真正体现股权资本能够带来多少收益。他在伯克希尔公司每年年报致股东的一封信中，总会不厌其烦地提到自己挑选企业的标准之一就是“没有负债”或“少量负债”。

他认为：“优秀企业的投资决策，会产生令人满意的业绩，即使没有贷款的帮助也一样。”除非特殊情况，例如负债权益比率特别高，或者该公司重要资产的资产负债表与实际情况严重不符，这时候才允许负债存在。

道理很简单，因为这时候该公司本身就不在一个正常的状态，不借助于负债经营根本无法维持下去，也就更谈不上起死回生了。

本书认为，以中国人容易理解的思维方式看，财务杠杆（负债经营）在巴菲特眼里就像病人所吃的药。只有当这个企业“病”了才需要用“药”，正常人不需要吃药，正常企业也不需要贷款。不难看出，太多中国企业家相信负债经营，与这一观点截然相反。

为什么巴菲特会抱有这样一种观点呢？应当说，在正常情况下增加负债的确会有助于提高每股收益，从而提高净资产收益率，可是这却会让企业承受一定的经营风险。负债率越高，企业承受的经营风险就越大。

在巴菲特看来，这时候即使该企业每股收益再高他也不稀罕，因为他根本就不希望他的投资有不必要的投资风险和经营风险。他对伯克希尔公司这样要求，对伯克希尔公司所投资的企业也是如此要求。

巴菲特很有自知之明地说，有人认为他这种财务策略过于保守，可是他不这么认为，而这种策略的正确性在伯克希尔公司的经营业绩上就能得到最好的证明。

他说，伯克希尔公司过去的净资产收益率年平均高达23.8%，就是在杠杆比率符合传统惯例的情况下创造的。在1965年股市暴涨时期，伯克希尔公司如果通过大量负债进行经营，取得良好业绩的概率完全可能高达99%，由于内外部因素影响导致业绩下滑的概率只有1%。但即使这样，他也不会去冒这个险，过去不会，将来也不会。

【巴菲特智慧结晶】

巴菲特认为，考察净资产收益率指标要剔除一些不正常因素。总的原则是，目光要集中在没有负债或很少负债的背景下，考察目标公司通过主业经营能够获得多大的收益，而主要考察的是该企业是否具有持续竞争优势。

## 股息分配与投资报酬率有关

在衡量一家公司长期经济表现时，我们保险子公司所持有的股票，会以市价扣除假设真的实现须付的所得税。而若我们前面所做的推论正确的话，那些不具控制权的股权，其未分配盈余虽然不规则，但最后终究会找到路，反映在我们公司账上，至少到目前为止确是如此。

——沃伦·巴菲特

【巴菲特现身说法】

巴菲特认为，净资产收益率是衡量一家企业赢利能力大小的最常用指标，所以毫无疑问，投资者要选择净资产收益率指标高的企业作为投资对象。不过他认为，这里的净资产收益率如果遇到子公司要向母公司上交利润的话，假设实际上没上交，那么这时候就要模拟上交，并且扣除如果真的上交需要缴纳的所得税，这样得到的结果才是真实的。

巴菲特在伯克希尔公司1981年年报致股东的一封信中说，伯克希尔公司在衡量下属子公司中没有实行股息分配企业的长期经济表现时，会从这些子公司所持有的股票市值中，扣除如果真的要进行股息分配而缴纳的所得税。道理很简单，因为这些不具备控股权的企业，它们的未分配利润虽然暂时不能反映在伯克希尔公司年报上，但将来总有一天会通过某种方式出现在伯克希尔公司年报上的。

巴菲特的意思是说，只有经过这样一番调整，才能得到比较准确的净资产收益率。归根到底，无论当年是否进行过实际分配，股息分配和投资报酬率两者之间都有着密不可分的关系。

当然，如果要求更严格一点，还必须把这些子公司所进行的债券投资、其他投资所持有的股票，通通以市场价来计算，这样得到的结果更准确。不过，美国会计准则并没有要求非得这样做。而究竟是否需要这样做，实际上对伯克希尔公司的业绩衡量影响并不大。巴菲特保证说，如果这种影响大到一定程度，他一定会及时报告的。例如，根据巴菲特的估计，在美国会计准则的核算要求下，伯克希尔公司的账面价值17年来从当时的每股19.46美元增长到每股526美元，年复合增长率为21.1%。从绝对值看，伯克希尔公司的账面价值1981年增加了1.2亿多美元，其中大约有一半是政府雇员保险公司创造的。

巴菲特提醒说，由于通货膨胀因素的影响，净资产收益率也会贬值。另外还应当考虑到的因素是，投资者应当想一想，自己为什么要买股票而不是债券？原因之一就在于，希望公司管理层能够利用这笔资金来创造比固定利息收入更高的业绩。投资股票当然比投资债券风险高，所以投资者在愿意承担更高投资风险的同时，投资股票能得到额外风险收入是理所当然的。追求更高的净资产收益率，就是其中之一。

然而，这只是投资者的一厢情愿。从过去几十年来的实践看，某家上市企业的净资产收益率超过10%，就已经算是非常优秀的了。也就是说，如果你把1元钱投到这样的企业里，一年后你能得到的本利和大约会超过1元钱。在扣除各项税金后，实际净资产收益率会达到6%~8%，超过长期国债利率的5%。

表现在股票价格上，如果该公司净资产收益率能达到11%，那么其股票价格大约可以上涨到净值的1.5倍左右。这看起来好像很不错了，可是投资者一定要记得，还要做横向比较才行。

例如，1981年美国的长期国债利率高达16%，而免税公债的利率则高达14%。投资者如果购买这样的债券，实际上就意味着净资产收益率能够达到14%~16%。可是当年美国企业的平均净资产收益率却只有14%，从绝对数来看这已经很不错，可是横向一比较就发现它并不怎么样。因为这14%还要扣除个人所得税，实际到手的就更低了。

举个例子来说，如果该企业当年的净资产收益率为平均数14%，所有经营利润都分配给股东，扣除各种税金后，到达投资者手中的比率是50%，那么投资者真正能到手的只有7%。

如果这种情况一直持续下去，就相当于投资者手中套牢了一种年利率为7%的债券，而投资免税公债却能得到14%，两者一比较，就知道悬殊太大了。而如果该企业不把经营利润分配掉，而是用于再投资，那么投资者所能得到的投资报酬率会更低。

巴菲特说，投资者不要想当然地以为当所投资企业的投资报酬率过低时，企业就会把投资利润分配给股东，让股东自己去寻找投资报酬率更高的项目，这种想法很天真。要知道，通货膨胀严重时，大多数企业会被迫保留它们所拥有的每一分钱，以便能维持它们过去的生产能力。

从这一点上看，通货膨胀就像一条寄生虫，寄生在企业体内。无论该主人的身体状况如何，它都要拼命地从其身上吸取养分。当你看到一家企业需要越来越多的应收款项、越来越多的不良存货和固定资产才能维持它过去的营业规模时，实际上就表明这条寄生虫正在吸取主人的血。

巴菲特说，从目前（1981年）的情况看，如果一家美国企业的净资产收益率只有8%~10%，那么它根本就不能进行业务扩张、归还贷款、发放实实在在的股利，因为这些盘子里的利润早就被通货膨胀吸光了。

那么，投资者又怎样来辨别这种情况呢？巴菲特教你一招，如果上市公司经常提出利润转投资计划、强迫股东再投资，或者发行新股、拿张三的钱发放给李四等，你就要注意该公司是不是在想方设法掩饰无法顺利发放股利的窘况了。

## 【巴菲特智慧结晶】

净资产收益率与股息分配、通货膨胀、税收之间的关系非常密切。投资者不但要追求高净资产收益率，而且还要善于识别所投资企业是否在想方设法掩饰无法顺利发放股利的窘况，这些都与考察净资产收益率有关。

## 未分配利润要能“利滚利”

我们认为应该定期检验结果，我们测试的标准是衡量保留下来的每 1 美元是否能发挥至少 1 美元的市场价值。而到目前为止，尚能达到标准。我们会以每 5 年为 1 个循环，而随着净值的成长，这项目标将愈来愈难达成。

——沃伦·巴菲特

### 【巴菲特现身说法】

巴菲特认为，净资产收益率是衡量一家企业赢利能力大小的最常用指标，所以毫无疑问，投资者要选择净资产收益率指标高的企业作为投资对象。如果所投资的企业不分配利润，应当拿出不分配的充足理由来。

巴菲特在伯克希尔公司1983年年报致股东的一封信中说，上市公司如果要保留利润不分配，只有一条正当理由，那就是每1美元的留存收益至少能够为股东产生1美元的市场价值；而且，这种预期必须有充分的历史证据和未来的周密分析所支持。

他说，伯克希尔公司就从来不分配利润，所以经常定期用上述结果来检验，到目前为止还是符合这一要求的。并且，伯克希尔公司今后也会以每5年为1个时间段，对照这项标准进行检验。不过截至2015年，又有30多年过去了，伯克希尔公司依然没有分配过利润。

这从反面证明了，伯克希尔公司的留存收益每1美元至少能为股东创造1美元以上的市场价值。通俗地说就是，这种留存收益能够产生“利滚利”的效果，对股东来说，不分配比分配所得到的收益更大。

巴菲特据此认为，投资者一定要注意某上市公司有没有年末分配，分配水平高低；有没有未分配利润，未分配利润的理由和最终效益如何。

通常来说，上市公司投入业务经营的资本来自两部分：一是股东投入的历史资本，二是历年来未分配利润形成的留存资本。上市公司既然要在本该分配给股东的利润中留出一块不予分配，那么就应该变“本”加“利”地为股东创造更高的价值，否则就没有任何合适的理由这样做。

巴菲特认为，实际上这也是净资产收益率指标的应有内涵。他在伯克希尔公司1984年年报致股东的一封信中着重探讨了这个问题，提醒投资者应该怎么做。

他说，在判断公司管理层是否应当留存未分配利润时，股东们不能仅仅看这几年来的年末分红是不是提高了，增量资本是不是提高了，然后进行一番简单对比。要知道，如果该公司的核心业务在不断增长，那么这种简单比较就可能看不出什么问题来。

例如，在通货膨胀过快的阶段，那些具有强大竞争优势的上市公司，仅仅投入一小部分增量资产，就会产生很高的投资回报率，从而产生巨额现金。这时候，该公司如果把大量资金投入回报率很低的项目中去，也会“一白遮百丑”的，投资者根本就看不出这种投资低效的项目所存在的问题和潜伏的风险。

举个例子来说，如果在一场混合高尔夫球赛中既有职业选手又有业余选手，即使所有的业余选手都是无可救药的笨蛋，也会因为职业选手的技术高超，从而取得较高的洞数成绩。这是因为职业选手的高水平发挥了决定性作用，从而产生“一白遮百丑”的效果。

所以巴菲特提醒说，投资者要真正分析留存收益的赢利能力并不是一件容易的事，应该根据这种留存收益投资的不同时期来具体分析，而不能眉毛胡子一把抓，仅仅从整体上加以考察，否则就容易出现上述弊端。

不过，有一点可以肯定，那就是公司未分配利润所创造的收益至少要高于分配给股东后在股东手里创造的收益。只有这样，这种未分配利润才有意义。

毫无疑问，股市中有那么多家公司，它们在这方面的表现各不相同，投资者选择的对象非常广泛。巴菲特介绍说，他的主要任务之一，就是要在证券市场上寻找这样的企业：它们的赢利状况，可以使每1美元的留存收益至少能转化为1美元的市场价值。

他的自我评价是：“我虽然过去也犯过不少错误，但基本上实现了这一目标。”他曾经将5年作为一个周期，来考察伯克希尔公司及其投资对象利用留存收益创造价值的能力，结论是："尽管在一些情况下，属于我们的留存收益对市场价值毫无影响，甚至有负面影响，但在其他大多数情况下，我们所投资的企业1美元的留存收益能转换成2美元甚至更高的市场价值。"

换句话说：一方面，伯克希尔公司所投资的企业中，如果有未分配利润的话，那么留在该公司的未分配利润所创造的价值都有"利滚利"的效果；另一方面，伯克希尔公司本身从来不分配红利，主要原因就是这种红利放在伯克希尔公司内部不分配，同样能够创造出比分配给股东投资后更高的投资价值来。从这个角度看，伯克希尔公司股东对此是欢迎的，因为这能让他们得到更大的净资产收益率。

伯克希尔公司及其投资对象为什么会取得这种"利滚利"效应呢？巴菲特总结说："原因在于，我们所投资的大多数公司经营的业务具有真正强大的竞争优势，常常可以通过将增量资本投入业务经营或用于回购股票，创造更多的价值回报。很明显，我们投资的公司所做出的资本决策，虽然并没有为股东分配红利，但总体而言，公司每1美元的留存收益，都为股东创造了远远超过1美元的价值。"

由此可见，要想取得较高的净资产收益率，投资者就得睁大眼睛寻找具有持续竞争优势的明星企业，这才是关键之关键。

## 【巴菲特智慧结晶】

巴菲特认为，如果你所投资的上市公司没有分配红利或没有完全分配掉红利，那么该公司至少应该用这种留存收益创造出比将其分掉后投资更高的投资回报率来，这才对得起广大股东，广大股东（股民）也才能允许它这样做。

## 关注经济商誉是否足够高

如果所收购公司，其有形资产净值收益率大大超过市场平均收益率，那么逻辑上，这些公司的价值就远远高出其有形资产净值，这种超额回报的资本化价值就是经济商誉……其根本原因是无形资产的结合，特别是一种消费者在与产品和雇员的无数次愉快接触的基础上形成的普遍认同的良好声誉。这种声誉创造了一种消费者特许权，它使产品对于消费者的价值，而不是产品的生产成本，成为售价的主要决定因素。消费者特许权是经济商誉的一个主要来源，其他来源包括不受利润管制影响的政府特许权（例如电视台），以及在一个行业中持续保持低成本生产者的地位。

——沃伦·巴菲特

### 【巴菲特现身说法】

巴菲特认为，净资产收益率是衡量一家企业赢利能力大小的最常用指标，所以毫无疑问，投资者要选择净资产收益率指标高的企业作为投资对象。在经济商誉较高的企业，净资产收益率通常也高。

巴菲特认为，经济商誉能够创造一种消费者特许权，它使得产品对消费者的价值，而不是产品的生产成本，构成了售价的主要决定因素。所以，投资者购买股票时，应当关注该公司的经济商誉是否足够高。巴菲特坚信，经济商誉非常有助于提高净资产收益率，从而给股东创造出极大的回报来。

巴菲特说，过去他在上大学时对此还没有一个正确的认识。因为当时的教科书要求学生重视有形资产，回避那些大部分价值都是经济商誉的企业。可是从收购喜斯糖果公司开始，他第一次真正了解到了具有持续竞争优势的企业所创造的巨大经济商誉在给股东回报中所起的作用，开始彻底改变过去的看法。从此，他开始倾向于投资经济商誉很大、有形资产需求很少的企业。

懂行的人都知道，根据债券价值评估模型评估企业股权价值时，企业的有形资产实际上相当于债券的本金，而企业未来的现金流实际上相当于债券未来能得到多少利息。

显而易见，在本金相同的条件下，未来能得到的利息越多越好。这就是说，在有形资产投入相同的条件下，通过经济商誉得到的现金流量越多，一家公司的内在价值就越高，净资产收益率也就越高。

与此同时，经济商誉的另一项功能是，在通货膨胀条件下，有形资产是会贬值的，它的比重越大，这种贬值速度就越快。可是经济商誉却不是这样，它不但不会贬值，还可能会因为通货膨胀而加快升值。

巴菲特的这一观点和现实生活中人们的感觉截然相反。举个最简单的例子来说，当通货膨胀过快时，普通百姓喜欢购买黄金保值；对于企业来说，为了保值增值，目前最流行的是购买土地建造厂房，大量添置自然设备。

可是巴菲特认为："多年来流传下来的智慧是，对付通货膨胀最好的手段是大量购置自然资源、厂房设备，或者其他有形资产（口号是'我们信任的只是货物'）。只可惜传统教条的历史越长，其中包含的智慧反而越少，这种保护并不有效。"

巴菲特说，关于这一点，你从实践中可以看看是否如此。那些资产规模庞大的企业往往只能取得较低的收益率，账上的现金只能满足它保持现有生产能力的需要，没有更多的现金用于它的实际增长，或者用来给投资者分红，或者用来收购企业。相反，那些拥有庞大无形资产的企业，却能在通货膨胀的情况下形成巨大的财富增值，有足够资金用来兼并其他企业。这种情形在传统的媒体传播业中尤其容易看出来。

他由此得出结论说："在通货膨胀时期，经济商誉是一份不断给予人们回报的厚礼。"

仍然以喜斯糖果公司为例，它是美国一家最著名的巧克力生产、销售企业，也是巴菲特收购的第一家具有持续竞争优势的企业。他说，伯克希尔公司之所以收购该公司，原因之一就在于它具有定价方面的经济特许权。如果这句话不太容易理解，那么翻译过来就是：如果有位顾客想买喜斯糖果公司生产的巧克力，这时候营业员告诉他说这个品牌恰好卖完了，你干脆买其他品牌的吧；可是顾客却不会答应，他宁愿穿过一条大街到别的商店去问问有没有，也不愿意买其他品牌。或者，当喜斯糖果公司生产的巧克力和其他品牌摆在一起时，喜斯糖果公司的价格虽然要比别的高5美分，可是顾客仍然认定这个品牌，愿意多掏5美分来购买这块巧克力，这5美分体现的实际上就是经济特许权的价值。

巴菲特说，特许权是构成经济商誉的主要来源，也是净资产收益率的重要组成部分。1972年，很少有企业会像喜斯糖果公司那样持续保持每年25%的有形资产净值税后收益率。伯克希尔公司下属蓝筹票据公司1972年收购喜斯糖果公司时，付出的代价是2500万美元，可是该公司当时的有形资产净值就达800万美元，税后利润约200万美元。

要知道，这还是在会计政策比较保守、没有借款的背景下取得的。所以，这种经济商誉不但实实在在，而且很保守。不过巴菲特指出，以上所述的都是真正的经济商誉，而不是知名度更高的会计商誉，不要把这两者混为一谈。

**【巴菲特智慧结晶】**

巴菲特认为，拥有历史悠久、影响力巨大的无形资产，同时对有形资产需求却相对很少，这是超级明星企业的共同财务特征。投资者在选择股票时，应当优先考虑这种净资产收益率远远超出同行平均水平的企业。

## 要保住利润，不搞杀价竞争

大家肯定没有看过有公司可以忍受营收连续10多年(1986—1999年)持续下滑的经营模式。我必须强调，那种大幅度下滑的原因是没有生意可做，事实上只要我们愿意降低点价格，马上就会有几十亿保单上门；但国家产险公司宁可维持利润，也不愿与同业随波逐流，我们从不弃客户于不顾，是客户主动离开我们。

——沃伦·巴菲特

## 【巴菲特现身说法】

巴菲特认为，净资产收益率是衡量一家企业赢利能力大小的最常用指标，所以毫无疑问，投资者要选择净资产收益率指标高的企业作为投资对象。有些企业为了占领市场，不惜与同行进行杀价竞争。而实际上正确的做法应该是，为了保住利润，尽量避免杀价竞争。

巴菲特在伯克希尔公司2004年年报致股东的一封信中说，伯克希尔公司的经营思路是一般保险业绝对无法复制的。大家肯定没有看见过有哪一家公司可以忍受因为没有生意可做，营业收入10多年连续下滑的情形。

在这里，巴菲特指的是伯克希尔公司旗下的国家产险公司。该公司在1986—1999年这段时间里，因为不愿意和同行杀价竞争，所以营业收入持续下降。而实际上，它只要愿意降低保单标准，马上就会有几十亿美元的业务送上门来。可是国家产险公司很明白，如果搞杀价竞争，盲目扩张，到头来依然没有利润，这又怎么去为客户提供服务呢?

显而易见，一家企业如果没有收益，也就谈不上净资产收益率了。

巴菲特进一步阐述说，自从伯克希尔公司1967年买下国家产险公司后，财产保险便成为伯克希尔公司的核心业务之一，成为推动伯克希尔公司业绩不断增长的主要动力来源之一，从而使得伯克希尔公司有足够的资金去源源不断地进行投资和购并，经营业绩越来越好。

那么，伯克希尔公司是怎样摆脱整个产业劣势，做到这一点的呢？巴菲特以国家产险公司为例说，当年伯克希尔公司买下国家产险公司时，该公司主要从事的是商用车保险和一般责任险，名气并不大，在同行中也没有卓然超群的本领，并且不具备任何信息上的优势。

说句不怕难为情的话，该公司当时甚至还没有精算师。从业务上看，该公司的业务保单是通过一般的中介销售来取得的，而这在当时是一种非常落后的做法，运营成本也不是最低的。

巴菲特感慨地说，自从被伯克希尔公司买下以来的38年间（截至2004年），国家产险公司的表现非常优秀。如果伯克希尔公司当年没有购买国家产险公司，其价值很可能还不到现在的一半。究其原因在于，国家产险公司宁要利润，也不去盲目追求市场规模。为此，它连续10多年忍受着营业收入下滑的局面，坚定信心不动摇。

要知道，如果换了其他大部分企业，是绝不愿意看到营业收入这样大幅度下滑的，绝不会有任何一家公司的管理层愿意向股东报告说，今年本公司的营业收入大幅度下滑了，而且看起来束手无策。

而实际上，这种情形在保险公司特别突出。所以你经常可以看到，有些保险公司为了争夺市场而拼命杀价竞争，其后果要好长一段时间（通常需要几年）才会被发现。为了能够在账面上好看一点，它们通常在“准备提拨”科目上做文章。比较典型的例子是，当年的政府雇员保险公司就是因为这种自欺欺人的做法，差一点在1975年破产倒闭。

在巴菲特看来，这些企业的经营都没有原则性。众所周知，企业营业收入下降必然会导致裁员，以节省开支。按理说这是正常的，也是可以理解的，可是国家产险公司的做法却不是这样。考虑到员工为了保住饭碗，对公司裁员天然会有一种抵触情绪，国家产险公司一再承诺不会因为业务萎缩而裁减员工。

巴菲特解释说，究其原因在于，国家产险公司不是那种劳动密集型企业，它可以容忍比较宽松的人员配置，但是不能容忍不当的定价策略以及松散的核保纪律。这个时候还不在乎核保获利的保险公司，以后也不可能在乎的。

当然，企业不景气时不裁员，在企业好转时也不能过度招工，否则就难办了，这也是理所当然的事。

巴菲特回忆说，30年前资本城/美国广播公司首席执行官托马斯·墨菲的一则小故事让他明白了这个道理。

托马斯·墨菲说，有位员工要求老板增加一个岗位。他对老板说，增加一个人无非就是增加2万美元年薪开支，没什么大不了的。而老板对他说，虽然这是2万美元，可是要当它是一笔300万美元的费用来对待。因为你看到的2万美元是明的，加上各种各样的福利、设施及其他开支，几十年间加起来可不是一个小数字。人多，厕所里的备用纸也会用得多，这是明摆着的嘛。而对于企业的一个员工来说，除非将来企业真的快要倒闭了，否则无论他的贡献多么微薄，企业都是很难解雇他的。

巴菲特说，这就是国家产险公司的企业文化。要做到这些，就必须有一定的赢利水平来维持。为此，企业必须要有一定的净资产收益率，绝不能为了图一时之快而搞杀价竞争，弄到最后谁都没有钱赚。即使在营业收入连年下滑的背景下，国家产险公司依然累计为伯克希尔公司提供了9.5亿美元的浮存金，这让巴菲特感激不已。

### 【巴菲特智慧结晶】

巴菲特认为，企业必须有盈利，否则还怎么运转呢？为此，企业一定要有自己的底线，那就是不能为了盲目扩大规模而与同行杀价竞争，到头来两败俱伤。他以伯克希尔公司旗下的国家产险公司为例，充分说明了这一点。

## 看有没有明确的经营原则

> 拉尔夫·舒伊能够成功的原因并不复杂，我的老师格雷厄姆45年前就告诉我，画蛇不必添足。尔后在我个人的投资生涯中，我相当惊讶地发现，这道理也适用于企业管理。经理人真正应该做的是把基本功做好而不分心，这正是拉尔夫·舒伊的做事方法——在设立好正确的目标后，毫不犹豫地放手去做。至于在私底下，拉尔夫·舒伊也是很好共事的人。对于问题，他坦率直言，自信却不自大。
>
> ——沃伦·巴菲特

### 【巴菲特现身说法】

巴菲特认为，净资产收益率是衡量一家企业赢利能力大小的最常用指标，所以毫无疑问，投资者要选择净资产收益率指标高的企业作为投资对象。为此，目标企业一定要有明确的经营原则，那就是必须赢利。

巴菲特在伯克希尔公司1994年年报致股东的一封信中说，伯克希尔公司1994年年末会计账面上还没有摊销的溢价有5420万美元，这个数字再加上斯科特·费策公司年末的净值9400万美元，表明伯克希尔公司账面上持有斯科特·费策公司的投资收益为1.482亿美元。要知道，这个数字还不到当初伯克希尔公司购买斯科特·费策公司价格的一半。

可是从另一个角度来看，斯科特·费策公司现在每年所赚的钱都要相当于当时的2倍。

巴菲特的这段话表明，斯科特·费策公司是一台很会赚钱的机器，它的净资产收益率非常高，伯克希尔公司当初收购该企业完全正确。

巴菲特特别指出，斯科特·费策公司之所以能取得这样的业绩，完全要归功于明星经理人拉尔夫·舒伊。他说，拉尔夫·舒伊成功的原因其实并不复杂，这就是他的老师本杰明·格雷厄姆45年前教导过他的，“画蛇不必添足”。意思是说，企业管理层应该集中精力练好企业经营管理的基本功，在设立好一个正确的目标后就毫不犹豫地去大干一场，而拉尔夫·舒伊正是这样做的。

其实，巴菲特自己又何尝不是这样呢？作为全球首富，巴菲特从股市中赚的钱当然够多的了。然而他的成功不在于他究竟赚了多少钱，而是每次投资他都把不亏损作为底线（实际上他又不是亏不起）。他给投资者的忠告就是这样的：第一条原则是不亏损，第二条原则是牢牢记住第一条。

投资者虽然看不到巴菲特所有股票的买卖情况，但从伯克希尔公司年报中可以得知，从1977年至2015年的38年间，他一共购买了76只股票，平均每年2只，其中很少有割肉卖出去的。[1]从1965年至2015年的50年间，他仅仅有2次，即2001年、2008年，出现亏损。而在这两个年份中，分别发生了“9·11”恐怖袭击事件和全球金融危机引发股市暴跌。在其余年份，巴菲特的投资就都是中国人常说的“跨大步，迈小步，不停步”。不亏即赢，其内在价值当然就越来越

1　巴菲特38年间买76只股．山东商报，2016—4—26．

高了。

作为全球第一高价股的伯克希尔公司股票，当2018年3月末股价高达299100美元时，市盈率却依然只有10.95倍，大大低于同期上海股市15.65倍和深圳股市32.14倍的平均市盈率。

毫无疑问，这种业绩的取得与巴菲特明确的经营理念是分不开的。就好比走路一样，你只有知道自己的目标在哪里，并且知道走哪条路是捷径，咬定青山不放松，才会尽快到达目的地。

千万别以为做到不亏损是一件轻而易举的事。要知道，有太多太多的投资专家就是因为某一次失误而跌入深渊的。中国股市中的许多散户，论某一次或某一年的投资回报率，要远远高于巴菲特20%左右的水平，可是在一生中都做到这一点的，绝无仅有。最常见的情形是这一次赚了很多钱，可是却在下一轮的股市下跌中亏损连连，又从终点回到起点。如果每次都能做到不亏损，哪怕赚得再少，最终也会变成一个天文数字的。

最典型的是投资大师乔治·索罗斯，他虽然在20世纪末的亚洲金融风暴中叱咤风云，赚了很多钱，但最后依然损失惨重，导致联手冲击香港汇市的老虎基金关闭、量子基金遭损，最终不得不低调行事。所以，无论是经营企业还是投资股票，一定要有明确的经营原则，那就是不亏损。

例如，巴菲特在伯克希尔公司2005年年报致股东的一封信中说，医疗事故保险是一个十分难以承保的品种，许多保险公司把它看作是梦魇之地。然而，伯克希尔公司却于2005年6月30日收购了具有106年经营历史的医疗保护保险公司。

那么，巴菲特是如何保证投资该公司不至于造成亏损的呢？他分析说，该公司具有以下几个优势：一是该公司将会采用与伯克希尔公司旗下的那些保险公司一样的制度，把承保纪律看作高于其他一切的经营目标，决不允许造成亏损；二是该公司作为伯克希尔公司的一部分，拥有远远超过竞争对手的财务实力，完全可以让客户放心，绝不会因为自己破产最终使客户索赔无门；三是该公司的首席执行官蒂姆·金纳西（Tim Kenesey），会本能地采用与伯克希尔公司其他经理人一样的思考方式。

看看，本来是一个令保险同行望而生畏的医疗保险公司，自从加入伯克希尔公司这个大家庭后，就像彻底换了个“人”。归根到底，除了它优秀的明星经理人和背靠伯克希尔公司强大的财务实力外，很重要的一点就是经营目标明确，不会为了无谓地抢夺市场份额而杀价竞争；相反，却会把承保纪律看作最高经营目标，而这在巴菲特看来是理所应当的。

### 【巴菲特智慧结晶】

巴菲特认为，无论是企业经营还是股票投资，都要有明确的原则和底线，那就是持续赢利，最低要求是不亏损。而实际上，这两者之间完全是相通的。上市公司的净资产收益率高了，投资者的盈利也就有了切实保障。

## 某些行业的股票具有特殊性

在保险业普遍存在的第三种情况（这在其他产业并不多见），使得我们能保持相当的弹性：第一，市场占有率并不绝对等于获利率，不像新闻业或是零售业，最后能够存活的不一定是最肥的那个人；第二，许多的保险类种，其中也包含我们所从事的主要险种，销售通路并非只有唯一管道，所以进入障碍低，今年业绩不多，不代表明年就一定会更少；第三，闲置的产能对保险业来说主要在于人力，这部分并不会造成太大的负担，在印刷业或是钢铁业的话就不是如此。我们可以在保持慢速前进的同时，随时蓄势待发，准备向前冲刺。

——沃伦·巴菲特

### 【巴菲特现身说法】

巴菲特认为，净资产收益率是衡量一家企业赢利能力大小的最常用指标，所以毫无疑问，投资者要选择净资产收益率指标高的企业作为投资对象。不过在具体选择投资行业时，要注意某些行业的特殊性。

巴菲特在伯克希尔公司1987年年报致股东的一封信中说，在这方面保险业就是一种比较特殊的行业，正是因为这种特殊性，使得伯克希尔公司能够在运用经营策略时保持相当的弹性。

那么，保险行业都有些什么样的特殊性呢？巴菲特举例说：

第一，保险行业的市场占有率并不一定等于获利率，这和新闻行业、零售业不同。在新闻行业和零售业，如果你没有市场占有率，经营业绩就会受到影响；可是在保险行业，这两者之间没有必然关系，有时候做得越多反而越亏，这个行业中，市场占有率就没有多大的意义。这正是巴菲特一再强调承保纪律的原因所在：首先要的是盈利，而不是保单数量。

第二，保险公司的许多业务品种并不是只有唯一的一条销售渠道，这就决定了保险行业的进入门槛低，其未来具有不确定性。具体说就是，今年的经营业绩不好，并不代表明年就一定不好。这一点，也是这个行业和许多行业非常大的区别，因为许多行业会一连几年效益都不好，而在保险行业这种连续性较小。

第三，当业务不景气时，保险业的闲置产能主要是人员。也就是说，人员过多，可是这不会给业务经营造成太大的负担。在印刷业或者钢铁业，情况就完全不同了。所以，伯克希尔公司旗下的保险公司能够得以在慢速前进的同时蓄势待发，随时准备向前冲刺。

巴菲特说了这么多，目的就是要求投资者具体问题具体分析，在确定具体投资行业时，要研究该行业所具有的某些特殊性，以便能够更准确地衡量这个行业、这个企业的净资产收益率能否持续。

巴菲特说，在保险行业，伯克希尔公司的原则是以价格而不是竞争为导向，这样对股东才有意义，对整个社会才有帮助。

那么，什么是以价格而不是竞争为导向呢？说穿了就是，这项保险业务该是什么样的价格就是什么样的价格，而不是看同行定什么价格，为了与其竞争，就确定一个比它更低的价格。

根据这个原则顺推，只要市场价格合理，无论什么样的保险业务，伯克希尔公司都可以接。尤其是当一些同行因为承保损失扩大、资本不足等退出市场时，伯克希尔公司只要认为该项业务有利可图，就随时可以进入。一方面，这是因为伯克希尔公司具有强大的财务实力；另一方面，也是因为按照这样的定价策略，该项业务是有利可图的，不至于因为这项新业务的开展而入不敷出。

只是可气又可笑的是，当其他同行看到伯克希尔公司开辟某一业务领域后，以为其中有利可图，便会纷纷以低价杀入争夺市场。这时候的伯克希尔公司虽然同样愿意继续为客户服务，但由于不肯加入低价竞争，所以市场份额就不得不被同行抢去。但这时候伯克希尔公司的经营原则依然十分明确，那就是通过这种低价竞争所得到的业务少一些也好，所以往往会暂时退出，进行观望。巴菲特说，从这一点上看，伯克希尔公司“经常扮演着市场供需矛盾调节的角色”。

巴菲特举例说，伯克希尔公司有一位老股东长年经营着纽约的一家保险经纪公司，该公司有许多客户正是伯克希尔公司希望交往的，但出于职业道德的关系，他只能为他的客户服务。1987年，美国保险市场价格大幅度滑落，他发现伯克希尔公司的保单费用要比其他同行贵许多，所以他的第一反应就是赶快把他的客户保单从伯克希尔公司转移到其他保险公司。这样做的理由很简单，因为他必须为他的客户节省费用。

然而与此同时，他马上又做出另一个动作，那就是买进更多的伯克希尔公司股票。道理同样非常简单：因为其他保险公司都在杀价竞争，仅有的一点利润都被拼光了，只有伯克希尔公司根据自己的经营原则定价，依然有利可图。换句话说，这时候只有伯克希尔公司的净资产收益率最高，他当然希望自己能拥有更多伯克希尔公司的股票了。

他说，如果有一天伯克希尔公司也加入杀价竞争，那么他会进行反向操作——把业务继续介绍给伯克希尔公司，同时抛出伯克希尔公司股票。前者表明，在相同的价格条件下，他宁愿选择伯克希尔公司的服务；后者表明，这时候伯克希尔公司的净资产收益率也会降低到一般水平，他就没有必要继续对伯克希尔公司股票情有独钟了。

这个例子一方面很好地说明了保险业务的特殊性，以及巴菲特是如何坚守自己的经营原则的；另一方面也很好地说明了这位巴菲特的忠实信徒是如何根据净资产收益率来投资股票的。

## 【巴菲特智慧结晶】

巴菲特认为，每个行业的股票在净资产收益率方面的表现都会有其特殊性，这一点应当引起投资者关注。最理想的结果是：既能享受到更加价廉物美的服务，同时又能给自己带来切实可行、高于一般水平的投资回报率。

# 忠告 9 股票交易价格必须合理

## 要以合理的价格买入股票

> 整体而言，我们在无控制权公司的经济竞争力，反而比具控制权公司的经济竞争力来得佳。可能的原因是，在股票市场上，我们可以合理的价格买到部分优秀企业的股权；而若要通过购并谈判的方式买下整家公司，其平均价格可能远高于市价。
>
> ——沃伦·巴菲特

### 【巴菲特现身说法】

巴菲特认为，投资者买入股票的价格必须合理，买入价格过高是老天爷也不同意的事。只有买入价格合理，才能谈得上确保获利回报。

巴菲特在伯克希尔公司1981年年报致股东的一封信中说，从整体而言，伯克希尔公司在不具备控股权企业方面的投资，其经济竞争力反而要比在具备控股权企业方面的投资来得好。究其原因在于，伯克希尔公司买到不具备控股权企业的股票价格，要比通过谈判整体买下某家企业的价格低得多。

所以，从这一点上看，伯克希尔公司并不像有些投资者所想象的那样动不动就控股公司。是不是整体买下某家公司要考虑许多因素，巴菲特通常列出的标准有五六条，但其中必有一条是买入价格合理。当部分购买该企业比整体购买该企业价格更合理，他同样会选择不具备控股权的投资方式。

巴菲特认为，虽然绝对控股权和不具备控股权，两种方式在会计核算上会有不同，反映在伯克希尔公司财务年报上的经营业绩也截然不同，但他从来不会以暂时的经营业绩论英雄，而是会着眼于长远。

巴菲特说，他在1980年致股东的一封信中就详细探讨了伯克希尔公司不具备控股权的部分投资所创造的业绩在核算上有什么不同。

他对股东们说，他很乐意和股东或潜在股东探讨这些话题。他坚信，虽然这部分企业所创造的经营业绩不能反映在伯克希尔公司的财务年报上，可是它们和伯克希尔公司具备控股权的企业（它们的经营业绩可以在伯克希尔公司财务年报上统一反映出来）一样，归根到底仍然是属于伯克希尔公司的，最终构成伯克希尔公司内在价值的一部分。

巴菲特强调，伯克希尔公司对于究竟是拥有整家公司还是仅仅持有部分股权，并没有特殊偏好。但过去的经验表明，一方面，伯克希尔公司更多的是大笔投资，会尽量避免小额投资，这是因为巴菲特认为，如果一件事情一点也不值得去做，那么就算是把它做得再好也没用；另一方面，伯克希尔公司部分持有股权的投资，其股票交易价格会更低。

他说，总体来看，伯克希尔公司愿意以每股 *a* 美元的价格买入一家优秀企业10% 的股权，而不是以每股 *2a* 美元的价格买入该企业100% 的股权。奇怪的是，大多数经营管理层是倾向于后者的，而且理由还不少。归纳起来，这些理由主要有：

一是公司管理层容易兴奋和激动。相对而言，在伯克希尔公司即使购并成功在望，巴菲特形容自己“心跳也不会加快一下”。

二是大多数公司管理层追求的是“规模”，而不是“获利”，他们在衡量其他企业时也是如此。他说，你可以问问那些《财富》500强企业的负责人，如果按照获利能力来排列的话，他们的企业会排在第几位？没几个人真正知道。因为他们不关心企业获利这个更重要的问题。

三是大部分公司管理层过度沉溺于小时候所听到的“白马王子”的故事，以为一个即将倒闭的企业被他们购并后，就会凭着他们优异的管理能力马上脱胎换骨、起死回生。

巴菲特承认，公司管理层有这种乐观态度是必需的，否则他们还怎么会心甘情愿地以每股 $2a$ 美元的价格买下该公司，而不是以每股 $a$ 美元的价格从证券市场上买入部分股权呢？然而，只有当符合以下两个条件时，“白马王子”才会真正出现。

其一，你买到的股票特别适应通货膨胀，无论这一特征你是有意还是无意间注意到的。这些企业的特征是：很容易调高产品价格，并且不会影响产品销售量或市场占有率；或者，只要增加额外及少量资本支出，就能使销售额大幅度增加。当然，这种销售额大幅度增加不一定是由产量增加所造成的，很可能是由通货膨胀因素带来的。但这不要紧，只要符合上述特征，即使你用过高的价格买入该股票，也照样可能会获利，因为你可以随意通过提高产品售价来提高经营业绩。

其二，你是一位经营奇才，具有“无所不能”的本领。巴菲特兴奋地说，例如托马斯·墨菲就是这样一位经营奇才，他有能力把购并目标放在上面所述的那类公司身上，同时他本身所具备的管理才能又能在力挽狂澜方面使他成为佼佼者。但巴菲特承认，像托马斯·墨菲这样的人才实在太少了，以至于到最后发现还是回购股份是最实在的。

巴菲特说这句话的意思是，伯克希尔公司会持续地以合理的价钱购买股票，无论是购买整家公司还是部分股权都是如此。

他在伯克希尔公司1981年年报致股东的一封信中说，当年伯克希尔公司几乎谈成了一笔大买卖，那家企业与其公司管理层都是巴菲特特别喜爱的那一类，可最终仍然因为价格谈不拢而放弃了。巴菲特说，如果坚持购并下该企业，很可能会影响伯克希尔公司股东的长期利益。

说到底，买下这家公司后，伯克希尔公司的规模固然会扩大，人员素质却会变差。当然，今后如果遇到特别适应通货膨胀的那一类企业，伯克希尔公司仍然会以不错的价格买入。

## 【巴菲特智慧结晶】

巴菲特认为，投资者要以合理的价格买入股票，无论是买下整家企业还是部分股权都要坚持这条原则。如果买入价格不合理，这桩买卖就应放弃。绝不要有在高价买入后寄希望于奇迹发生这样一种不切实际的想法。

# 买入价格比买入时机更重要

对于买进股份，我们注意的只是价格而非时间。我们认为，因为忧虑短期不可控制的经济或股市变量而放弃买进一家长期前景可合理预期的好公司，是一件很愚蠢的事。为什么仅仅因为短期不可知的猜测，就放弃一个很明显正确的投资决策呢？

——沃伦·巴菲特

## 【巴菲特现身说法】

巴菲特认为，投资者买入股票的价格必须合理，买入价格过高是老天爷也不同意的事。只有买入价格合理，才能谈得上确保获利回报。在处理买入价格和买入时机两者的关系时，他认为买入价格更重要。

巴菲特在伯克希尔公司1994年年报致股东的一封信中说，在买进股份时，伯克希尔公司注意的只是价格，而不是时间，确切地说，是与内在价值对照下的股票价格。他认为，如果因为担心短期因素的负面影响而放弃买进一只长期来看前景很好的好股票，是一件非常愚蠢的事。为什么仅仅因为短期不可预测的因素就放弃一只好股票呢?

他回顾说，伯克希尔公司1967年买进国家产险公司、1972年买下喜斯糖果公司、1977年买下《布法罗日报》公司、1983年买下内布拉斯加家具店、1986年买下斯科特·费策公司时，都是在它们遇到困难的时候，但更重要的还是买入的价格合理。

他坦言，当时在评估每一项购并案时，伯克希尔公司关心的都不是当时的道琼斯工业指数走势、美国联邦储备委员会的态度以及美国经济总体发展趋势，而是就事论事，即该公司未来的发展前景以及买入的价格是否合理。巴菲特认为，买下整家企业是这样，买下某家企业的一部分股权也是如此。

他说，伯克希尔公司在寻找新的投资目标前，会优先考虑增加原有投资的追加项目。他的观点是，既然这家企业过去让伯克希尔公司愿意投入，那么再重复一次这样的过程也应该是很不错的。

例如，伯克希尔公司就非常愿意继续增加在喜斯糖果公司、斯科特·费策公司方面的持股比例，如果实在无法做到100%控股，通过股票市场买入部分股权也是很有意义的——就好像1994年伯克希尔公司增加可口可乐公司、美国运通公司的持股比例那样。

巴菲特强调，这里考虑的首先是买入价格。例如，他第一次购买政府雇员保险公司的股票是1951年，当时该股票占他个人投资组合的比重高达70%。25年后，在该公司面临破产倒闭的危险之际，伯克希尔公司大量收购它的股票。

《华盛顿邮报》公司的收购案例也是如此。他说，在20世纪40年代他投资股票的第一笔资金中，有一半是来自自己业余投递该报的收入。30年过去后，伯克希尔公司在《华盛顿邮报》公司公开上市两年时，因为当时的股票价格特别低，所以买下了该公司的一大部分股权。

巴菲特指出，股票买入价格合理，并不是只看价格高低，而是要与其内在价值相对照。

2001年4月，巴菲特在杂志上发表题为《论股票市场》的文章，认为股市的非理性是会周期性爆发的，这就强烈暗示那些想要取得良好业绩的投资者，最好学会应对每一次股票市场非理性爆发的到来。这些投资者需要一剂解毒剂，那就是量化分析。

巴菲特介绍说，进行量化分析，可以观察股市总市值与国民生产总值（GNP）的百分比（读者知道，中国股民很少计算这个指标，他们关心更多的是市盈率）。巴菲特认为，这可能是任何时候衡量股市估值的最佳单一手段，如果这个比率在70%或80%左右，这时候购买股票将会有较好的安全边际；如果这个比率在200%左右，这时候买股票就是在玩火。

在中国，由于GDP（国内生产总值）和GNP的差额不大，所以可以简单地用GDP来代替GNP计算。2015年8月26日，上证综合指数跌至2851.71点，这一比率为78.08%，正好落在巴菲特看好的70%~80%的安全边际范围内，或许这就说明这时候中国股民投资中国股市的风险相对较小。

再来验证一下其他几个代表时点：2010年7月2日，上证综合指数跌至2319.74点，当时的这一比率为64.91%；2013年6月25日，上证综合指数跌至1849.65点，当时的这一比率为40.66%，也在巴菲特认为比较安全的区域内；而2007年10月16日，上证综合指数到达6124点历史大顶时，这一比率为122.06%，用巴菲特的这一公式来衡量，这个比率确实太高了。[1]

巴菲特在伯克希尔公司1999年年报致股东的一封信中说，目前（1999年）伯克希尔公司所拥有的股票，价格并不是十分诱人，但是从它们的本质看，它们的内在价值的表现很不错。如果要在以下两种选择中做出选择，他宁愿选择后者：一种是股票价格非常令人满意，但该公司有问题；另一种是股票价格有问题，但该公司非常令人满意。当然，伯克希尔公司真正感兴趣的，还是两者都非常令人满意的股票。

1984年，美国哥伦比亚大学为《证券分析》一书发行50周年举行了庆祝大会，会上巴菲特演讲时，提到了1954—1956年他在格雷厄姆·纽曼公司工作时的同事沃尔特·许洛斯。

他说，沃尔特·许洛斯从来没有读过大学，1955年年末自己开公司后，一直在运用价值投资理论从事投资。他从来不接触平常人所接触的那些股市信息，并且华尔街上也几乎没有人认识他。他唯一的投资依据是企业年报，要求上市公司寄年报给他。他认为，钱是真的，股票也是真的，所以投资必须要具有安全边际。

---

1 曾剑．A股1月遭遇最凶猛黑熊，但巴菲特告诉你不用怕．每日经济新闻，2016—1—18．

沃尔特·许洛斯举例说，如果某家公司的内在价值是1美元，而他的买入价格是0.4美元，那么将来迟早会获利。这时候，他就根本不用去关心买入的那天是不是1月份，是不是星期一，也不用关心是不是总统选举年。

巴菲特用这个例子是想强调："以0.4美元的价格购买1美元的纸钞，人们若是不能立即接受这种看法，就永远不会接受它。它就像注射药剂，如果它无法立即抓住这个人，则我认为即使你长期地说服他，并且展示各种记录，你也无法让他接受。这是很单纯的概念，但他们就是无法领悟。"

他的意思是说，虽然这是一个非常浅显的道理，可就是有人（岂止是"有人"，几乎是所有人）听不进去。他们总喜欢追涨杀跌，根本不懂也不会去考虑现在的股价与其内在价值是什么关系（有没有大大低于其内在价值）。换句话说，与这样的人谈价值投资，简直是对牛弹琴。

巴菲特有一次在美国佛罗里达大学演讲时说，伯克希尔公司在购买企业时从来不预先设定一个目标出售价格。例如，如果买入成本是每股30美元，那么当股价达到每股40美元、50美元、60美元或者100美元时就卖出，诸如此类。当初伯克希尔公司投入2500万美元买入喜斯糖果公司时，就没有"如果有人出5000万我们就卖"的计划。

巴菲特的意思是说，股票交易价格虽然必须合理，但更重要的是，随着时间的推移，该企业能否为自己创造越来越多的获利？如果这个问题的答案是肯定的，那么其他问题就是多余的。

众所周知，巴菲特一直称自己的投资方法是集中投资，从来不做过多的分散投资。其实，这里同样能看出巴菲特有关股票交易价格必须合理的投资原则。

一般来说，对集中投资最简单明了的表述是：选择少数几种股票，这些股票要求能够在长期的市场波动中，产生高于整个股市的平均收益。一旦选定这些股票，就以合理的价格用大部分资金买入，然后无论股市短期价格如何波动，都坚持长期持有下去。这样，你就会远离股市上下波动所带来的困扰。

巴菲特建议：投资者可以为自己的股票数量设限，比如一年内只买卖一两次，甚至更少，从而迫使自己在众多投资机会中选择合理的交易价格。

## 【巴菲特智慧结晶】

巴菲特认为，股票的买入价格比买入时机更重要。如果没有合适的买入价格，他就会一直等下去，直到它出现。他以国家产险公司、喜斯糖果公司、《布法罗日报》公司、内布拉斯加家具店等为例证明了这一点。

# 不要贪婪烟蒂式投资法

如果你以很低的价格买进一家公司的股票，应该很容易有机会以不错的获利出脱了结，虽然长期而言这家公司的经营结果可能很糟糕。我将这种投资方法称之为“烟蒂式投资法”：在路边随地可见的香烟头，捡起来可能让你吸一口解一解烟瘾；对于瘾君子来说，这不过是举手之劳而已。

——沃伦·巴菲特

## 【巴菲特现身说法】

巴菲特认为，投资者买入股票的价格必须合理，买入价格过高是老天爷也不同意的事。只有买入价格合理，才能谈得上确保获利回报。不过，那种贪婪烟蒂式的投资方法也是不足取的。

巴菲特在伯克希尔公司1989年年报致股东的一封信中说，股票交易的价格合理，并不意味着越低越好。如果你用很低的价格买进某家公司的股票，短期内你很可能有机会以不错的获利进行了结，但从长期来看，这家公司的经营业绩可能会很糟糕。

他把这种快进快出的投资方法称为“烟蒂式投资法”。就好比说，你在马路边捡到一个仍然冒着烟的烟蒂，吸上一口“解一解烟瘾”是可以的；可是对于像他这样注重长期投资的“瘾君子”来说，就不过瘾了。

巴菲特的意思是说，追求价格合理，就要要求物有所值，不能一味贪图价格便宜，忽略了长期投资价值。在这方面，他是有过深刻教训的。

他回顾说，他在其投资生涯中所犯的第一个错误，就是当年买下伯克希尔纺织公司的控股权。当时他就很清楚纺织公司没什么发展前景，只是看到该股票的价格实在便宜，实在经不起诱惑，才买下该公司的。虽然这笔投资短时间内让他获利颇丰，但最终他发现，这种一味贪图价钱便宜的投资方法并不是理想的投资模式。

他说，除非你是清算专家，否则投资这类股票简直愚不可及。

第一，虽然低价格当时看起来很合算，可是从长期来看一点都不值得。因为这种濒临破产的企业问题缠身，通常是一个问题刚刚解决，另一个问题就又出现了；就像厨房里的蟑螂，你虽然只看到一只，但实际上绝对不仅仅这一只。

第二，开始时你购买这种股票，其价格便宜是一大优势，但很快这种价格优势就会被该企业不良的经营业绩所侵蚀。例如，本来是一家价值1000万美元的企业，如果你用800万美元的价格买下来，当时确实很合算；但前提是，你必须马上把这家公司处理掉，无论出售还是清算都行，这时候你的获利会很可观。可是如果你想把它经营10年，或者必须花10年时间才能把它处理掉，那么一开始你能得到的那点可观获利全部贴进去还不够。

巴菲特提醒说，千万别以为这个道理再简单不过，他个人也是在有了惨痛经历后才真正懂得这个道理的。

就在购买伯克希尔纺织公司之后不久，巴菲特又接二连三地买下了巴尔的摩百货公司、科恩公司（Hochschild Kohn）、多元零售公司等。当时买下这些公司的价格都非常低，而且它们的经营人才也都是一流，甚至在交易过程中还有一些附加优惠，如房地产增值、运用后进先出法核算存货的商品升溢等。可是很快他就发现不对了，他最终用了3年时间才以成本价将这些公司脱手。其中，多元零售公司最终并入了现在的伯克希尔公司。

所以巴菲特总结说，他的个人经验是，用合理的价格买下一家好公司，要比用便宜的价格买下一家普通公司好得多。

有了这样的教训后，巴菲特后来无论是投资公司还是买股票，都不但选择最好的公司，而且确保这些公司必须拥有明星经理人。当然，其前提是价格合理。他不再追求价格越低越好，而是强调从长期来看物有所值。

他反复强调说，一个明星经理人在遇到一家臭名昭著的企业时，通常是后者占上风。作为投资者，自己能做的就是远离这些企业和行业。

巴菲特认为，投资者之所以会有这种“捡便宜”动机，归根到底在于对某些企业、某些行业不是十分了解。可是，就算你十分了解这些企业、这些行业，知道其股票的底牌，不至于那么贪婪，可是投资回报率通常还是不会很高。

巴菲特在美国佛罗里达大学演讲时说，怎样确定投资项目是一个很难做出的决定。就他而言，对于一个他不确信、不理解的东西，他是不会购买的；可是即使他对这个东西非常确信，他也不一定会买，因为这个东西的回报率可能不会太高。一般来说，他会倾向于拿“感觉有40%回报的企业来试手气”。实践表明，投资这样的项目，“我们的回报不是惊人的高，但是一般来讲，我们也不会有损失”。

他举例说，1972年伯克希尔公司买入喜斯糖果公司时，当时该公司的年销售量是1600万磅（每磅销售价格1.95美元），税前利润400万美元，而伯克希尔公司的买入成本是2500万美元。

初看起来，这笔投资的价格好像并不低，但巴菲特和查理·芒格认为，该公司有一种还没有被开发出来的“定价魔力”。他盘算说，现在每磅售价1.95美元的喜斯糖果把价格提高到每磅2.25美元卖出去，是一件轻而易举的事。而不要小看这每磅0.3美元的涨价幅度，这1600万磅轻而易举地就可以额外增加利润480万美元。

这样一算，它原来每年的税前利润400万美元，实际上应该当作980万美元来看待。这时候，2500万美元的买入价格就是合理（划算）的了。所以，巴菲特做出这项决策时并没有咨询过其他任何人，很快就拍板了。

## 【巴菲特智慧结晶】

巴菲特认为，股价便宜不能看绝对值，而要看相对值。从绝对值看，便宜的股价有可能意味着这是一只垃圾股，意味着很可能这笔投资是烟蒂式的。他以对喜斯糖果公司的买入为例，说明应该怎样看待这种相对性。

# 选择 A 股、H 股价差大的股票

中石油的 A 股和境外股的价格差别曾经达到 1 倍左右，这太疯狂了，这就意味着在用 1 美元和 2 美元买同样的东西。当这种情况出现时，这就是个信号，肯定有些事情不对了。

——沃伦·巴菲特

## 【巴菲特现身说法】

巴菲特认为，投资者买入股票的价格必须合理，买入价格过高是老天爷也不同意的事。只有买入价格合理，才能谈得上确保获利回报。在论述什么股票价格是合理的时，巴菲特有一条秘诀，那就是看同一只股票在不同市场上的价格差别是否足够大。

在2008年的伯克希尔公司股东大会上，巴菲特在接受中国《第一财经日报》记者采访时表示，中石油 A 股和境外股的价差曾经达到1倍左右，这太疯狂了。因为这就意味着用1美元和2美元可以在不同的地方买到同样的东西。他介绍说，当这种情况出现时，就是一个信号，表明肯定是有些事情不对了。

巴菲特的意思是说，这时候就存在着投资机会。其实，他的这一见地简单明了，很值得中国投资者在衡量股票价格高低时参考。

可以用最简单的方式这样判断：当某种东西在两个不同市场上的价格不同，尤其是价格差异过大时，就意味着实际价值处于这两个价格之间，或者干脆就是小学数学中比较不等式时用到的“两小服从小”——实际价值在两个股票价格中较低的价格附近。

由此是否可以做出这样的判断，当初伯克希尔公司大量买入中石油H股，巴菲特也参考了中石油A股和H股价格悬殊这一事实？巴菲特虽然没有明确这样说过，但完全有可能，因为这是一个简单的事实。

巴菲特在伯克希尔公司2007年年报致股东的一封信中说，2007年伯克希尔公司有一笔很大的股票卖出。最早是2002年和2003年，伯克希尔公司投入4.88亿美元买入中石油H股，占中石油公司总股本的1.33%。当时买入该股票时，巴菲特和查理·芒格觉得中石油公司的价值应该在1000亿美元左右。按照当时的价格计算，中石油公司的市场价值只有370亿美元。换句话说，这个股票价格应该是很便宜的，只相当于该公司内在价值的37%。

可是到了2007年下半年，随着国际原油价格的不断攀升，以及中石油公司管理层在石油和天然气储备方面所下的功夫，巴菲特简单地计算了一下后得知，这时候中石油公司股票的市值已经上升到2750亿美元左右。此时中石油A股和H股的价差虽然依然存在，可是已经大大缩小。于是，他当机立断，抛出手中拥有的所有中石油H股。

容易看出，虽然某只股票在不同市场上的价格悬殊，可以为投资者提供发现投资品种的机会，但落脚点最终还是应当在股票价格是否合理上。在这方面，巴菲特最善于以有吸引力的价位买入股票了。否则，他也不敢轻易把伯克希尔公司的大量资金集中投在少数几只股票上。要知道，对于普通投资者来说，这每一笔投资可都是天文数字啊！

例如，伯克希尔公司最早买入可口可乐公司股票的时间是1988年6月，当时该股票的价格为每股10美元。在这以后的10个月内，伯克希尔公司总共投资10.23亿美元购买了8340万股可口可乐公司股票，平均股价为10.96美元。到了1989年年末，可口可乐公司股票市值在伯克希尔公司普通股投资组合中的比重已经占到35%。

而实际上，早在伯克希尔公司开始购买可口可乐公司股票的前几年，可口可乐公司的股价就已经开始上升了，只是因为巴菲特认为那时候自己无法以最有利的价格买到该股票，所以放弃了。而这次巴菲特投资可口可乐公司股票时，实际上整个股市并不看好该公司。正是在这种情况下，巴菲特仔细算了一笔账，认为这个价格是合理的，所以采取了大手笔买入的做法。

那么，巴菲特是怎样来算账的呢？他认为，当时可口可乐公司的内在价值最少有207亿美元，并且有可能高达324亿美元，甚至483亿美元，而当时该公司的股票市值却只有151亿美元。这就是说，如果以每股10美元多的价格买入该股票，将来比较可靠的获利应该在27%~70%。而当时其他投资机构则纷纷认为，可口可乐公司股票的市盈率、价格与账面价值的比率、股票价格与现金流的比率等都在高位。换句话说，这时候该股票价格处于高估状态。

正是有了这种意见分歧，巴菲特才会有机会以合理（实际上就是“非常合算”）的价格大量买入可口可乐公司股票。

而巴菲特重仓持有的《华盛顿邮报》公司股票，当初他也是这样来估价的。《华盛顿邮报》公司1973年的市场价值为8000万美元，而根据巴菲特的计算，该公司的内在价值应该在1.5亿~1.96亿美元，最高甚至可能达到4.85亿美元。按照最保守的价格推算，这时候购买该股票的获利空间至少在50%。换句话说，这时候《华盛顿邮报》公司股票的价格最多不到其实际价值的一半。而根据巴菲特自己的判断，这时候该股票的价格应该不会超过其实际价值的1/4。

有了这样的心理准备，巴菲特才大手笔买入《华盛顿邮报》公司股票的。他牢牢记着他的老师本杰明·格雷厄姆关于安全空间法则的教诲，认为股票投资有了这样的安全空间，就一定能够一箭双雕：一方面，无论股价是否会继续下跌，这时候你的买入价格都是“最低”的；另一方面，一旦股票价格上升，你就能得到比其他投资者更多的获利回报。巴菲特虽然基本上不看股票价格变动，但其中的道理是一样的。

## 【巴菲特智慧结晶】

巴菲特认为，如果某股票在不同股市上拥有两种不同的价格，并且两者悬殊，那么就比较容易从中发现投资机会，容易找到“价格底部”。通过与内在价值相比，就能大致判断这里的投资安全区间有多大。

## 老天爷也不同意买入价格过高

虽然我们对于买进部分股权的方式感到满意，但真正令我们雀跃的是能以合理的价格100%地买下一家优良企业，我们偶尔会缔造如此佳绩（也希望能够再次做到）。这是一件相当困难的工作，比买进部分股权要困难得多。

——沃伦·巴菲特

## 【巴菲特现身说法】

巴菲特认为，投资者买入股票的价格必须合理，买入价格过高是老天爷也不同意的事。只有买入价格合理，才能谈得上确保获利回报。当股票买入价格合理时，100%买下一家优秀企业是最令人雀跃的。

巴菲特在伯克希尔公司1982年年报致股东的一封信中说，虽然他过去曾经说过，采用买进部分股权的方式所得到的股票交易价格更合理；但如果能以同样合理的价格100%买下一家优秀企业，他会更加欢呼雀跃。

他说，伯克希尔公司投资部分股权的做法，只有当伯克希尔公司可以用合理的价格买到吸引人的企业才行得通，而这需要温和的股市来配合。而股市就像老天爷一样，它会帮助帮助过自己的人，却不会原谅那些不知道自己在做什么的人。对于投资者来说，如果买入的股票价格太高，就会抵销其未来10年的投资收益。

巴菲特一直强调，衡量企业经营业绩的最佳指标是净资产收益率（当然需要经过必要的调整）；不过他在伯克希尔公司1982年年报致股东的一封信中承认，这一指标对伯克希尔公司经营业绩的影响越来越小。

究其原因在于，随着伯克希尔公司在不具控股权股票（股权比例在20%以下）方面的投资比重越来越大，根据会计准则规定，会有越来越多的利润分配无法反映在伯克希尔公司的账面上。

换句话说，伯克希尔公司投资的这些没有控股权的股票所得到的经营业绩，有相当大的部分无法体现在伯克希尔公司账面上。所以，单单计算伯克希尔公司的净资产收益率，已经无法真实反映其经营业绩了。

例如，巴菲特在伯克希尔公司1981年年报致股东的一封信中，通过对伯克希尔公司旗下不具备控股权的4项主要投资进行预测，按照其持股比例，可以分配的年末利润总额高达3500万美元。也就是说，这3500万美元的利润本来是应该反映在伯克希尔公司年报上的，现在只是因为伯克希尔公司不具备控股权，所以在年报上无法体现这笔经营业绩。

一年后的1982年，这4项主要投资中有3项持股比例没变，1项持股比例有大幅度增加。随之而来的是，这笔不能反映在伯克希尔公司年报上的未分配利润超过了4000万美元。

巴菲特特别提醒说，这4000多万美元不能入账的经营利润还仅仅是这4项主要投资项目的，除此以外还有其他一些项目。要知道，真正反映在当年伯克希尔公司年报上的经营业绩，包括这4个项目已经发放的1400万美元现金股利在内，还不到4000万美元。巴菲特的意思是说，伯克希尔公司年报上所反映的经营业绩还不到实际业绩的一半！

巴菲特说，他不是在批评会计准则，事实上他也没有能力自己建立一套更好的会计准则。他只是想告诉所有人，会计数字只是评价一家企业的起点，而不是终点，而股票交易价格高低则是一目了然的。

巴菲特说，他在年报中罗列出这些数字来，只是要强调它们的重要性。实际上，从纳税角度看，他也并不一定希望它们都出现在伯克希尔公司的财务年报上。

他只是希望投资者能明白，伯克希尔公司既然存在着这样的差异，那么其他公司也同样会有这种情况存在，而这正是投资者需要从财务年报中捕捉的信息。投资者如果做到了这一点，就有助于自己“从各式各样的美国企业中挑选价廉物美的公司部分股权，并从一群投资行为有如惊慌失措的旅鼠手中捡到便宜货”。

股票交易价格合理，一直是巴菲特所追求的。可无论是巴菲特还是伯克希尔公司及其旗下公司，都犯过“老天爷也不允许犯的错误”。

例如，2008年9月3日，伯克希尔公司旗下的可口可乐公司附属全资子公司，宣布收购中国果汁饮料行业排名第一的中国汇源果汁公司。公告称，该公司将以179.2亿港元的代价收购汇源果汁公司已经发行的全部股本，相当于每股12.2港元。以汇源果汁公司停牌前一个交易日（9月1日）的收盘价4.14港元计算，其中有1.95倍的溢价。如果该申请获得批准，将成为外资企业在华的最大并购案，也是可口可乐公司历史上金额第二大的收购交易。

此消息传出后，各界议论纷纷。2009年3月19日，中国商务部依据2008年8月1日起开始实施的《反垄断法》，以可能会“对竞争产生不利影响”为由，正式否决了这项购并申请。随后，汇源果汁公司和可口可乐公司分别表态，表示尊重中国商务部的决定；可口可乐公司同时表明，将不会继续收购汇源果汁公司。

而实际上，业内人士表示，这项否决并购案的决定，反过来或许倒是帮了巴菲特一个大忙。因为2008年9月可口可乐公司宣布收购汇源果汁公司时，当时金融危机还没有向纵深发展，当时报出的179.2亿港元的收购价格并不低；随后，可口可乐公司就因为收购价格太高而感到后悔，公司董事会内部反对收购的声音也越来越多。

常言道：“一言既出，驷马难追。”可口可乐公司既然已经签订了意向协议，就不太好反悔，反倒是这项否决给了可口可乐公司一个台阶。

## 【巴菲特智慧结晶】

巴菲特认为，股票买入价格过高，会抵销未来10年的经营业绩，这是老天爷也不同意的事，所以投资者要慎之又慎。老天爷会帮助帮助过自己的人，却不会原谅不知道自己在做什么的人（暗指那种不理智的投资行为）。

## 研究股票而不是主力动向

市场上有所谓专业的投资人，掌管着数以亿万计的资金，就是这些人造成市场的动荡。他们不去研究企业下一步发展的方向，反而钻研于其他基金经理人下一步的动向。对他们来说，股票只不过是赌博交易的筹码，就像是“大富翁”里的棋子一样。他们的做法发展到极致，便形成所谓的投资组合保险，一种在1986—1987年广为基金经理人所接受的策略。这种策略只不过是像投机者停损单一样，当投资组合或是类似指数期货价格下跌时就必须处分持股。

——沃伦·巴菲特

## 【巴菲特现身说法】

巴菲特认为，投资者买入股票的价格必须合理，买入价格过高是老天爷也不同意的事。只有买入价格合理，才能谈得上确保获利回报。讨论买入价格是否合理，关键是要与其内在价值相比，而不是看主力机构的动向。

巴菲特在伯克希尔公司1987年年报致股东的一封信中说，1987年美国股市的表现非常精彩，可是最后股指却没有上升多少，道琼斯工业指数全年只上涨了2.3%。回过头来看，股票指数就像过山车一样，10月份以前一路蹿高，然后就突然收敛起来。

巴菲特分析说，究其原因在于市场上有一些所谓的专业主力机构，它们掌握着数以亿万计的资金，造成了市场的动荡。因为这些主力机构并没有去研究上市公司下一步的发展方向，而是把主要精力用在研究同行下一步如何操作的动向上。对这些主力机构来说，股票只不过是一种赌博筹码。它们的做法发展到极致，便形成了一种广为基金经理人所接受的策略，那就是所谓的“投资组合”。当股市下跌到一定幅度时，这种投资组合就会涌出一大堆卖单，推动股市进一步下跌。例如，1987年10月，这笔资金的规模高达600亿~900亿美元，随时随地有可能成为股价迅速上涨或下跌的推动力。

巴菲特说，投资者的正确做法是，要把股票交易价格与其内在价值相比，而不是看主力机构如何操作、该股票的价格在主力机构操纵下今后是上涨还是下跌。

他忠告投资者，如果你认为这些主力机构是从事“投资”的，那你就大错特错了。就好比说，一个理性的主人在买下某农场后，是不会四处委托不动产经纪人打听有谁要买这家农场一样。有谁听说过，因为隔壁的农场最近卖出的价格很低，这位主人就急于把自己所拥有的农场也卖掉的？或者，你在几分钟前听说你隔壁的房子以比过去更便宜的价格卖掉了，你也就马上考虑是不是也要把自己的房子卖掉？

巴菲特说这句话是想表明，上述卖农场、卖房屋的做法看起来十分可笑，可这却是主力机构或投资顾问给你传授的投资组合理论。这种理论在中国股市中同样非常普遍，这就是所谓的“止损”。

可是在巴菲特看来，用这种观点来看待股票价格的高低是完全错误的。股市波动很正常，作为理性的投资者来说，不应当因为股价波动就轻易卖出股票。唯一能够做参考的，应当是看所投资股票的内在价值高低，以及该股票将来的发展趋势。

巴菲特说，有这么多资金整天掌握在这样的主力机构手里，股票市场怎么会不剧烈波动呢？由此，一些散户投资者就抱怨说，市场是由主力机构操纵的，散户投资者根本就一点机会也没有。巴菲特认为，这种观点非常错误。因为无论你的资金有多少，股市面前人人平等；相反，市场波动越是剧烈，对理性的投资者越有利。

巴菲特的原话是:“只要他能够坚持自己的投资理念，事实上由手握重金的基金经理人所造成的市场波动，反而使得真正的投资人有更好的机会可以去贯彻其明智的投资行动。他只要在面临股市波动时，不因财务或心理因素而被迫在不当的时机出手自己的持股，他就很难会受到伤害。”

巴菲特在伯克希尔公司2006年年报致股东的一封信中，以刚过90大寿的老朋友沃尔特·许洛斯为例，再次介绍了此人的操作手法。

巴菲特说，早在50多年前，当时有一个圣路易斯家族希望自己为他们推荐几位既诚实又能干的投资经理人，而巴菲特向他们推荐的唯一人选便是沃尔特·许洛斯。沃尔特·许洛斯没有上过大学商学院，甚至没有读过相关专业。但是从1956年到2006年，他一直掌管着一项十分成功的投资合伙事业。他的原则是，投资合伙人一定要赚钱，否则自己不收一分钱。

那么，他又是如何来进行股票投资的呢?

巴菲特介绍说，沃尔特·许洛斯从来没有聘请过秘书、会计或其他工作人员，唯一的员工是他的儿子爱德文，一位大学艺术硕士。

沃尔特·许洛斯和他的儿子从来不听什么内幕消息，甚至连公开消息也很少关心，完全采用他与本杰明·格雷厄姆共事时的一些统计方法，归纳起来就是简简单单的一句话:“努力买便宜的股票。”

在他们看来，什么现代投资组合理论、技术分析、总体经济学派以及其他复杂的运算方法，一切都是多余的。

值得一提的是，沃尔特·许洛斯在他长达50年的合伙事业中，投资的大多是冷门股，可是其业绩表现却大大超过同期标准普尔500指数。

## 【巴菲特智慧结晶】

巴菲特认为，投资者应将重点放在股票身上，而不是去判断主力机构有没有进入该股票，接下来是不是会拉升该股票。他以沃尔特·许洛斯在长达50年的投资生涯中从来不关心主力机构为例，充分说明了这一点。

## 用未来现金流衡量股票价格

我们将实质价值定义为一家企业在其生涯中所能产生现金流量的折现值。任何人在计算实质价值时都必须特别注意，未来现金流量的修正与利率的变动，都会影响到最后计算出来的结果。虽然模糊难辨，但实质价值是最重要的，也是唯一能够作为评估投资标的与企业的合理方法。

——沃伦·巴菲特

### 【巴菲特现身说法】

巴菲特认为，投资者买入股票的价格必须合理，买入价格过高是老天爷也不同意的事。只有买入价格合理，才能谈得上确保获利回报。而要衡量股票价格，就必须看该股票未来年度现金流的折现值大小。

巴菲特在伯克希尔公司1994年年报致股东的一封信中说，上市公司的内在价值（实质价值）就是该企业在其未来生涯中所能产生现金流的折现值。任何人在计算一家公司内在价值时都必须注意，未来现金流的修正和利率变动，都是会影响最终计算结果的。虽然这种结果无法得到精确计算，但它是能够用来评估投资标的的合理方法。

巴菲特举例说，为了帮助投资者更好地理解这个问题，可以用大学教育来做比喻。如果仅仅从经济角度看，衡量一位大学生“内在价值”的方法是，首先估计他在上大学后的工作生涯中能够取得多少收入，然后扣除他如果没有上大学在其工作生涯中所能得到的收入，两者差额就是他因为上大学而得到的额外收入。

把这笔额外收入采用一个适当的利率进行折现，就是截至他大学毕业时由于他接受大学教育所得到的“内在价值”。

而这时候他的“账面价值”又是什么呢？毫无疑问，就是他过去所接受教育已经付出的总成本，以及因为上大学而放弃上大学期间的工作所能得到收入的机会成本。

如果计算的结果是“内在价值”低于“账面价值”，就表明他读这个大学从经济角度来看不值得；相反，就是明智的。

无论如何，投资者在衡量内在价值时一定会用到未来现金流的折现值，然后才能与账面价值去进行比较。如果是股票，那么这时候只有通过将未来现金流进行折现，才能更好地衡量该股票价格高低。

巴菲特说，其实早在1938年，约翰·威廉姆斯就在其所写的《投资价值理论》中，提出了关于企业内在价值的计算公式。他把这个公式简化为以下一段话：任何一只股票、债券或者企业的现值，都可以用它未来年度剩余年限内的现金流入和流出量，用一个适当的利率折现来得到。

他说，根据这个公式，投资者毫无疑问应当选择股票价格最低的那种投资。无论该股票今后的业绩回报变化大不大，销售收入有没有增长，也无论该股票现在的赢利水平和账面价值相差多少，都表明这时候的股票价格是大大低于其内在价值的。

巴菲特介绍说，除了价格外，最值得投资的股票是那种在今后一段相当长的时期内，能够把大笔资金用在高回报率投资项目上的企业；相反，最不值得投资的股票，是那种总是把资金运用在低报酬率投资项目上的股票。不过就他的经验而言，前者可遇而不可求，因为大部分拥有高回报率的企业都不需要太多的资金投入，并且投资者还能经常得到股息分红，或者从该企业回购股票中得到实惠。

巴菲特认为，虽然这个计算公式看起来好像并不复杂，可即使是一个经验丰富的证券分析师，要想计算出未来某只股票的现金流量折现值，也是一件非常不容易的事。

那么，巴菲特又是如何来对待这个问题的呢？他的主要途径有两条：

一是只了解自己熟悉的，并且是那些业务相当简单、业绩稳定的行业和企业，这样无形中他就把许多不确定因素排除在外了。相反，如果这个产业非常复杂，自己根本就搞不明白，或者这个企业的产业环境一直在变，业绩发展忽上忽下，他就没有把握来计算该企业未来的现金流量。

二是无论投资什么样的股票，都要坚持安全边际原则。也就是说，如果计算出来的内在价值只是比当时的股票价格高出那么一点点，没有足够的安全空间，伯克希尔公司就不会考虑投资这种股票。

巴菲特认为，本杰明·格雷厄姆十分强调的安全边际原则在这里能够起到关键作用。相反，如果泛泛而谈“价值投资”就无济于事。试想，如果你的股票投资不是为了追求“价值”，那还能称得上是“投资”吗？即使你把“价值投资”理解为“比较低的股价/净值”比，或者以比较低的市盈率买入一只股票，你依然难以确定该股票就的确拥有投资价值；同样，如果你买入的股票市盈率较高，也不能表明这就不是一项有价值的投资。

同样的道理，如果两只股票的成长性相同，也很难保证这两只股票就都有投资价值，更不能保证它们的投资价值相同。因为企业规模的扩大，并不表明其股票就更具有投资价值。一个很好的例子是，如果美国投资者把大笔资金投到美国航空业股票上，即使这些股票同样具有成长性，这种投资价值也会非常低。

巴菲特的意思是说，投资者只有认真地去算一算一只股票未来现金流量的折现值，才能确切知道其内在价值大小、股票价格高低，最终确定该股票是不是真的具有投资价值。

## 【巴菲特智慧结晶】

巴菲特认为，股票投资价值的大小应该用该股票未来的现金流折现来评估，而不是泛泛而谈其投资价值和成长性。并且，一家企业也只有把资金投入能够增加更多获利的业务上，这种成长率才能给投资者带来实惠。

## 股市越是下跌投资越安全

我在抛出中石油 H 股时只是说，如果股票变得如此之贵，你要非常谨慎投资才行。中国的股市现在确实是下跌不少，但是我并不会预测中国和美国的股市走向，我不知道。我们的观点是市场下跌，使其看起来比以前更有吸引力。

——沃伦·巴菲特

### 【巴菲特现身说法】

巴菲特认为，投资者买入股票的价格必须合理，买入价格过高是老天爷也不同意的事。只有买入价格合理，才能谈得上确保获利回报。无疑，股市越是下跌，这时候的股票价格越便宜，投资风险就越小。

巴菲特在2008年举行的伯克希尔公司股东大会上，在接受中国《第一财经日报》记者采访时表示，他在抛售中石油 H 股时就感到当时该股票的价格过高了，这时候的投资要非常谨慎才行。半年过去后，中国股市下跌了不少，以后的股市如何发展他不知道。他只知道股市越下跌，股价就会看起来比过去更有吸引力，更值得投资者买入。

越跌越买，是巴菲特的一条投资法则。他历来认为，如果你想买的股票价格在不断下跌，这应该是一个好消息，因为这会降低你买入该股票的成本。不但如此，股价不断下跌，还会使得伯克希尔公司旗下的那些公司能够以更低的价格回购股票，从而让股东间接受益。

读者容易看到，在中国股市上，越是牛市投资者越忙，忙着买进卖出，忙得不亦乐乎。越是熊市投资者越闲，整天抱怨这个抱怨那个。因为这时候他们的股票都被套牢了，想割肉不忍心，想进货又没钱。

巴菲特的做法和他们相反。越是牛市，巴菲特越闲，因为这时候的投资风险太大，巴菲特这时选择的是抛掉股票，远离股市，根本不参与大牛市的最后一轮操作，打高尔夫球去；而越是熊市，巴菲特越忙，因为到处都是价廉物美的股票，他过去想买都买不到。

常常是，他一上班就给经纪人打电话，给朋友打电话；打完电话后，就开始研究财务年报，看今天有哪些股票的价格跌进了非常值得投资的安全区域；然后就打电话给经纪人，要求买入这些股票。

有人也许会问，巴菲特从来不看电脑，不看股价，又怎么知道哪些股票值得他买呢？确实，他从来不在电脑上看股市报价，但他每天会关注《华尔街日报》上刊登的股市收盘价，大概了解一下最近的股市如何。除此以外，如果他要买卖股票，可以打电话给经纪人，了解具体价位，然后向经纪人发出指令，要求经纪人在怎样的价格范围内买入股票。

巴菲特的股票经纪人说，股市暴跌的时候，巴菲特通常每天会打五六个电话让他不停地买股票；股市越是下跌得厉害，巴菲特要求买入股票的次数越频繁，数量越多。

巴菲特的观点说起来其实很简单。在他眼里，股市下跌就像超市过节所进行的价格打折、促销一样。商品价格打折了，可是还是原来的商品，这不是显得它更价廉物美了吗？

这个道理说起来简单，但做起来难，关键的一点在于投资者的心态不同。换句话说，股市越是下跌，手中持有股票的投资者心里就越急，因为这意味着他手中的股票价值越来越低；相反，这时候手中没有股票或者股票很少的投资者就越开心，因为他正可以利用这次下跌机会抄底。而巴菲特无论何时手中都握有大量的现金，基本上属于后者这种类型。这使得他有条件从从容容地选择合适的股票，以合理的价格买入。

巴菲特为什么会如此神机妙算、手中始终握有大量的现金呢？这又要回到他远离股市顶点上来了。正因为他在大牛市来临时早早退出股市，所以他手中必然握有大量的现金。相反，中国股民每当大牛市来临时仓位满满的，有的甚至还要抵押房产、汽车孤注一掷，借钱投入股市。一旦股市从高位下跌，他们当然就被全线套牢，在其中动弹不得啦。这就是他们与巴菲特的最大区别。试想，如果巴菲特也采取这种做法，那么每当股市下跌时他就会比任何人都着急，因为他的投资量大呀！

逆市操作这种投资手法是巴菲特取得投资成功的重要秘诀。数据表明，巴菲特从1956年成立私募基金巴菲特有限公司，到1966年的10年间，一共赚了11.5倍；而在此期间，美国股市大盘才上涨了1倍多。又过了2年，到了1968年左右，当美国股市出现又一波大牛市，股票指数首次突破1000点的时候，巴菲特反而感到非常忧伤，因为这时候他看来看去找不到适合自己投资的便宜股票了。

巴菲特在伯克希尔公司2002年年报致股东的一封信中说，2002年伯克希尔公司在股票投资方面依然没有什么动作，他和查理·芒格对所投资的股票感到越来越满意。一方面，这些股票业绩回报越来越高；另一方面，由于美国股市已经连续下跌了3年，这些股票的价格也越跌越低，投资吸引力大大增加。可是，由于他认为这些股票的价格仍然没有被低估，所以他仍然没有增加这些股票比重的打算，所以就显得空闲了。

巴菲特的意思是说，此时增加股票持仓量还没有到时候，还需要等。他说，在他61年的投资生涯（截至2002年）中，有50多年有这种类似的机会出现。如果巴菲特认为这些时候投资某股票不能轻而易举获得10%的税前获利，那么他宁可观望，等待机会的出现。

为什么定在10%呢？巴菲特说，10%的投资回报率在扣除税额后能够净得6.5%~7%，这是他对每一笔投资的最低要求。

## 【巴菲特智慧结晶】

巴菲特认为，股市越是下跌，股票价格越便宜，这时候的投资机会就越多，投资就越安全。而要做到这一点，投资者手中就必须握有大量现金。尤其要注意的是，不要参与牛市的最后一波操作，这样才会进可攻、退可守，才会灵活机动。

## 不要单纯因为价格卖掉好股票

有趣的是，企业经理人在认定何者才是自己本业时，从来就不会搞不清情况，母公司是不会单纯因为价格因素就将自己旗下最优秀的子公司给卖掉的。公司总裁一定会问，为什么要把我皇冠上的珠宝给变卖掉？不过，当场景转换到其个人的投资组合时，他却又会毫不犹豫地，甚至是情急地从这家公司换到另一家公司，靠的不过是股票经纪人几句肤浅的话。其中最烂的一句当属：你不会因为获利而破产。

——沃伦·巴菲特

### 【巴菲特现身说法】

巴菲特认为，投资者买入股票的价格必须合理，买入价格过高是老天爷也不同意的事。只有买入价格合理，才能谈得上确保获利回报。在此基础上还要考虑卖出价格，不要单纯因为价格上涨了就卖掉你手中的好股票，因为这时候该股票的价格与其内在价值相比很可能仍然是偏低的。

巴菲特在伯克希尔公司1992年年报致股东的一封信中说，1992年伯克希尔公司的股票投资项目与上一年相比几乎没有什么变动。也许有人会说，伯克希尔公司的管理层怎么会昏庸到这个地步，一年内“几乎什么事情也没做”？巴菲特解释说，现在的这些股票都非常好，业绩表现也非常优异，自己对这些股票又非常了解，那为什么要卖掉它们呢？如果卖掉这些股票，又到哪里去寻找比它们更好的项目呢？

巴菲特说，有件事情非常有趣，那就是公司管理层在认定什么是自己的主业时从来不会搞错，母公司绝不会因为对方的出价还可以，就把自己旗下最优秀的子公司给卖掉。因为该公司知道，这是自己的“吃饭家什”，卖不得。可是当这种情形换到个人投资组合上时，有人却会毫不犹豫地把该股票卖掉，然后买入另一只股票，理由只是经纪人的一句话：你把它卖掉，到时候股价跌下去了还可以重新买回来！

巴菲特说，从他的个人经验看，上面这家母公司对待子公司的态度同样适合于个人投资。因为你所持有的这些股票所展现的特性，实际上与一家公司老板持有该公司全部股权是一样的道理。

在这里，巴菲特的意思说得最简单不过了：对于一家值得长期拥有的优秀公司来说，不是说股票交易价格上涨到一定程度就要卖出去的；它的交易价格高低，应该与它的内在价值相比，用未来的现金流折现来衡量，这样才能看出这个价格在整个价值链中的地位。

巴菲特在伯克希尔公司1992年年报致股东的一封信中说，1919年的可口可乐公司股票价格高达40美元，已经非常高了。可是在1938年可口可乐公司问世50年，并且早已成为美国的代表品牌后，美国《财富》杂志在对该公司做了一次详尽的采访后，仍然在文章中写道：每年都有许多投资大亨看好可口可乐公司，并且对它过去的辉煌业绩表示敬佩，然后就发出自己发现得太晚了的结论，认为该公司的发展已到顶峰，在未来的道路上充满竞争和挑战，因此不敢继续投资该股票。

巴菲特说，确实是这样。不要说1938年的可口可乐公司面临众多竞争和挑战了，就是到现在（1993年）又何尝不是呢？可是这又怎么样呢？要知道，1938年可口可乐公司的年销售量为2亿箱（折算后），而1992年的销售量是107亿箱。换句话说，当时就已经成为美国市场领导者的这家公司，在接下来的50多年里又继续成长了50多倍。

这表明，如果投资者在1938年购买该股票，游戏根本就没有结束，好戏还在后头呢。投资者如果在1919年购买了40美元的可口可乐股票，然后把每年所得到的分红进行再投资，到1938年时一共可获得3277美元。可是，投资者如果在1938年购买了40美元的可口可乐股票，到1993年时将可获得25000美元。看到这里，读者该明白什么叫“好股票”了吧？

巴菲特说，对于可口可乐公司这样的股票，你什么时候卖出都是错误的。所以他忍不住引用1938年《财富》杂志中的一句话说：“实在是很难再找到像可口可乐这样规模而且又能持续10年保持不变的产品项目。”他接着说，而现在又有

55个年头过去了，可口可乐的产品线变得更加广泛，而上述令人印象深刻的话现在仍然适用。

巴菲特在伯克希尔公司1988年年报致股东的一封信中说，伯克希尔公司的股票于1988年11月29日正式在美国纽约证券交易所公开上市。他认为，伯克希尔公司与其他上市公司有两点最大的不同：一是伯克希尔公司不希望股价过高，只希望它能反映自己的内在价值，并且在内在价值的范围内进行交易。如果股价过高或过低，都会使得公司股东的获利和公司经营状况不符。二是伯克希尔公司希望交易量越小越好，希望能吸引到一批稳定的投资者作为公司长期股东。

他说，他实在无法理解为什么有那么多上市公司希望自己的股票交易量越大越好，这实在是有悖常理的。例如，没有哪个学校、俱乐部、教堂等社会机构会希望自己的投资人离开组织。

应该说，巴菲特的这两种观点确实与众不同。但我们从中可以看出：巴菲特强调的是物有所值，所以不希望股价过高或过低。股价过低，无法正确反映伯克希尔公司的内在价值；股价过高，则容易引诱投资者卖出该股票，这样就和他希望投资者长期持有伯克希尔公司股票的目的不符了。

## 【巴菲特智慧结晶】

巴菲特认为，看到股价较高，希望把股票脱手时，一定要考虑这个价格是否已经大大超过其内在价值，否则就是盲目和可惜的。他以可口可乐公司50多年间的股价上涨为例说明，有时候股价会“没有最高，只有更高”。

# 忠告 10　要把股价波动看作是好事

## 真正的投资者欢迎股价波动

事实上，真正的投资人喜欢波动还来不及，格雷厄姆在《聪明的投资者》一书第八章便有所解释。他引用了市场先生的理论：市场先生每天都会出现在你面前，只要你愿意，就可以从他那里买进或卖出你的投资。他老兄越沮丧，投资人拥有的机会就越多。这是由于只要市场波动的幅度大，一些超低的价格就更有机会出现在一些好公司身上。很难想象，这种低价的优惠会被投资人视为对其有害。对于投资人来说，你完全可以无视他的存在或是好好利用这种愚蠢的行为。

——沃伦·巴菲特

### 【巴菲特现身说法】

巴菲特认为，投资者要把股价波动看作一件好事。因为只有股价波动，你才能从中找到更多的买入或卖出机会。所以从这个角度看，真正的投资者是应该欢迎股价波动的，没有理由不欢迎。

巴菲特在伯克希尔公司1993年年报致股东的一封信中说，学术界对投资风险的定义实在有点离谱，甚至荒谬。举个例子来说，根据 β 理论，如果某只股票的价格下跌幅度比大盘大，反而认为投资风险比原来股价高的时候还大，这不是笑话吗？就像伯克希尔公司1973年买进《华盛顿邮报》公司时一样，试想，如果哪一天有人愿意以非常低的价格把整家公司卖给你，你会认为这样做的风险太大而加以拒绝吗？！

巴菲特说，真正的投资者喜欢股市波动还来不及。关于这一点，本杰明·格雷厄姆在《聪明的投资者》一书第八章中早就做过解释。本杰明·格雷厄姆用市场先生比喻说，有位市场先生每天都会出现在你的面前，你只要愿意，就可以从他那里买入或者卖出你的投资。要知道，市场先生越沮丧，你的机会就越多。市场波动幅度越大，就越有更多机会在一些好股票上出现超低价格。很难想象，这种“打折销售”会被投资者看作是一件不好的事。当然，作为投资者，你既可以完全无视市场先生的存在，也可以好好利用他的这种愚蠢的行为。

如果用更通俗的语言来概括巴菲特的观点，那就是：股价波动对真正的投资者来说只有好处，没有坏处，你既可以对它视而不见，又可以好好利用它，在你认为合适的时候买进或卖出股票。

例如，2008年一季度美国股市受次贷危机影响大幅度下跌，伯克希尔公司看到它旗下的全球第二大食品制造商卡夫食品公司、美国第二大家庭贷款提供商富国银行的股票价格也迅速大跌了，就毫不犹豫地出手增持这两家公司的股票。除此以外，它还增持了冷藏设备制造商英格索兰公司、健康保险公司联合健康集团、伟彭公司的股份。

在这整个一季度，巴菲特看到股市暴跌，把全部精力都放在了企业并购和债券市场上。他认为，由于流动性短缺，这时候在债券市场的投资机会更多了。

2008年5月初，巴菲特在接受记者采访时表示，这些股票的价格即使下跌50%，也不会让他感到丝毫担忧。因为他认为买股票和买东西是一样的道理，购买者总是希望能以较低的价格买进。

巴菲特说，他和查理·芒格很早就明白这样一个道理：在一个人的投资生涯中，要做出上百个规模较小的投资决策，是一件非常辛苦的事。尤其是在伯克希尔公司这种规模的机构中，要进行如此频繁的操作困难更大。有什么“偷懒”的办法吗？当然有，主要是两点：一是不要过于关注股价波动，而要进行长期投资；二是要把所有鸡蛋都放在同一个篮子里，搞集中投资。

他说，他非常不理解有些投资者根本不关心自己所投资的股票究竟是干什么的，它的竞争对手在干什么，或者它们到底有多少外债，甚至不愿意知道该公司的全称叫什么。总之，他们在乎的只是该股票历史上的价格走势如何。相反，伯克希尔公司就很不愿意去了解该公司过去的股价变动情况，反而希望能够尽可能多地了解该公司的相关信息。另外就是，伯克希尔公司在买入某股票后，根本不在乎该股票在一两年内是否有交易量。无论是对100%拥有股权的喜斯糖果公司和布朗鞋业公司，还是拥有7%股权的可口可乐公司，伯克希尔公司采取的都是这种态度。

巴菲特认为，股价波动对投资者来说没什么风险，所以投资者对此不必过于关心。相反，投资者应该评估的风险，是一项投资在其预期持有期限内所能得到的税后收入的总和，包括出售股票的收入在内，能否抵偿他在投资该股票时所拥有的购买力，以及这个期限内合理的利率。虽然这种计算无法做到很精确，却是非常有效的判断。

从巴菲特的投资经验中可以看出，股市投资有三重境界：第一层是依赖消息和股价波动炒股；第二层是依赖技术与基本面分析来炒股；第三层是依靠风险控制来炒股。在这三重境界中，谁能赚钱，谁只能赔钱，不言而喻。

读者容易看到，中国许多机构都曾经搞过模拟炒股大赛，大赛冠军往往能取得一年内高达几倍、十几倍的“投资业绩”。可是到最后，却没有一个冠军被证券公司聘请为操盘手。为什么？究其原因就在于，一个百发百中、能打穿20米外一只苹果的神枪手，如果这只苹果是放在他老婆的头顶上让他打，他十有八九会失手。

同样的道理，如果你每时每刻都在关心股价涨跌，那么最好的股票你也卖不出好价钱来。很可能股价略有上涨，你就抛掉了；相反，股价略有下跌，你就补仓了，从而再也买不到最低价位的股票。

**【巴菲特智慧结晶】**

巴菲特认为，真正的投资者是欢迎股价波动的，因为他能从这种波动中捕捉到股票买卖的最佳机会。可是相反，如果他每时每刻都在关注股价波动，心境就会受影响，反而不利于股票投资，更无助于长期持股了。

## 股价波动并非风险的起源

> 在这里，我们对风险的定义，与一般词典里的定义一样，系指损失或受伤的可能性。然而学术界，却喜欢给予投资的风险不同的定义，坚持把它当作是股票价格相对波动的程度，也就是个别投资相较于全体投资波动的幅度。
>
> ——沃伦·巴菲特

**【巴菲特现身说法】**

巴菲特认为，投资者要把股价波动看作一件好事。因为只有股价波动，你才能从中找到更多的买入或卖出机会。所以，如果你把股价波动看作是投资风险的起源，这个观点就有问题了。

巴菲特在伯克希尔公司1993年年报致股东的一封信中说，他对投资风险的定义，与一般词典里对这个词的定义一样，是指“造成损失或受伤的可能性”。然而学术界却喜欢另外定义投资风险，把它定义为股票价格相对波动的程度，即个别股票价格波动与整个股票指数波动的幅度。

换句话说，如果在股市大盘下跌时，你手中持有的股票下跌幅度超过大盘，就表明它是有“风险”的；相反，就表明投资这只股票的“风险”较小。

巴菲特说，如果股票投资风险不是人们通常所理解的因买入价格过高、卖出价格过低所造成的亏损，那么股价波动就不是投资风险的起源。这样，投资者在考虑股票投资风险时，就没有必要把股价波动看得过重。

他说，真正的投资风险，应当是将来出售股票后得到的税后净收入，去掉投资成本后，能不能高于投资成本及其适当利息之和。

他说，虽然这种投资风险的大小难以精确衡量，却可以在一定程度上对其做出准确的判断。这时候应当考虑的主要影响因素有：

①可以评估的企业长期经济特性的确定性。

②可以评估的企业管理层能力的确定性，包括他们实现公司所有潜能的能力，以及明智使用现金流的能力。

③公司管理层值得信赖地能够把回报从企业导向股东，而不是管理人员的确定性。

④公司的收购价格（股票买入价格）。

⑤未来的税率和通货膨胀率。这两者会决定投资者取得的总体投资回报，在多大程度上导致实际购买力水平的下降。

巴菲特微笑着说，上述5大因素很可能会把一些分析师搞得晕头转向，因为他们很难取得各种现成的统计资料，也就更不可能精确地得出关于投资风险的具体数值来。但是这一点对巴菲特来说不难。

他说，普通投资者同样也能做到这一点，因为不需要很精确地计算出投资风险究竟有多大，只要知道有没有投资风险就行了。他引用大法官斯图尔特的话说，他根本不想知道衡量淫秽文字有什么具体标准，他只要一眼能看出某段文字是不是属于淫秽文字就行了。

巴菲特在伯克希尔公司1993年年报致股东的一封信中说，他之所以能持续战胜股市，秘诀就是集中投资自己非常了解的少数优秀公司，相对分散投资自己不很了解的一般公司，这样的投资风险最小。

他说，许多人认为把所有资金集中投资在少数几只股票上的风险太大，他不同意这种观点。

他说，如果你根据自己对某只股票的了解程度来投资，你对它越了解、把握越大，你在这只股票上的投资比重就应该越大；反之，对自己把握不是很大的股票，你就应当减少资金投入。在这种情况下，投资风险怎么会大呢？相反，他认为:“这种集中投资策略，对于投资者来说，在买入股票前，既要进一步提高考察公司经营状况时的审慎程度，又要提高对公司经济特征的满意程度的要求标准，这样反而更可能降低投资风险。”

巴菲特对“投资风险是股价相对波动造成的”这一观点嗤之以鼻。他说，这些学究们通过精确计算每只股票的 β 值，然后搞出一大堆别人怎么也搞不懂的所谓资本配置理论，实在是无聊到了极点，因为他们忘记了一条基本的原则：模糊的正确胜过精确的错误。

他说，单纯从 β 值看，你根本不知道一家公司的产品是宠物石头还是呼啦圈，是网络游戏公司还是芭比娃娃玩具公司。可是投资者应当知道，即使上述公司的 β 值完全相同，它们的投资风险也截然不同，而且对不同投资者的风险也各有不同。

因为归根到底，具体到每一位投资者来说，不可能对每家公司都非常了解。显然，投资者只有集中投资自己最了解的上市公司，投资风险才可能降到最低程度。

他说，对他而言，他投资可口可乐公司、吉列公司所面临的投资风险，就要比投资任何电脑公司、通信公司小得多。巴菲特提醒说，普通投资者请不要忘了，可口可乐公司、吉列公司的 β 值与其他许多上市公司相比并没有明显的区别，这从一个侧面证明了 β 值理论的荒谬性。

巴菲特轻松而自豪地说，他对股票投资风险的评估方法与上面的那些学究们截然相反：他根本不想知道一家公司股票价格的历史走势如何，而是尽可能多地了解该公司的业务情况，从而计算出它有多少内在价值，然后与当前的股票价格比较一下就非常清楚了。然而他也坚信，这些话绝大多数投资者是一点也听不进去的。

1984年，美国哥伦比亚大学为《证券分析》一书发行50周年举行了庆祝大会，会上巴菲特半真半假地说，有些人可能会怀疑他为什么要如此卖力地倡导价值投资，认为如果大家都这样，那么股市中的价格和价值之间的差距不就大大缩小了吗？他对此一点也不担心。

他说："我只能够如此告诉各位，自从本杰明·格雷厄姆与戴维·多德出版《证券分析》，这个秘密已经流传了50年，在我奉行这项投资理论的35年中，我不曾目睹价值投资方式蔚然成风。人的天性中似乎存在着偏执的特色，喜欢把简单的事情弄复杂。最近30年来，学术界如果有任何作为的话，都完全背离了价值投资的教训，而且很可能继续如此。船只环绕地球而行，但地平之说仍会畅行无阻。在股票市场上，价格与价值之间还会存在着宽广的距离，而奉行本杰明·格雷厄姆与戴维·多德理论的人也会繁荣不绝。"

### 【巴菲特智慧结晶】

巴菲特认为，股票投资盈亏虽然和买进卖出的股价高低有关，可是从根本上看却不是由股价波动造成的。如果一家公司，业务在稳定发展，收益在稳定增长，那么无论股价如何波动，投资该股票都没有什么风险可言。

## 大牛市意味着离场时机来临

事实上，我们从来就不知道股市接下来到底会涨还是会跌。不过我们确知的是，贪婪与恐惧这两种传染病在股市投资世界里会不断地发生、上演，只是发生的时点很难准确预期，而市场波动程度与状况一样不可捉摸。所以，我们要做的事很简单：当众人贪心大作时，尽量试着让自己觉得害怕；反之，当众人感到害怕时，尽量让自己贪心一点。

——沃伦·巴菲特

### 【巴菲特现身说法】

巴菲特认为，投资者要把股价波动看作一件好事。因为只有股价波动，你才能从中找到更多的买入或卖出机会。不过需要切记的是，当别人都认为大牛市即将到来时，就意味着你暂别股市的时候也到了。

巴菲特在伯克希尔公司1986年年报致股东的一封信中说，事实上他从来就不知道股市接下来会涨还是会跌；不过能够肯定的是，股市中的贪婪和恐惧这两种传染病会不断发生，只是什么时候发生很难准确预测。作为投资者来说，要做的事情很简单，那就是：在别人都很贪心时，自己尽量恐惧一些；而当别人都感到恐惧时，则尽量让自己贪心一些。

他说，就在他写这份年报的时候，整个华尔街上几乎嗅不到一丝恐惧，而是到处充满欢乐的气氛。大家都在想：为什么不兴高采烈呢？还有什么事情能够比在大牛市中因股票大涨获得更多报酬而高兴的呢？可是巴菲特提醒说，很不幸的是，股票价格的表现不可能永远超过内在价值的表现；并且，股票的频繁交易所造成的交易成本，会不可避免地促使投资者所获得的报酬远远低于公司内在价值。

所以从历史上看，每当股价波动到达顶峰时，巴菲特就会提前退出股市，把一些在他看来不值得永久持有的股票换成现金，伺机等待下一个抄底机会的来临。为了等待这样的机会出现，他有时会等上好几年。

巴菲特第一次遇到的大牛市发生在1968年。当时美国的股市进入了疯狂阶段，日平均成交量超出上年的最高纪录是30%多，以至于股票交易所因为买卖单据过多而陷入混乱，当年道琼斯工业指数攀升到990点，然后又在1969年超过1000点。

1969年5月，巴菲特做出了一个令人惊讶的决定：解散巴菲特有限公司。他解释说，他无法适应这种疯狂的市场环境，同时也不希望去参与一种他不理解的游戏，从而使得自己的投资业绩受损。也就是说，为了保住已有成果，他决定完全退出股市，根本不参与最后一波操作。

事实证明，巴菲特的这一做法非常明智。一年后的1970年5月，美国股市就比1969年年初平均下跌了50%。

1972年，美国股市又进入大牛市阶段，一些著名企业，如施乐公司、柯达公司、宝丽来公司、雅芳公司、得克萨斯仪器公司等的股票受到热烈追捧，被称之为“漂亮50股”，平均市盈率高达80倍。

由于股价太高，巴菲特认为自己已经无法买到价格合理的股票了，所以非常苦恼，开始大量抛售股票，最终在1亿多美元的投资规模中只保留了16%的资金用于股票投资，其余的全部用来购买债券。

果然不出所料，“漂亮50股”在1973年开始大幅度下跌，许多上市公司眼睁睁地看着股价被拦腰一截，下跌了50%。发展到1974年10月，道琼斯工业指数只有580点，几乎所有股票的市盈率都不超过10倍。这时候，没有人愿意继续持有股票了，每个人几乎都是只卖不买。

就在这时候，巴菲特开始大量买入股票。他在接受《福布斯》杂志采访时，形容这时候他就像一个非常好色的小伙子来到了女儿国里——到处都是（投资）机会。

巴菲特遇到的第三次大牛市发生在1995—1999年。由于网络股和高科技股的有力推动，美国股市在此期间上涨了150%，这样大的上涨幅度可以说前所未有。而众所周知，巴菲特从来不投资网络股和高科技股，只是坚决持有可口可乐公司、美国运通公司、吉列公司等传统行业的股票，所以投资回报率非常不理想。

以1999年为例，当年的标准普尔500指数上涨了21%，巴菲特的投资业绩却只有0.5%，两者相差20.5%，这一年是他1965年以来业绩最差的一年。在这种情况下，巴菲特在1999年伯克希尔公司股东大会上成为众矢之的，几乎所有媒体都评论说巴菲特的投资策略已经过时，而巴菲特一脸无辜之余依然固执己见，不为所动。

他在伯克希尔公司1999年年报致股东的一封信中说，伯克希尔公司当年的股票投资组合几乎没有什么变动，虽然几家重仓持有的公司经营业绩十分令人失望，但他依然相信这些公司拥有十分出众的竞争优势，并且这种竞争优势还能继续长期保持下去，这是这些股票取得长期良好投资业绩的保证。虽然这几年高科技股票投资如火如荼，可是他和查理·芒格却因为根本无法，至少是无法100%地确定这样的企业有没有长期持续的竞争优势，所以从来不投资高科技股票。

可是几乎就在巴菲特话音刚落之时，美国股市开始大跌，2000年下跌了9.1%，2001年下跌11.9%，2003年下降幅度更达22.1%，3年累计跌幅超过50%；而与此同时，巴菲特的投资业绩却增长了30%以上。

实践证明，巴菲特的投资策略完全正确，越来越多的投资者佩服巴菲特的长远眼光，赞同出现大牛市前，就应提前逃顶，以保住胜利果实。股价上涨过猛，正给了投资者这样一个好机会。

### 【巴菲特智慧结晶】

巴菲特认为，他是没有能力预测将来的股市是上涨还是下跌的；但有一点非常明确，那就是如果股市上涨过猛，尤其是股价上涨到了前所未有的高度，这时候就有必要抱着一份戒心，暂时小别股市，以观后效。

## 大熊市意味着你要格外冷静

我们认为，这种看法也适用于一般的股市。尽管股市连续3年下跌，相对大大增加了投资股票的吸引力，可我们还是很难找到真正能够引起我们兴趣的投资标的。这可谓是先前网络泡沫所遗留下来的后遗症。而很不幸地，狂欢之后所带来的宿醉截至目前仍然尚未完全消退。

——沃伦·巴菲特

### 【巴菲特现身说法】

巴菲特认为，投资者要把股价波动看作一件好事。因为只有股价波动，你才能从中找到更多的买入或卖出机会。不过，即使当股市下跌凸现出投资价值，投资者依然要保持一份清醒的头脑。

巴菲特在伯克希尔公司2002年年报致股东的一封信中说，当年伯克希尔公司在股票投资方面依然没有什么动作，总体来看，他和查理·芒格对当时的主要持股感到越来越满意。原因有两个：一是这些股票的业绩在逐步增加；二是这些股票的价格随着大盘的下跌而出现了下跌。不过说实话，伯克希尔公司暂时还不想增加持仓量，因为巴菲特认为，即使在股市下跌后这些股票的价格仍然是高估的。

从中容易看出，巴菲特的头脑非常清醒，他论定股票价格高低的参照系不是过去的价格，而是其内在价值。当他认为这样的价格仍然比内在价值高，就觉得这时候投资这些股票是有风险的，而不是认为股市已经到了“底部”，可以大举进场了。

巴菲特接着说，他认为这种看法同样也适合于一般股市。这时候美国股市虽然已经连跌了3年，股票投资的吸引力大大增加；可是由于以前网络股、科技股泡沫破灭所留下来的后遗症，他依然很难找到真正对自己具有吸引力的投资品种。巴菲特形容说，这种“狂欢之后所带来的宿醉截至目前仍然尚未完全消退”。他的意思是说，这时候还不能忙于进场。

巴菲特的投资从来都是大手笔，那么他为什么在股市下跌后反而要如此谨慎呢？原来，他对股票投资是有既定原则的。他说，只有投资该股票后，他发现至少能获得10%的年投资回报率，并且这种概率还非常高，他才会投资该股票；否则他宁可站在一旁观望，任其资金短期闲置。

他的算盘是，10%的投资回报率，在扣除必要的所得税后，能够净得6.5%~7%，这是在具有投资风险条件下应该得到的风险报酬；相反，如果连这一点回报率也得不到，还是不要去冒这个风险的好。

归纳起来，巴菲特在面对股市暴跌时是这样应对的：

一是非常冷静，避免惊慌失措。

这就像平常生活中坐飞机遇到飞机故障、坐在家里遇到火灾一样，最要紧的是保持冷静，想一想该怎么办，而不是惊慌失措。

1987年10月19日，美国股市发生暴跌，一天之内道琼斯工业指数下跌了508点，跌幅高达22.6%。就在这一天，巴菲特的个人财富损失了3.42亿美元，伯克希尔公司的股价也在一个星期内暴跌25%。再看巴菲特的表现，就像这一切与他无关一样，还是该干什么依然干什么，比如在办公室里看报纸、读财务年报。

他既没有四处打听消息，也没有恐慌性地抛售股票。两天后，巴菲特在回答记者“这次股市崩盘意味着什么”时，只说了一句话：“也许这意味着股市过去涨得太高了。”

二是谨慎决策，避免终生后悔。

可以说，股市暴跌总是会发生的，如果过去没有发生过，今后也是会发生的，只是不知道什么时候发生而已。重要的是，股市暴跌时的投资决策要非常谨慎，不要因为一时冲动而造成终生后悔。

常常能看到，面对同样的股市暴跌，有些投资者损失惨重，有些投资者则损失很小，甚至还能因祸得福。如果在股市暴跌之前，具备必要的心理准备，提前调整持股战略，那么不但损失较少，而且恢复起来也会容易得多。

2000—2003年的3年间，美国股市累计跌幅超过50%，巴菲特在此期间的投资获利却超过30%，他有什么法宝呢？最关键的一点是，他原来依据价值投资所选择的传统行业，如可口可乐公司、美国运通公司、吉列公司等股票，虽然在前些年的股市暴涨中表现不佳，可是却也避免了在股市暴跌中的那种一泻千里，很好地反映出了其内在价值。

三是要有耐心，要等刀子落地。

每当股市暴跌时，总有太多的人希望能抄底股市，在股灾中发一笔“灾难财”。可是其中有太多的人“偷鸡不成蚀把米”，反而被套牢。

巴菲特的经验是，股市暴跌就像一把刀子落下来，一定要等这把刀子落在地上后才能去捡，绝不要轻易伸手去接正在跌落的刀子。除非你有非常高的本领，否则一定会伤到自己。因为正在跌落的刀子，即使被你抓住了，抓到的也往往是刀刃，很难抓到刀柄。

巴菲特说，有许多曾经辉煌一时的股票在股灾中一落千丈，如果坚信大跌大买的信条，一直买到股价跌至股票退市、企业破产清算，你的投资就会有去无回。（这里需要补充说明的是，美国股市和中国股市不同，基本上没有资产重组、挽救垃圾股之说，说破产就是要破产的。）

例如，巴菲特1969年在大牛市来临时退出股市。1970年股市迅速反弹，

1971年、1972年继续大幅度上涨，但他依然静观其变、耐心等待。2000年，美国股市中网络股泡沫破灭后，巴菲特一忍再忍，5年后才开始重新大规模进入股市。他的依据是：不看股票价格，只看内在价值。

**【巴菲特智慧结晶】**

巴菲特认为，股市暴跌时，投资者最重要的是要保持冷静，沉得住气。与此同时，投资者可以趁此机会看一看这时候的股价有没有大大低于其内在价值，而不是比过去下跌了多少。只有这样，才能算是真正的理性投资。

## 股价波动和行业密切相关

> 我们保险事业的实际价值，永远比其他事业，如糖果或报纸事业难以估计；但是，不管用什么计算方法，保险事业的价值一定远高于其账面价值。更重要的是，虽然保险业让我们三不五时出状况，但这行业是我们现在所有不错的事业当中最有成长潜力的。
>
> ——沃伦·巴菲特

**【巴菲特现身说法】**

巴菲特认为，投资者要把股价波动看作一件好事。因为只有股价波动，你才能从中找到更多的买入或卖出机会。不过在具体选择投资行业时要特别注意，因为股价波动及其稳定性与行业特征有一定的关系。

巴菲特在伯克希尔公司1990年年报致股东的一封信中说，伯克希尔公司旗下的保险业务，其内在价值永远要比其他业务（如糖果、报纸媒体等）难以估计；但无论用什么办法估计，保险业务的内在价值都会远远高于其账面价值。更重要的是，虽然保险业务经常会出各种状况，但这个行业仍然是伯克希尔公司旗下最有成长潜力的一块。

巴菲特认为，股价波动与行业有关。说得更通俗一点就是，有些行业的股票是属于投资型的，它们的股价波动小，适合长期投资；有些行业的股票是属于投机型的，它们的股价波动大，适合短期投机。除此以外，还有稳定性行业和周期性行业之别，这些都要搞清楚。

稳定性行业和周期性行业的发展轨迹不同，在股价波动方面的表现也不一样。例如食品、饮料、药品等行业是最典型的稳定性行业，它们不会因为经济形势大好或经济萧条而发生剧烈变化。例如药品，就不会因为经济形势好，病人就每天多吃一粒药，或者因为经济萧条每天少吃一粒药。它的业绩增长比较稳定，股价波动不是最大。

可是周期性行业在这方面就截然不同。例如钢铁、水泥、石化、汽车、银行等行业，就受宏观经济形势影响很大。具体到中国，就是受宏观调控影响很大，股价变动剧烈，市盈率忽高忽低，最容易让那些以市盈率、净资产来衡量是否值得投资的人上当受骗。

从美国道琼斯工业指数也容易看出，美国的大牛股绝大多数出现在制造业、服务业、采掘业3大行业。伯克希尔公司的主要投资项目可口可乐公司、吉列公司等都属于制造业，保险公司、银行业等就属于服务业，埃克森美孚石油公司等就属于采掘业。

相反，公用事业类股票中就出不了大牛股。全球最早的荷兰股市的发展历史已有400多年，从来没有一只公用事业股成为大牛股。所以，如果投资者想要获取10倍、100倍的投资获利，就不要去投资煤气、地铁、高速公路、隧道、电力、桥梁行业。这些行业虽然具有垄断性，可是价格收费却要受到政府管制。更何况，它们的投资非常庞大，动不动就要几十亿元、几百亿元，负债率极高。政府不会让你亏损，但也不可能让你获利过多。所以，巴菲特从来就不投资这样的股票。可是在制造业，只要你的产品适销对路，尽可以在全球销售，可口可乐就是这样的典型产品。从理论上看，这类产品的规模、销售、利润可以无限扩张，从而带动它的内在价值不断升高，给投资者带来丰厚的获利回报。

从目前伯克希尔公司旗下的76家公司看，主营业务基本上都与居民普通消费有关，如糖果连锁店、家居连锁店、珠宝连锁店、建材销售店、木制品店、冰淇淋店、房产中介店、内衣销售连锁店等。不过要注意的是，无论哪个行业都有表现突出和表现非常糟糕的个股，这是在确定具体个股投资时要考虑的地方。

例如，银行业虽然属于服务业，却同样具有上述特征。因为任何一家银行网点都可以开到全球的每个角落，而银行业却不是巴菲特最喜欢投资的行业。他的理由是，银行业的资产相当于股权的20倍左右，只要有一点点资产发生问题，就可能会把股东权益全部亏光。更可怕的是，许多银行的公司管理层在从事贷款业务时都有追随领导者的行为倾向，非常具有盲目性，投资这样的股票风险较大。

不过话说回来，即使这样，巴菲特还是在1989年、1990年银行业一片混乱之时，陆续增加了对富国银行的持股，并且持股比率高达10%。要知道，这可是伯克希尔公司不需要向美国联邦储备委员会申报就可以持有股票的上限。

巴菲特解释说，他之所以对富国银行情有独钟，关键在于该公司管理层让他非常钦佩。他们不但人品好，而且珍重、爱惜人才，管理人员机制合理，善于控制成本，并且只做自己熟悉的业务。当然，该股票买入价格非常合理也是一个重要因素。

买入价格怎么个合理法呢？当时富国银行的账面资产高达560亿美元，股东权益报酬率为20%，而其股票市盈率却不到5倍，如果以税前获利来计算，居然还不到3倍。富国银行每年在提取3亿美元的损失准备金后，税前利润高达10亿美元以上。所以伯克希尔公司在别人纷纷抛售该股之际，逆市投资2.9亿美元购买了富国银行10%的股权，实际上相当于只投资2.9亿美元就购买了一家资产达56亿美元规模的银行100%的股权，你看巴菲特的算盘打得精不精？

而实际上呢，据巴菲特估算，如果真的有这样一家银行，出售价格至少要比这高出1倍。换句话说，巴菲特投资富国银行的安全获利空间至少有50%。更不用说，如果真的能买到这样一家银行，也不一定就能找到现在这样的明星经理人来打理，这更是巴菲特特别看重的地方。

## 【巴菲特智慧结晶】

巴菲特认为，股价波动和具体股票所在行业的特性有关。行业不同，股价波动规律也不一样。当然，这也不是绝对的。从他的投资习惯看，首先是选择行业，然后才在这个行业中选择符合自己特定要求的个股。

# 重要的是注重个股对象

在这种情况下，我们试着学习职棒传奇明星特德·威廉姆斯的做法。他在他的《打击的科学》一书中解释，他把打击区域划分为77个框框，每个框框约当一个棒球的大小。只有当球进入最理想的框框时，他才会挥棒打击。因为他深深地知道，只有这样做，他才能维持四成的超高打击率；反之，要是勉强去挥击较差的球，将会使他的打击率骤降到二成三以下。换句话说，只有耐心等待超好的球才是通往名人堂的大道，好坏球照单全收的人，迟早会面临被降到小联盟的命运。

——沃伦·巴菲特

## 【巴菲特现身说法】

巴菲特认为，投资者要把股价波动看作一件好事。因为只有股价波动，你才能从中找到更多的买入或卖出机会。但需要明确的是，一定要等到理想的目标出现，你才能进行交易，锁定胜利果实。

巴菲特在伯克希尔公司1997年年报致股东的一封信中说，虽然伯克希尔公司对当时的股票投资项目感到相当满意，可是依然为越来越多的资金无法找到理想的投资渠道感到担忧。要知道，从整体上看，现在的股票价格普遍过高了。怎么办呢？他说，在这种情况下，就有必要学一学职业棒球明星特德·威廉姆斯（Ted Williams）的做法了。

特德·威廉姆斯在其著作《打击的科学》中介绍说，他把棒球打击区域划分为77个框框，每个框框和棒球大小差不多。只有当棒球进入最理想的区域时，他才会挥棒击打。正因如此，他才能维持40%的高击中率；否则，如果是勉强挥棒，他的击中率就会骤然降低到23%以下。

巴菲特的意思是说，投资者无论是买入股票还是卖出股票，都要耐心等到自己看中的个股价格进入理想的交易区域再采取措施。在这里，最关键的是注重个股，具体地说，就是个股的价格与其内在价值相比是否非常具有投资价值。

巴菲特在伯克希尔公司1997年年报致股东的一封信中说，当年伯克希尔公司的投资回报率高达34.1%，大家可能会忍不住高呼胜利的口号。不过且慢，如果从当时美国股市的那种火爆行情看，无论是谁都能大赚一笔的（当年标准普尔500指数上涨了33.4%），所以没什么值得骄傲的；更需要警惕的是，当股市平稳，甚至下跌时谁能笑到最后。

巴菲特冷静地说，如果从上述特德·威廉姆斯的理论看，伯克希尔公司投资的股票大多还只是处于好球的边缘地带。如果伯克希尔公司这时候选择挥棒，所得投资业绩仍然可能会不太理想；可是如果选择放弃，也没有人能保证下一杆球会打得更好，这才是令人着急的地方。唯一让人感到宽慰的是，股票投资不必像特德·威廉姆斯一样连续3次不挥棒就要被淘汰出局；股票投资有得是机会，只是需要耐心等待。

巴菲特关于投资者投资股票时如何选择个股的看法并不是人人赞同，有时候人们甚至会非常不解。例如，在2009年伯克希尔公司股东大会期间，台湾首富郭台铭5月3日在接受媒体采访时，就质疑巴菲特投资中国比亚迪公司股票的眼光有问题。

郭台铭隔空三问：一是巴菲特一直标榜自己只投资有诚信的股票，可是现在为什么投资起“偷窃”富士康公司商业机密的比亚迪公司来了呢？二是巴菲特不要只在伯克希尔公司股东大会上展示比亚迪公司的汽车，他敢不敢驾驶着比亚迪公司引以为傲的F3DM电动双模车上下班？三是丰田、本田、福特、通用等国际大品牌汽车公司投资油电混合车领域，很久以后才开始赚到钱，巴菲特又是用什么样的专业眼光来判断比亚迪公司的发展潜力的呢？

明眼人一看便知，郭台铭此举的真正目的，是要打压自己的竞争对手比亚迪公司及其掌门人王传福，并且这一话题一下子就把巴菲特、郭台铭、王传福3位传奇人物推到了聚光灯下，不可能不引起轰动。

郭台铭意犹未尽地说，如果巴菲特不回答上述问题，那么他明年一定会买上一两股伯克希尔公司的股票，在股东大会上当面向巴菲特请教。

原来，伯克希尔公司旗下的中美能源公司在2008年9月29日以每股8港元的价格认购了中国比亚迪公司2.25亿股股份，约占比亚迪公司总股本的10%。

面对郭台铭的质问，巴菲特并没直接回应，倒是巴菲特的搭档查理·芒格有点看不下去了。他力挺巴菲特说，伯克希尔公司投资的比亚迪公司或许还只是一个小公司，可是它却有着很大的野心。他语气坚定地说："如果比亚迪不成功，我将非常惊讶。关于比亚迪的发展和与其的合作，我感到是有生以来最大的荣幸。"

此言一出，比亚迪公司的股价在香港股市上连续3天暴涨，累计涨幅超过35%，股价上涨到29.4港元。很明显，这时候伯克希尔公司所拥有的该股票仍然没有出手，按此计算，伯克希尔公司已经从比亚迪公司股票身上净赚了48亿港元。

比亚迪公司今后的表现是否真的如查理·芒格预言，读者可以拭目以待。但无论如何，选择个股，尤其是在股价波动剧烈时如何选择股票的买入和卖出，是最重要的事。

巴菲特早在8岁时就和姐姐一起，每人以每股38美元的价格买了3股城市建设公司的优先股。后来该股价格跌到27美元，姐姐一直喋喋不休，让他烦不胜烦，在股价回升到40美元时全部抛掉了，净赚5美元。没想到，接下来该股价格一路飙升到200美元，让巴菲特心痛不已。

由此，巴菲特深刻认识到了如何从股价波动中选择个股的重要性，同时也坚定了他以后长期持股的信心和决心。但显而易见，在巴菲特看来，他比谁都更清楚个股质地好坏对投资业绩回报的决定性影响。他甚至认为，普通投资者驾驭不了这种关系。

2016年4月30日，巴菲特在伯克希尔公司股东大会上告诫说："你要了解哪些事情是自己可以做到的，哪些是自己无力做到的，这并不复杂。你不需要有很高的智商来进行投资，但必须要有情感的控制。"

2014年5月，巴菲特在伯克希尔公司股东大会上接受中国《第一财经日报》记者专访时，甚至直接忠告中国股民："对于普通投资者来说，他们不适合投资个股。如果他们尝试买卖个股，从长期来看，他们不会比长期投资指数获得更好的回报。"那为什么大多数投资者都没有"听"巴菲特的话呢？巴菲特认为，这是"因为他们觉得炒个股更有趣。总是有人会让你买这买那，（他自己也）希望能快速赚钱。（但）试图赚快钱是最糟糕的错误"[1]。

**【巴菲特智慧结晶】**

巴菲特认为，股价波动时，对投资者来说，最重要的是如何选择个股。股价波动为投资者选股提供了更多机会，但只有当股价进入最值得投资区域时出手，投资者才能有更大把握确保投资获利。而要做到这一点，投资者必须有耐心。

## 股价波动时更要读财务年报

> 当查理跟我在阅读财务报告时，我们对于人员、工厂或产品的介绍没有多大兴趣，有关扣除折旧、摊销、税负、利息前的盈余的引用，更让我们胆战心惊：难道经营阶层真的认为拿牙齿就可以换来大笔的资本支出吗？（注：美国小孩相信牙齿掉了后，只要把牙齿藏在枕头底下，牙齿仙女就会拿钱来换他们的牙齿。）对于那些仿真不清的会计准则，我们一向抱着怀疑的态度，因为经营阶层通常都会借此来掩盖一些事实。此外，我们也不想读那些由公关部门或顾问所提供的资料，我们希望能够由CEO自己亲自解释实际发生的状况。
>
> ——沃伦·巴菲特

1　冯郁青，袁艺铭．巴菲特：普通人不应炒个股，赚快钱是投资最大错误．第一财经日报，2014-5-5．

## 【巴菲特现身说法】

巴菲特认为，投资者要把股价波动看作一件好事。因为只有股价波动，你才能从中找到更多的买入或卖出机会。不过需要注意的是，越是股价波动得厉害，投资者就越要阅读财务年报，以便正确衡量其内在价值。

巴菲特在伯克希尔公司2000年年报致股东的一封信中说，阅读财务年报也是有诀窍的，他和查理·芒格在阅读财务年报时，对人员、工厂和产品方面的介绍没有多大的兴趣，尤其是对有关扣除折旧、摊销、税负、利息后的盈余数额的说明感到胆战心惊，意即这些数字不可信。

他说，对于那些真假难辨的会计准则，他历来抱怀疑态度，担心公司管理层会利用这些原则来掩盖一些事实。除此以外，他也不想阅读那些由公关部门或顾问部门提供的资料，而是希望由首席执行官亲自出面来解释一些事实。

巴菲特介绍说，所谓翔实的报告，就是公司管理层和投资者角色互换，该公司能够给投资者提供他们所想知道的所有信息，包括有关经营管理的重大信息以及首席执行官对于公司长远发展的内心看法。当然，这些都需要有相关财务资料证明。

巴菲特从首席执行官角度出发，发表观点说，他和查理·芒格都认为，公司首席执行官预估公司未来增长速度的做法相当危险，而且不妥。一般来说，他们这样做，是按照投资分析师和公关部门的要求例行公事，但这种做法一定会招来许多不必要的麻烦。

通常而言，首席执行官心中有目标当然是件好事，也没有人说首席执行官就不能公开表达自己的意见。但显而易见，如果他一开始就公开宣称公司股票每股盈余可以长期维持在15%，那么将来其财务报表就必定会通过各种手段“达到”这个数字，至少也会差不多。

可是“15%的年增长率”是一个什么概念呢？在巴菲特看来，只有极少数企业才能做得到。从历史资料看，美国20世纪70—80年代，在200家业绩表现最好的上市公司中，能够长期保持15%年增长率的微乎其微。由此巴菲特说，他和查理·芒格可以和你打赌，2000年美国获利最高的200家上市公司中，能够在接下来的20年里年平均增长率高达15%的绝对不会超过10家。

巴菲特的意思是说，投资者在阅读一家公司的财务年报时，一定不要被那些对该公司前景做出十分动听的预测的语言所迷惑；要反过来看看整个股市中，有多少家企业能够达到这样的标准？而这些企业又处在一个什么样的位置？这样一对照，投资者就可以清楚地看出其中的水分了。

从巴菲特的投资习惯看，即使股市发生暴跌，他也会把大量的时间放在研究财务年报上。他的策略是从财务年报中发现值得自己集中投资、长期投资的品种，然后长期持有，根本不去看目前的股价涨跌。

巴菲特在伯克希尔公司2003年年报致股东的一封信中说，2003年伯克希尔公司除了增持富国银行股份外，其他6大投资品种的股权都没有变动。例如，可口可乐公司最后一次调整持股比例的时间是9年前的1994年，美国运通公司是5年前的1998年，吉列公司是14年前的1989年，《华盛顿邮报》公司是30年前的1973年，慕迪信用公司是3年前的2000年。他不无幽默地说，这么多年来他持股不动，证券公司虽然从他身上得不到佣金，可是又实在拿他没办法。

巴菲特认为，伯克希尔公司对所拥有的这些投资组合既不感到特别兴奋，也不感到有什么遗憾。因为就在过去的2003年中，这些股票的内在价值都提高了，可是其相应价格也提高了。

巴菲特的意思是说，无论股价如何波动，投资者都要通过认真阅读财务年报，从中比较股票价格与其内在价值相比两者的增长幅度有多大。换句话说，股票价格涨跌的参考系应该是其内在价值，而不是其他股票价格的涨跌，或者其过去的价格涨跌。

巴菲特在伯克希尔公司2005年年报致股东的一封信中说，伯克希尔公司通过研究财务年报所确定的长期投资品种，一旦购入，根本就没有退出策略，买入的目的就是长期持有。所以，这时候过多地关注股票价格波动是没有意义的。

接下来他说，伯克希尔公司希望能在美国和全球寻找到符合以下6大收购标准，并且价格合理、能够提供合理回报的企业。他广而告之地说，如果你有合适的企业，请给他回电；他就像一个对爱情充满憧憬的小女孩一样，会在电话机旁等待梦中男孩的电话。

显然，这种对“爱情”的执着态度，也会使伯克希尔公司买入股票后，只要它的本质没有发生改变，就会将其长期持有下去。

## 【巴菲特智慧结晶】

巴菲特认为，当股价发生波动时，投资者更应该阅读财务年报，便于从财务年报中衡量目前的价格与其内在价值是否相符。不过投资者所要注意的是，一定不要被有关方方面面美化了的数据所迷惑，从而做出错误的判断。

# 不要沉浸在对过去的回忆中

关于失误，有趣的一点是，在投资上，至少对我和我的合伙人而言，最大的失误不是做了什么，而是没有做什么。对于我们所知甚多的生意，当机会来到时，我们却犹豫了，而不是去做些什么。我们错过了赚取以数十亿美元计的大钱的好机会。不谈那些我们不懂的生意，只专注于那些我们懂的。我们确实错过了从微软身上赚大钱的机会，但那并没有什么特殊意义，因为我们从一开始就不懂微软的生意。

——沃伦·巴菲特

## 【巴菲特现身说法】

巴菲特认为，投资者要把股价波动看作一件好事。因为只有股价波动，你才能从中找到更多的买入或卖出机会。不过，投资者也不要总是沉浸在对过去的回忆中，因为这样反而会影响今后的投资决策。

巴菲特在美国佛罗里达大学演讲时，曾经有人要他谈谈自己的投资失误，他反问对方：“你有多少时间？”他的意思是说，他的投资失误太多了，“三天三夜也讲不完”，所以才问“你有多少时间”听。这句话除了淋漓尽致地表达出巴菲特一贯的幽默性格外，还正好从另一个侧面反映了他的豁达，他并不总是沉浸在对过去的痛苦回忆中。

他紧接着说，关于投资失误，非常有趣的一点是，他最大的失误不是做了什么，而是没有做什么。自己过去不懂的那些投资就不谈了，仅仅是应该懂得的投资，当投资机会来临时，他因为犹豫不决而错过投资机会，就少赚了几十亿美元的获利。

他举例说，在医疗保健股票上，他本来就应该赚到几十亿美元的，可是最终却错过了这样的投资机会。

当时由于美国总统克林顿政府推出医疗保健计划，医疗保健股获益匪浅，而巴菲特对这个行业恰好又非常了解，但他竟然没投资。相反，20世纪80年代中期，巴菲特因为对房贷业务很了解，就在房利美公司股票投资上狠赚了一笔。要知道，它们可都是几十亿美元的大投资。

当然，不投资是一种失误，盲目投资也是一种失误。后者比较典型的是伯克希尔公司在美国航空公司股票上的投资。最初是因为该股价格非常诱人，伯克希尔公司才买的。但后来巴菲特才知道，股价特低本身没错，但航空公司的股票千万不能涉猎。结果，伯克希尔公司真的是一败涂地，一共损失了3.6亿美元。

巴菲特心平气和地说，他过去所犯的投资错误实在不少，今后很可能还会犯同样的错误。总体来看，他最大的错误在于，做投资决策时犹豫和迟疑。换句话说，他的投资失误是由于他过于谨慎所造成的。

巴菲特提醒说，如果你要从失败中吸取教训，“我笃信你最好还是从他人的失败中来学习吧，越多越好”。

他感慨地说，他和合伙人查理 · 芒格是40年的哥们儿了，从来没有发生过任何争吵。他们虽然在很多事情上看法不同，但从来没有吵过架。他们也不会回忆过去，而总是对未来充满期待。

他们两人都认为，如果一个人总是纠缠于过去“如果股价这样低，我们就吃进多少，或者股价涨到这么高，我们就抛多少”。这样的假设简直不可理喻，也改变不了任何既成事实。

所以巴菲特的经验是，无论股票价格如何波动，投资者都不要过于缅怀过去。当你在做投资决策时，应该看看镜子里的自己，然后扪心自问："我以1股55元的价格买入100股通用汽车的股票，是因为……"这样就会增加你的投资理性，便于你对自己所做出的投资行为负责。

他说，如果你觉得找不到充分的理由，那么你最好不要买。千万不要把别人曾经向你推荐过某只股票当作买入的理由，也不要把该股的成交量、技术指标、经营业绩等作为买入理由，你真正应当关心的是该股票的内在价值高低。

实际上，从这里可以看出，巴菲特作为当今全球最伟大的投资家所具有的一个重要特质，那就是对自己的想法怀有绝对的信心。虽然其中有些想法事后证明是错误的，或者是不切实际的，但也没关系。"眼睛向前看"才是正确的处事方式，即使面对批评也应如此。

当初巴菲特因为看不懂科技股、网络股，所以拒绝投资它们。当舆论和投资大众纷纷批评他的时候，他却仍然"一意孤行"。

有意思的是，当时美国的《巴伦周刊》杂志还把他做成封面人物，大标题就是"沃伦，你哪儿出错了？"结果呢，没过多久美国股市中网络股、科技股泡沫就破灭了，水落石出后人们才看清巴菲特价值投资理念的过人之处，原来嘲笑巴菲特的《巴伦周刊》反而成了被众人嘲笑的对象。

巴菲特认为，投资者如果一直沉浸在对过去的回忆中，就难免会影响现在的投资情绪，或者过度恐惧，或者过度兴奋，从而做出不当的投资决策，白白提高交易成本，丧失应有获利。

他在伯克希尔公司1987年年报致股东的一封信中解释说，伯克希尔公司投资股票的交易方式在股价波动剧烈的股市中相当管用，因为股票市场三不五时就会突然出现令人垂涎三尺的投资机会。

平心而论，这时候的股票价格高低对伯克希尔公司来说并不重要，因为巴菲特一直认为，即使伯克希尔公司持有的股票停止交易一段时间也无所谓，就像其旗下的《世界百科全书》公司、费切海默兄弟公司等并不是每天都有股票报价一样，日子照过。归根到底，伯克希尔公司追求的投资获利取决于股票本身的经济利益，而不是股票价格的波动。如果一只股票的内在价值在不断增长，伯克希尔公司就希望能永久持有它。

**【巴菲特智慧结晶】**

巴菲特认为，投资者不要总是缅怀过去。他的原话是："你只能活在现在时。你也许可以从你过去的错误中吸取教训，但最关键的还是坚持做你懂的生意。"无论何时何地，投资者都应该投资自己看得懂的股票。

## 坚信股价不会长期背离价值

查理跟我相信，就长期而言，我们仍看好美国企业的发展，但目前股票的价格注定了投资人只能得到一般的报酬。股市的表现已有好一段时间优于公司本身的表现，而这种现象终将结束。市场不可能永远超越企业本身的发展，我想这将让许多投资人大失所望，尤其是那些股市新手。

——沃伦·巴菲特

**【巴菲特现身说法】**

巴菲特认为，投资者要把股价波动看作一件好事。因为只有股价波动，你才能从中找到更多的买入或卖出机会。但必须注意的是，股价波动不可能长期背离其内在价值。

巴菲特在伯克希尔公司2001年年报致股东的一封信中说，查理·芒格和他相信，目前的股票价格注定投资者只能得到一般水平的获利，因为股市的表现已经有好长一段时间超过上市公司本身的表现了。长期来看，这种现象必将结束，因为股市不可能永远超越企业本身的发展。虽然这会让许多投资者，尤其是新股民感到失望，但事实就是如此。

巴菲特说，他的这种态度意味着他认为今后10年内的股市发展前景不乐观，其实早在两年之前的1999年，他就在《财富》杂志上发表文章表达过这样的观点。虽然这一观点不排除个别例外，但总的来看是这样。

最典型的例外是，2000年3月10日，美国纳斯达克指数创下5132点历史新高，而仅仅过去不到2年时间，就跌到1731点，整整下跌了2/3。而就在同一天，伯克希尔公司的股票价格也跌到1997年以来的最低价，即每股40800美元。投资者如果能把握好这样的投资机会，就能从这种剧烈的股价波动中分享到特别待遇。因为归根到底，股票价格总有一天要回归到与其内在价值相符的程度。

巴菲特介绍说，2001年伯克希尔公司在垃圾债券市场上的交易比较频繁，但必须提醒的是，这种投资方式并不适合一般投资者。

在通常情况下，所谓“垃圾债券”真的是“垃圾”，伯克希尔公司也从来没有在一级市场上买过这样的垃圾债券。究其原因在于，一旦发生违约，其损失会非常惨重，许多投资者到最后只能收回一小部分本金，甚至血本无归。而令人忧虑的是，许多投资者却非常热衷于采用这种投资方式。

那么，伯克希尔公司又是如何来进行这种操作的呢？

巴菲特介绍说，从他个人50多年的垃圾债券投资经验看，总的来说是赢多输少，关键是要善于从中找到极少数非常值得投资的品种。如伯克希尔公司1984年投资的华盛顿公用电力系统公司债券，最近几年来的克莱斯勒金融公司、德士古石油公司、RJR纳比斯科饼干公司等。

它们的共同特点是，公司经营临时发生状况，从而导致债券价格大大低于其内在价值。而伯克希尔公司当机立断投入其中，等这些公司将来度过最困难的时期，这些投资也就得到应有的获利回报了。

所以读者容易看到，伯克希尔公司投资垃圾债券的策略是“少而精”，并不是经常做，否则总有一天会发生亏损，这是普通投资者学不来的。

举个例子，当时在水果织机公司（Fruit of the Loom）宣布破产时，伯克希尔公司就以差不多是其面额一半的价格买入该公司的债券和银行债权。要知道，这起破产案非常特殊，主要表现在该公司虽然宣布破产保护了，可这时候并没有停止支付有担保债券的利息，这样就使得伯克希尔公司依然每年能够得到15%

的收益。目前（2001年）伯克希尔公司依然拥有该公司10%的有担保债权，最终很可能会收回相当于其面额70%左右的本金。

不难看出，巴菲特的做法确实和普通投资者不同。即使从本金为面额的50%到最后以面额70%左右回收，这笔投资也已经获得了40%的获利回报。这还没有包括每年15%左右的利息在内，如果加上这笔收入，伯克希尔公司的获利回报会更可观。

另一个比较典型的案例是，伯克希尔公司2000年年末开始陆续购进FINOVA公司的债权。当时这家财务金融公司发生了一点问题，流通在外总额高达110亿美元的债券，价格已经下跌到其面额的2/3左右，伯克希尔公司就以这个价格买入了其中约13%的债权。

当时巴菲特的估计是，该公司凶多吉少，难逃破产命运，但即使如此，该公司的净资产仍然摆在那里。如果该公司真的破产了，伯克希尔公司从中回收的资金也会超过这2/3面额的水平。也就是说，即使发生了最坏的情形，伯克希尔公司的投资依然是能获利的。

与普通投资者的行为不同的是，伯克希尔公司由于动不动就取得被收购公司的控股权，所以在这方面会有一些普通投资者不具备的话语权，最后会直接影响其投资收益回报的高低。

例如，当2001年年初确认FINOVA公司正式破产时，伯克希尔公司联合橡树资本向FINOVA公司提出了一项解决方案。简单地说就是，每一位债权人都可以拿到相当于面额70%的现金和利息，其余的30%则按照7.5%的年利率开出分期应付票据。有人要问，既然FINOVA公司破产了，哪里还会有钱付这70%的本息呢？确实如此。为了解决这个问题，伯克希尔公司和橡树资本专门组建了一家新公司，由新公司借钱给FINOVA公司发放上述款项，然后由伯克希尔公司出面进行担保。

简单地说，通过如此这般运作，伯克希尔公司利用自己大股东的身份三两下就保住了自己的既得利益，这是普通投资者做不到的。

## 【巴菲特智慧结晶】

巴菲特认为，无论股价如何波动，投资者真正关心的都应当是其内在价值。一只股票，其价格即使处于高位，但只要大大低于其内在价值，就仍然可以投资；相反，股价即使处于低位，可是却高于其内在价值，也不值得继续投资。